PARIS. — IMPRIMERIE DE CH. LAHURE ET Cie

Rues de Fleurus, 9, et de l'Ouest, 21

SCÈNES ET PAYSAGES

DANS

LES ANDES

PAR

PAUL MARCOY

DEUXIÈME SÉRIE

Une expédition malheureuse
La première ascension de l'Urusayhua

PARIS

LIBRAIRIE DE L. HACHETTE ET Cie
RUE PIERRE-SARRAZIN, N° 14

1861

Droit de traduction réservé

UNE

EXPÉDITION MALHEUREUSE.

En 1550, la partie du territoire de Carabaya située à l'est des Cordillères du Pérou, entre le 13e et le 15e degré, était déjà renommée par ses *lavaderos* et ses gîtes aurifères. Des déserteurs espagnols du parti d'Almagro l'avaient découverte en cherchant un passage d'Apololamba à Cuzco, et, émerveillés à la vue des richesses de ce sol vierge, en avaient pris possession et s'étaient mis à l'exploiter, au grand scandale des *Carangas* et des *Suchimanis*, tribus sauvages qui l'habitaient à cette époque.

Le secret de cette fortune, si bien gardé qu'il fût par les intéressés, n'avait pas tardé à être connu. Des bandes d'émigrants et d'aventuriers étaient venues se joindre aux déserteurs, dans le but de partager leurs travaux et leurs bénéfices. Antonio de Mendoza, vice-roi du Pérou, avait envoyé à la suite des émigrants une colonie d'Espagnols, des troupes et des commissaires, des ingénieurs et des maçons, et doté successivement le nouveau pays des bourgades de *San-Gaban, San-Juan del Oro, Sandia, Aporoma, Ollachea, Inambari* et *Pari*; enfin Charles-Quint, en échange d'une pepita d'or du poids de 218 livres, que lui avaient envoyée en présent les mineurs de San-Gaban et de San-Juan del Oro, avait concédé à ces deux bourgades le titre de ville impériale et anobli leurs habitants.

L'exploitation des neuf vallées qui forment la partie orientale de Carabaya, — la partie occidentale se rattachant au Collao et comprenant les Andes du Crucero, — dura plus de deux siècles, et rapporta force millions aux rois d'Espagne. Passé ce temps, les travaux furent abandonnés, les bourgades se dépeuplèrent, les mineurs, devenus fermiers, allèrent vivre au milieu des défrichements, puis la race espagnole, étant venue à s'éteindre, fut remplacée dans le pays par une population serrana, dont les descendants l'habitent encore aujourd'hui.

En 1767, la ville de San-Gaban, restée debout au milieu des ruines de ses voisines, était l'unique entrepôt des richesses de Carabaya. Le minerai, les pepitas, la poudre d'or, recueillis sur tous les points du territoire et dont l'État s'était arrogé le monopole, étaient apportés dans la ville à dos d'Indiens ou de mulets, et entassés sous des hangars, d'où, chaque trimestre, on les retirait pour les fondre et en façonner des lingots, qu'on expédiait à Lima, et de là en Espagne.

Or, dans la nuit du 15 au 16 décembre de cette même année 1767, San-Gaban, qui, sur la foi de son passé, dormait dans la sécurité la plus parfaite, fut incendié par les Carangas et les Suchimanis, et tous ses habitants furent tués à coups de flèche et de massue. Après un intervalle de deux siècles, les descendants des premiers possesseurs de Carabaya étaient venus demander compte aux descendants des Espagnols de l'usurpation de leurs pères.

Quand la nouvelle de cet événement fut apportée à Lima, le vice-roi Antonio Amat jura d'exterminer tous les sauvages du Pérou, sans distinction d'âge ni de sexe. Heureusement pour ces derniers, Mariquita Gallegas se chargea de plaider leur cause. La courtisane, que son surnom de Perichola, sa liaison avec le vice-roi et la fin édifiante qu'elle fit dans un cloître, ont rendue célèbre, représenta à son noble amant, que N.-S. Jésus-Christ ayant prescrit aux hommes le pardon et l'oubli des offenses, le devoir d'un chrétien et d'un vice-roi en cette circonstance était, au lieu de rendre coup pour coup, de fonder un obit perpétuel pour les victimes, et d'envoyer aux idolâtres, leurs bourreaux, des missionnaires chargés de les instruire et de les baptiser. Antonio Amat se rendit aux raisons de la Perichola.

Pendant bien des années on s'entretint de cette catastrophe, puis la génération qui en avait été témoin disparut de la terre, une autre génération lui succéda, et l'histoire de San-Gaban prit, avec le temps, le caractère vague et poétique d'une légende.

Les récits merveilleux qu'on m'avait faits sur cette cité disparue, m'avaient inspiré le désir d'en rechercher l'emplacement; mais des circonstances inattendues avaient toujours reculé ce voyage. Un jour vint où, n'ayant rien de mieux à faire, je me résolus à l'effectuer. Malheureusement, ce jour-là, le préfet de Cuzco, un général Ugarte, à qui j'avais cru devoir communiquer mon plan de campagne, en lui demandant quelques soldats de bonne volonté pour me servir d'escorte, me répondit qu'un décret du gouvernement interdisait aux étrangers le parcours de Carabaya; comme j'insistais pour connaître les motifs de cette interdiction, qui me semblait au moins étrange, le général me répliqua sèchement que son *gobierno* ne voulait pas, parce qu'il ne voulait pas.

Un refus ainsi motivé équivalait à un jugement sans appel. Je le compris si bien, qu'après avoir tiré ma révérence à Sa Seigneurie, je partis immédiatement pour Ayacucho, l'ancienne Huamanga des fils du Soleil.

Près d'un an s'était écoulé quand je revis Cuzco. L'État, depuis huit jours avait changé de maître. Par suite de l'engagement de Carmen-Alto, Castilla trônait à la place de Vivanco, et mon ancienne connaissance, le général Ugarte, contraint d'abdiquer en faveur d'un des généraux du parti victorieux, avait quitté la ville du Soleil au milieu des huées, pendant que son collègue y entrait au milieu des acclamations.

Le 29 juin, fête des apôtres saint Pierre et saint Paul, arriva sur ces entrefaites. Un de mes amis, hidalgo riche et avocat de talent, à qui ses parents avaient donné au baptême le nom de Pierre, m'invita par écrit à dîner chez lui ce jour-là, sous le prétexte que je m'appelais Paul. Une petite réjouissance, à l'occasion de notre double fête, me disait-il dans son billet, ne pouvait manquer d'être agréable à nos bienheureux patrons, qui, reconnaissants du culte que nous leur rendions sur la terre, n'auraient garde, à leur tour, de nous oublier dans le ciel.

Une pareille invitation me souriait à plus d'un titre; je l'acceptai donc. Comme le dîner était pour quatre heures, le jour venu, à quatre heures moins dix minutes, je prenais mon manteau — à Cuzco, comme en Espagne, on prend toujours son manteau — et je me rendais chez don Pedro. On m'introduisit sur-le-champ dans la salle à manger, où je trouvai nombreuse compagnie; mais ce qui me surprit plus agréablement que le choix des convives, la variété des mets et l'excellence des vins, ce fut d'avoir pour voisin de face, le successeur du général Ugarte, le nouveau préfet de Cuzco, auquel notre amphitryon eut l'idée de me présenter, quand, à l'issue du repas, où n'avait cessé de régner une gaieté franche, on eut cassé le pied des verres, afin que les buveurs ne pussent plus les poser sur la table.

L'accueil de Sa Seigneurie fut des plus bienveillants. Encouragé par ses façons, qu'une pointe de vin rendait irrésistibles, j'entrepris de lui raconter mes pérégrinations continentales, qu'il ne connaissait qu'imparfaitement. Je ne lui cachai pas mon ancien projet de voyage à San-Gaban, l'ouverture que j'en avais faite au général Ugarte, et la réponse saugrenue par laquelle ce fonctionnaire avait renversé tous mes plans. Durant cette seconde partie de mon récit, que le préfet écouta avec plus d'intérêt encore que la première, don Pedro, debout près de moi, comme le joueur de flûte de Caïus Gracchus, mais n'ayant pas comme celui-ci la ressource d'un instrument à vent, m'avait rappelé par un coup de coude au ton véritable, chaque fois qu'au souvenir du général Ugarte et du libéralisme de son gouvernement, le dépit me faisait dépasser les bornes.

Quand j'eus terminé, le nouveau préfet haussa les épaules et prit la parole à son tour. Suivant lui, le gouvernement péruvien n'avait jamais fermé les vallées de son territoire aux promeneurs ou aux savants, désireux de les visiter, et toute allégation tendant à prouver le contraire était un infâme mensonge. Si le général Ugarte s'était prévalu de ce prétexte pour m'en interdire l'entrée, c'est que le général, ayant mangé son patrimoine, dissipé la dot de sa femme et contracté des dettes qu'il ne pouvait payer, avait imaginé de se créer des ressources en faisant exploiter, non pas en son nom, la chose eût fait scandale, mais pour son propre compte et sous le nom d'autrui, les lavaderos et les quinquinas de Carabaya. De là sa répugnance à y laisser pénétrer les curieux, dont les indiscrétions eussent pu compromettre le succès de sa spéculation.

« Mais si j'ai bien compris, dis-je au préfet de Cuzco, lorsqu'il m'eut donné ces détails, rien ne s'oppose alors à mon voyage?....

— Oh! mon Dieu non, fit-il; vous êtes libre de partir à l'instant même; à pied, à cheval ou à mule, avec ou sans passeport, comme vous l'entendrez! »

Dans la joie que me causa cet exeat inattendu, peu s'en fallut que je ne sautasse au cou du haut fonctionnaire; mais je me contentai de faire un signe à don Pedro, qui, devinant mon intention, alla prendre un verre, l'emplit d'une liqueur quelconque, et me l'apporta d'un air obséquieux. Je présentai ce verre à Sa Seigneurie, qui but le tiers à peu près de son contenu, et me le remit ensuite pour que j'en busse autant. Don Pedro, chargé d'épuiser la liqueur, s'empressa de briser le verre, afin que d'autres lèvres ne le touchassent plus; flatterie délicate, que le préfet accueillit par un salut, et moi par un sourire.

Cette liqueur bue en commun et au même verre constituait métaphoriquement un échange de sympathies; elle donnait à notre connaissance de fraîche date tout l'abandon et la franchise d'une vieille amitié. J'en profitai pour demander au préfet une vingtaine d'hommes, que je comptais emmener avec moi, non pour donner à mon voyage un caractère officiel, mais pour imposer, par ce surcroît de forces, aux tribus insoumises que je ne pouvais manquer de trouver en chemin. Le préfet approuva fort cette mesure; seulement elle lui parut inexécutable, les soldats que je demandais pour m'accompagner, et qu'il m'eût donnés de grand cœur, me dit-il, étant pour la plupart des indigènes de la Sierra, que le nom seul de *chuncho*[1] faisait trembler de peur. Il y

1. On désigne au Pérou par les noms espagnols de *Gentiles*, *Infieles*, *Barbaros*, ou par le nom quechua de *Chunchos*, équivalant à celui de *sauvages*, tous les Peaux-Rouges qui vivent à l'état de nature dans les forêts situées à l'est de la chaîne des Andes. M. Alcide d'Orbigny, dans la relation historique de son voyage, et M. Claude Gay, dans ses lettres à M. Delessert, publiées

avait donc cent à parier contre un, qu'en arrivant à la frontière du pays sauvage, les soldats, frappés de l'idée que je les menais à la mort, m'abandonneraient une belle nuit, et, après s'être débarrassés de leurs armes pour être plus agiles, regagneraient, toujours courant, leurs foyers respectifs.

Une pareille confidence, à laquelle j'étais loin de m'attendre, me laissa tout abasourdi. Un peu remis du choc qu'elle m'avait occasionné, je remerciai notre préfet de ses renseignements locaux, dont j'appréciais vivement toute la franchise ; et comme don Pedro, pour me consoler de la perte de cette escorte, s'offrait charitablement à m'accompagner dans mon odyssée, je le pris au mot, et en le quittant je lui donnai rendez-vous pour le lendemain à huit heures.

Je passai la nuit à mettre un peu d'ordre dans mes affaires et à dresser une liste des objets et des provisions qui m'étaient nécessaires. Comme l'horloge de la cathédrale sonnait huit heures, don Pedro frappait à ma porte. Il ne s'était pas couché, me dit-il, afin de n'avoir pas de toilette à faire. Pendant

par fragments dans quelques recueils de géographie, ont pris le tout pour la partie, l'espèce pour le genre, et fait des Chunchos ou sauvages de Paucartampu une tribu spéciale ; or chaque vallée, chaque rivière, a ses chunchos, et ceux de la vallée de Paucartampu en particulier, sont les Tuyneris et les Huatchipayris, qui habitent le delta formé par les huit affluents de la rivière Madre-de-Dios.

qu'on nous servait une tasse de thé, je lui proposai de venir avec moi courir les boutiques, moins pour m'aider de ses conseils dans le choix des emplettes que je comptais y faire, que pour empêcher, par le seul fait de sa présence, qu'on ne me surfît sur leur prix.

Ma proposition était trop raisonnable pour qu'il essayât d'y répondre autrement qu'en m'offrant son bras. Nous trouvâmes les galeries du commerce à peu près désertes. Quelques marchands, plus matineux que leurs confrères, ouvraient les volets de leurs devantures. Ces braves gens, les yeux encore gros de sommeil, ne s'expliquaient pas notre empressement, en désaccord avec les habitudes de leur ville, où la vente n'a lieu que de deux heures à quatre. Aux questions qu'ils nous adressèrent à ce sujet et surtout aux réponses que, bon gré malgré, il nous fallut y faire, réponses qu'un télégraphe labial transmit incontinent aux quatre coins de la cité, une heure après notre visite aux Tiendas de commerce, chacun savait que je partais pour San-Gaban, emportant une pacotille d'objets choisis et variés, destinés à me concilier les bonnes grâces des sauvages.

L'annonce de ce départ m'attira les visites des curieux et des désœuvrés, qui, sous prétexte de m'offrir leurs services, me firent subir un interrogatoire en règle. L'ennui que j'en ressentis me prêta des forces et je passai une seconde nuit à terminer mes préparatifs.

Le troisième jour, à midi, je me mettais en route, escorté d'une douzaine d'amis, qui, à la suite d'un déjeuner d'adieu où des libations et des souhaits de toute sorte avaient été faits à mon intention, s'étaient offerts à m'accompagner jusqu'à la limite où la civilisation finit et où le désert commence. Don Pedro nous précédait en éclaireur, monté sur un cheval nankin harnaché de blanc et de rouge, qui attirait sur lui tous les regards.

Nous sortîmes de Cuzco par le faubourg de la Recoleta. Deux heures après, nous traversions le village de San-Jeronimo, poursuivis par les aboiements d'une troupe de chiens qui dormaient au soleil et que notre caravane avait dérangés dans leur sieste. À quatre heures, nous faisions halte à Oropesa, bourgade célèbre par ses pains au saindoux. Le sous-préfet de la localité, qu'un message de don Pedro avait informé à l'avance de notre passage, nous attendait au seuil de sa maison. Une ritournelle exécutée par trois guitares et l'explosion d'une douzaine de boîtes, témoignèrent à l'unisson du plaisir que ce fonctionnaire éprouvait à nous recevoir. À peine entrés dans son comedor, on nous servit une collation composée de fruits, de sucreries et de liqueurs. Nous prîmes un gâteau d'une main, un verre de l'autre, et après avoir répondu convenablement au *speech* de circonstance, nous remontâmes à cheval. A six heures, nous avions laissé derrière nous Lucre et Andahuayllillas, villages renommés pour les *bayetas* et les *bayetones*[1] qu'y fabriquent des vieillards des deux sexes. L'Angelus sonnait comme nous entrions à Huaro. Nous devions nous y arrêter pour passer la nuit et donner aux muletiers chargés de nos bagages le temps de nous rejoindre.

Huaro, que les chartes péruviennes qualifient de ville, n'est qu'un grand village aussi triste que mal bâti. On y compte néanmoins six maisons en pierre et une église à clocher carré, dont l'orgue est, dit-on, remarquable. Comme il faisait nuit et que l'église était fermée, je ne pus voir que son clocher, surmonté d'une girouette.

Nous étions descendus chez un des notables de l'endroit, qui, ayant entendu parler de l'appétit des voyageurs et supposant que nous tombions d'inanition, fit égorger, bouillir et fricasser en moins d'une heure tous les poulets, canards et cochons d'Inde que ses gens purent réunir. Sa surprise fut grande, lorsqu'il nous vit toucher à tout cela du bout des dents, et comme il crut que nous en agissions ainsi par dédain pour sa table, ou pour le talent de sa cuisinière, il prit un air pincé en nous priant d'excu-

____

1. Etoffes de laine grossière à l'usage du peuple.

ser la frugalité de l'une et l'inexpérience de l'autre. Nous eûmes toutes les peines du monde à dissiper son erreur. A force de lui répéter qu'un déjeûner copieux fait à midi et une collation prise à quatre heures étaient les seules causes qui nous empêchassent de faire honneur à son repas, il finit par se rendre, et, par nous prouver qu'il était sans rancune, il nous offrit de trinquer avec nous.

En sortant de table, nous nous aperçûmes qu'il faisait un clair de lune magnifique. La sérénité du ciel, le calme de la terre, joints à cette douce température qui règne en tout temps à Huaro, et permet à la pêche, à la fraise, à la poire, d'y mûrir en sécurité, nous donnèrent l'envie de faire à pied une petite promenade. La route était belle; Urcos, le chef-lieu de la province de Quispicanchi, distant au plus d'un kilomètre; nous avions d'excellents cigares : nous poussâmes donc jusqu'à Urcos. Un silence profond régnait dans la bourgade. Nous en fîmes deux fois le tour, appliquant notre œil aux serrures et notre oreille aux fentes des volets; mais cette investigation n'amena aucun résultat. Toutes les lumières étaient éteintes, tous les habitants endormis. Ennuyés de ne trouver à qui parler, nous gravîmes, pour nous distraire, le serro auquel la bourgade est adossée. Parvenus à son sommet, nous jouîmes d'un spectacle charmant. Sous nos pieds, à quelques centaines de mètres, s'arrondissait le lac de la Mohina, ceint d'arbustes et de roseaux. De hautes montagnes, coupées à pic, l'entouraient d'une ombre noirâtre, et formaient comme un repoussoir à sa claire surface, où la lune semait une traînée de vif-argent. Quand nous nous fûmes suffisamment extasiés devant ce lac, auquel la beauté de la nuit et la clarté de la lune prêtaient un charme inconcevable, nous nous amusâmes à y jeter des pierres. Don Pedro eut beau crier au sacrilége, et nous rappeler la tradition, qui place sous les eaux de la Mohina la chaîne d'or, longue de quatre cents mètres, que l'empereur Huayna Capac fit fabriquer à l'occasion de la première coupe de cheveux d'Inti-Cusi-Hualpa, son fils aîné, nous n'en continuâmes pas moins de décrire des paraboles avec tous les cailloux qui nous tombèrent sous la main. La lassitude seule mit un terme à cet exercice.

En rentrant à Huaro, nous trouvâmes nos muletiers qui venaient d'arriver de Cuzco. Nous convînmes avec eux de l'heure du départ, qui devait être aussi matinale que possible, le chemin de Marcapata, que j'avais choisi pour me rendre aux vallées, n'ayant que deux étapes de quinze lieues chacune, qu'il importait d'atteindre chaque soir, sous peine de dormir à la belle étoile ; or, la neige, qui depuis quelques jours tombait en abondance dans la sierra, eût rendu le bivouac des plus incommodes. Restait maintenant à compléter la liste des muni-

tions de bouche, où les viandes salées, le beurre et
le fromage, que je n'avais pu me procurer à Cuzco,
formaient une lacune regrettable. Les muletiers,
consultés à cet égard, répondirent que, pour le moment, il était inutile de se préoccuper des vivres en
question, attendu qu'à Lauramarca, où nous devions
passer la seconde nuit, nous les trouverions à un
prix modique et de qualité supérieure. Comme il
commençait à se faire tard, et que nous devions
nous lever matin, j'engageai nos amis à mettre le
temps à profit en faisant dresser leurs almofrez dans
une vaste salle que notre hôte nous avait assignée
pour dortoir. Bientôt dix matelas étaient disposés
sur le sol, comme les jantes d'une roue; le bougeoir
et la *bassinica* en formaient le moyeu, et le dernier
de nous dont la verve résistait au sommeil, se char-
geait de souffler la chandelle.

Un peu avant l'aube, nous fûmes réveillés par les
coups de poing que les muletiers appliquaient aux
volets de notre chambre. Nous nous levâmes aussitôt,
et nous procédâmes à notre toilette, pendant que les
mozos harnachaient nos mules. Notre hôte, qui
s'était levé en même temps que nous, nous attendait,
une bouteille d'une main et un verre de l'autre, pour
nous souhaiter un heureux voyage. Nous bûmes avec
lui le coup de l'étrier; nous répondîmes par une
poignée de main à ses divers souhaits, et nous nous
dirigeâmes vers la rivière Huilcanota, qui passe à

une portée de fusil du village de Huaro. Cette rivière, large de deux cents mètres et d'une rapidité de cours torrentielle, pendant les mois d'août et de septembre, époque de la fonte des neiges dans la sierra, n'était en ce moment qu'un joli ruisseau roulant sur des cailloux polis. Nous le franchîmes d'une enjambée, et, parvenus sur l'autre rive, nous nous trouvâmes au pied d'une montagne de schiste ardoisé, dont nous commençâmes à gravir les versants abruptes. Pendant trois heures que dura cette ascension, chacun de nous put observer à loisir l'abaissement continu de la température et la raréfaction progressive de l'air, phénomènes naturels, qui provoquèrent chez les uns des frissons et des crampes, chez les autres des saignements de nez, des maux de cœur et des vertiges. A huit heures, nos mules enjambaient la dernière marche de ce gigantesque escalier, et nous déposaient au seuil de la région des punas.

Aucun chemin n'était tracé sur ces vastes plateaux ; mais nos muletiers paraissaient s'en inquiéter peu. Après avoir embrassé l'horizon d'un regard circulaire, ils s'étaient dirigés à l'est-sud-est et se maintenaient sans broncher dans cette direction, pareils à des limiers qui suivent une piste. Nous marchâmes ainsi pendant une bonne partie de la matinée, puis le besoin d'une réfection s'étant fait sentir, chacun tira de ses sacoches quelques provisions et se mit à manger avec un appétit que décuplait l'air vif de ces

hautes régions. Ce déjeuner, fait en trottant, écono-
misait une halte et nous donnait, au dire des arrieros,
une chance de plus d'arriver avant la nuit à Lauramarca. Mais nous avions compté sans le soleil, qui
s'éclipsa complétement sur les deux heures de l'après-
midi, et sans la neige qui, tombant à flocons pressés,
eut bientôt recouvert le sol d'un tapis uniforme ;
pour surcroît d'infortune, nous cheminions debout
au vent et nous ne tardâmes pas à nous rencontrer
nez à nez avec la tempête. Le choc fut terrible. Nous
fîmes néanmoins bonne contenance, et courbés en
deux, accrochés à nos selles, nous continuâmes
d'avancer, malgré la foudre et les éclairs qui nous
aveuglaient, la neige et les grêlons qui nous fouet-
taient le visage. Cette tempête dura jusqu'à quatre
heures, puis la neige cessa de tomber, le ciel s'éclaircit et le soleil brilla de nouveau sur nos têtes. Comme
nous allions remercier Dieu de nous avoir tirés de
danger, les arrieros, qui nous précédaient, lâchèrent
un juron formidable. Ils venaient de s'apercevoir
qu'ils faisaient fausse route. Les plus expérimentés
d'entre eux essayèrent de s'orienter, tandis que les
plus novices les regardaient faire. La chose était
difficile sans doute, car au bout d'un quart d'heure
de pourparlers et de tâtonnements, les premiers en
étaient encore à chercher la bonne voie. Sur ces entrefaites, un Chasqui, que j'ai toujours soupçonné
d'être la Providence en personne, parut à cent pas

de là, sur la crête d'un monticule. Nous hélâmes cet homme, qui paraissait suivre un chemin opposé au nôtre, pour lui demander si nous étions éloignés de Lauramarca. Il nous répondit qu'en continuant d'obliquer à gauche et en marchant toute la nuit, nous y serions probablement avant le jour. Je crus d'abord que l'Indien se moquait de nous, mais son sourire était si placide et son étonnement si naturel en nous rencontrant en pareil lieu et à pareille heure, que, me défiant de ma susceptibilité, je regardai nos muletiers, pour voir comment ils accueillaient l'assertion de cet homme. Leur air confus me fit comprendre que l'homme disait vrai. Comme celui-ci nous voyait assez embarrassés de prendre un parti, il nous demanda pourquoi, au lieu de traverser de nuit cette longue suite de punas neigeuses, nous n'irions pas dormir à Maynapata, au risque de n'arriver à Lauramarca que le lendemain dans l'après-midi. Cette proposition, dont je ne pouvais apprécier la valeur, fut un trait de lumière pour nos muletiers, fort troublés par la bévue qu'ils avaient commise. Ils déclarèrent que c'était, en effet, le seul parti raisonnable que nous pussions prendre. Alors, au lieu d'obliquer à gauche pour nous rendre à Lauramarca, nous prîmes à droite pour gagner Maynapata, où le Chasqui ayant affaire, offrait de nous conduire. Guidés par ce brave coureur, dont le pas gymnastique devançait le trot de nos mules, nous arrivâmes à Maynapata longtemps après la nuit close.

Ma déception fut grande en mettant pied à terre; au lieu d'un village ou tout au moins d'une hacienda, que je m'attendais à trouver, je n'aperçus qu'une misérable pascana, composée de trois cahuttes dont le chaume avait disparu sous un pied de neige; nous nous entassâmes comme nous pûmes dans le plus grand de ces bouges, où la chaleur combinée de nos corps et de nos cigares ne tarda pas à pénétrer la neige du toit. Bientôt, cent gouttières ruisselèrent à la fois sur nos têtes; l'infernale douche dura toute la nuit. A six heures, nous nous remîmes en selle, trempés jusqu'aux os et raides de froid. Les rayons du soleil et quatre bouteilles de rhum, que nous employâmes à nous frictionner, parvinrent à peine à rendre à nos membres leur élasticité accoutumée.

Vers onze heures, la neige qui recouvrait le sol était entièrement fondue. Les montagnes seules conservaient leur blanche parure. Les punas, jusqu'alors à peu près planes, commencèrent à s'accidenter. Des croupes pierreuses émergèrent à leur surface, comme des îlots sur un océan. Bientôt, le réveil de la végétation nous fut annoncé par des radiées acaules qui croissaient sous la mousse, et par des joncs aux fleurs en ombelle; dans le creux d'un rocher exposé au sud, nous découvrîmes une touffe de scolopendres.

La vue de ces plantes, si pâles et si souffreteuses qu'elles fussent, nous fit oublier sur-le-champ la rude journée de la veille et l'immersion glacée de la nuit. Changer de région, n'était-ce pas, en quelque sorte, toucher au terme de nos misères ! Nos cœurs se reprirent à l'espérance, tandis que nos estomacs se dilataient par avance à l'idée d'un bon déjeûner. Les mules mêmes, comme si elles eussent flairé un champ de luzerne encore invisible, allongèrent le pas avec de petits mouvements de croupe qui témoignaient de leur satisfaction.

Ainsi cheminant, nous atteignîmes, vers midi, le versant sud-est de la Puna, dont l'inclinaison était remarquable. Un cercle de neiges lui servait de barrière à l'horizon. Tout à coup, un des muletiers qui marchait en avant, se retourna pour nous montrer, à deux kilomètres de distance environ, les lignes blanches d'un édifice, à demi caché par un accident de terrain. « Lauramarca ! » cria l'homme en piquant sa bête ; nous piquâmes les nôtres, et dix minutes nous suffirent pour être en vue de l'hacienda. Un corps de logis avec ailes en retour, des pignons coiffés de tuiles rouges, de vastes communs, et force cahuttes d'Indiens, se rattachant au tout, donnaient à cette demeure un aspect seigneurial ; comme nous admirions sa fière tournure, cherchant à deviner la signification d'une série de banderolles multicolores suspendues à des perches, et que le vent faisait onduler, une fanfare aiguë traversa l'air et vint déchirer nos oreilles. A la qualité du son, nous reconnûmes ces trompettes en fer-blanc que les Indiens embouchent volontiers dans leurs jours de réjouissance. La curiosité, en même temps qu'un appétit féroce, nous fit précipiter le pas de nos montures, qui ne tardèrent pas à nous déposer au milieu de la cour d'honneur. Des mozos basanés et chevelus vinrent nous aider à mettre pied à terre, tandis que d'autres montraient à nos gens le chemin du lavoir et des écuries. A peine avions-nous eu le temps de donner un coup d'œil d'amateur à la disposition intérieure du logis, que son propriétaire, un vieillard respectable, parut à la porte, les bras ouverts, le sourire aux lèvres, et nous invita à entrer. Comme nos amis le connaissaient depuis longtemps, ils acceptèrent son invitation sans plus de cérémonie, et nous pénétrâmes pêle-mêle dans la salle à manger, où, devant une table abondamment servie, étaient assises quelques personnes du beau sexe. La nuance de leur peau, leurs robes à volants et leur chapeau tremblon posé sur l'oreille, indiquaient qu'elles appartenaient à l'estimable classe des chacareras ou fermières. Malgré certain trouble dont ces dames ne purent se défendre en nous voyant prendre place auprès d'elles, trouble qui nous fut révélé par une subite rougeur, je crus m'apercevoir qu'elles n'étaient pas trop fâchées d'une adjonction de convives d'un autre sexe, qui promettait, à défaut de plaisir, de varier un peu la réunion. La gaieté un moment troublée régna de nouveau. Notre amphitryon, malgré ses cheveux blancs, était d'une humeur très-folâtre. Ses lazzis et les santés qu'il portait tour à tour à chacune de ses hôtesses, lui attiraient de celles-ci de vives ripostes, assaisonnées d'un sel andaloux, qui me parut, comme mordant, bien supérieur au sel attique.

Tout en accablant le digne vieillard de leurs épigrammes, ces dames nous faisaient les honneurs de la table avec une grâce parfaite. Elles amoncelaient sur notre assiette des mets de toute sorte et veillaient à ce que nos verres fussent toujours pleins. Parfois elles poussaient la prévenance jusqu'à prendre du bout des doigts un morceau de viande qu'elles roulaient dans quelque sauce et portaient ensuite à nos lèvres. Ces gracieusetés étaient accompagnées de questions sur notre âge, notre patrie, l'état de notre cœur et notre position sociale. Elles nous parlèrent ensuite d'elles-mêmes. Elles habitaient les villages d'Ocongate, d'Acopia et de Sangarara. Invitées par le propriétaire de l'hacienda à embellir de leur présence la fête de Notre-Dame-des-Neiges — patronne de Lauramarca — elles avaient quitté leur domicile sans avertir leurs époux ou leurs pères, qui, n'étant pas compris dans l'invitation, eussent trouvé mauvais qu'elles allassent se divertir pendant qu'ils gardaient la maison. Depuis huit heures du matin que la nappe était mise, elles n'avaient cessé de rire et de chanter avec accompagnement de guitare. Avant de quitter la partie, elles se proposaient, en manière d'écot, nous confessèrent-elles, de noyer dans des flots de liquide les sens et la raison du maître de céans, et cela pour qu'il conservât de la fête de Notre-Dame un souvenir durable. Comme on le pense bien, nous plaidâmes près de ces dames la cause de l'amphitryon, et nous finîmes par obtenir un adoucissement de peine. Ainsi, au lieu d'une outre d'eau-de-vie, que, sans nous, le malheureux eût peut-être été condamné à boire, on nous promit qu'il en serait quitte pour sept à huit bouteilles.

Las de rester à table, je proposai à nos amis d'aller respirer l'air pur du dehors. Ces dames voulurent nous accompagner dans cette promenade, et sans s'inquiéter d'une température de 8° au-dessous de zéro, abandonnèrent leur châle et leur chapeau, comme des accessoires inutiles. Nous errâmes quelque temps sur les pelouses, regardant le coucher du soleil, puis nous allâmes visiter les huttes des serfs du domaine, lesquels, à l'exemple de leur seigneur, célébraient la fête de Notre-Dame par une notable absorption de chicha et de spiritueux. Quand vint la nuit, l'ivresse, comme dit Rabelais, avait gagné jusqu'aux sandales. Des feux furent allumés au seuil des portes, des torches résineuses flambèrent au bout des bâtons : les trompettes, les cornes d'ammon, les flûtes et les charangos, s'unirent aux vociférations des spectateurs, pour accompagner le *zapateo* qu'exécutèrent une douzaine de danseurs des deux sexes.

Je profitai de l'attention que nos amis prêtaient à cette danse nationale pour faire le tour du domaine. Un édifice de forme singulière attira mes regards. C'était un parallélogramme soutenu par des contreforts et dont la toiture en dos d'âne était percée de quatre œils de bœuf par lesquels s'échappait une vive lumière. Comme la porte n'en était fermée qu'au loquet, je l'ouvris et me trouvai dans une chapelle. Les murs lisses et sans ornements, étaient blanchis à la chaux et vernis à la glu de cactus. Une image de la Vierge, de grandeur naturelle, sculptée en pierre de Huamanga, transparente comme l'albâtre, s'élevait sur un cube de granit qui servait d'autel. Un grand nombre de cierges brûlaient devant elle, mêlés à de grosses touffes de lis blancs [1] qui trempaient dans des potiches aux flancs larges et au col grêle, et dont l'odeur enivrante emplissait l'atmosphère. Entre cette chapelle si simple et pour-

---

1. C'est notre *lilium candidum*, importé d'Europe par les premiers colons espagnols. Les Indiens qui habitent les fermes situées au revers oriental des Andes, le cultivent et l'apportent pour le vendre dans les villes de la sierra.

tant si coquette, cette blanche madone aux bras inclinés, ces cires et ces fleurs prodiguant à l'envi, les unes
leur éclat, les autres leurs parfums, entre ce tableau
d'un charme et d'une douceur poétiques et l'effroyable orgie qu'on entendait rugir et piétiner au dehors, le contraste était si frappant, l'antithèse si
tranchée, que l'intelligence la plus obtuse en eût été
saisie.

Après un moment de méditation, je quittai la chapelle. Le froid augmentait sensiblement. Je cherchai
nos amis à travers les groupes, et ne les trouvant
pas, je pensai qu'ils étaient rentrés, et je me dirigeai
vers la maison. Elle était morne et silencieuse. Les
gens de service avaient disparu. Une seule bougie
éclairait la salle à manger, où notre hôte dormait,
les coudes sur la table. Un mozo, préposé à la garde
du maître, buvait à même une bouteille au moment
où j'entrai. Je lui demandai des nouvelles de nos
amis. Il me répondit que ces messieurs s'étaient retirés dans leur chambre après l'avoir chargé de me
souhaiter une bonne nuit. Par discrétion, je m'ab-
stins de parler de ces dames, bien que leur disparition subite m'étonnât un peu, et je passai, conduit
par l'homme, dans l'*aposento* qui m'était destiné.
D'épaisses toisons, empilées sur le sol et recouvertes
de draps blancs, formaient une couche moelleuse.
J'en pris possession en bénissant Dieu, et ne fis
qu'un somme jusqu'au lendemain.

Quand je me réveillai, il faisait grand jour. Étonné du silence qui régnait autour de moi, je m'habillai précipitamment et ne fis qu'un saut dans la cour. N'apercevant ni muletiers, ni mules, j'envoyai sur-le-champ un mozo à la recherche de nos hommes, à qui les Indiens du domaine avaient donné l'hospitalité sous leur toit. Ces braves gens ne tardèrent pas à paraître, les yeux gonflés et la tête alourdie, par suite des excès bachiques auxquels ils s'étaient livrés en compagnie de leurs hôtes. Les mules furent tirées de l'écurie, et, pendant qu'on procédait à leur harnachement, je priai le majordome de l'hacienda d'aller réveiller nos amis, s'ils dormaient encore, et quand ce serait fait, de me choisir lui-même une douzaine de moutons fumés et quelques meules de fromage. Le majordome s'empressa d'obéir. Lorsque notre troupe fut au complet et les nouvelles provisions entassées sur le dos des mules, je réglai mes comptes avec lui et le gratifiai d'un pourboire, en échange duquel il me baisa la main en m'appelant son père. Restait à prendre congé du maître de l'hacienda, et je priai don Pedro de me conduire près de lui; mais il m'assura que toute démarche à cet égard serait en pure perte, le digne vieillard étant étendu sur son lit et hors d'état de répondre à ma politesse.

Nous quittâmes Lauramarca. Comme la matinée était déjà avancée, nous éperonnâmes nos montures

pour regagner le temps perdu. L'inclinaison du sol
favorisait la marche des mules qui, repues et bien
délassées, trottèrent vaillamment pendant une couple d'heures. Au bout de ce temps, nous atteignîmes
les premiers escarpements de la sierra de Vilcanota,
que depuis la veille nous avions relevée, et force
nous fut de ralentir le pas. Nous profitâmes de ce
changement d'allure pour examiner le paysage. A
quelques détails près, il nous parut semblable à tous
les sites qu'on rencontre au versant des Punas, situées entre deux Cordillères. C'était la même pau-
vreté de végétation, les mêmes accidents de terrain,
et cette physionomie morne et désolée qui caractérise les hauts sommets, où le feu et l'eau ont tour à
tour imprimé leurs traces.

A trois heures de l'après-midi, nous franchîmes
la Cordillère à l'aide d'une de ces solutions de con-
tinuité que les commotions volcaniques y ont pratiquées et que les naturels appellent *puncu* (porte).
Parvenus sur le revers oriental, nous eûmes devant
nous, à douze ou quinze lieues de distance, le plus
beau décor polaire que l'imagination puisse rêver.
Deux Andes neigeuses, d'une hauteur de quelques
milliers de mètres, aux talus rapides, aux faîtes den-
telés, partant du nord-ouest et du sud-ouest, s'a-
vançaient dans l'est à la rencontre l'une de l'autre
et, près de se rejoindre, s'affaissaient brusquement,
laissant entre elles une faille béante. Deux monta-

gnes, taillées en pyramides à quatre pans, se dressaient de chaque côté de cette ouverture, au delà de laquelle, un fouillis de pics, d'arêtes, de cônes et d'aiguilles, blancs de neige, éclatants de lumière et figurant à l'œil une mer aux vagues glacées, se détachaient en vigueur sur le fond bleu de l'horizon.

Nous nous arrêtâmes un moment pour dessiner les profils de la double chaîne et prendre le nom de ses principaux sommets ; car tous ces géants portent un nom quecha plus ou moins pittoresque, tiré de leur configuration ou de quelque souvenir qu'ils rappellent. C'est *Occlohuallpa*, *Reycancha*, *Colquepuncu*, *Sombreroni*, *Puyuski*, *Mayahuani*, la poule couveuse, le jardin du roi, la porte d'argent, le chapeau, etc. Quant aux montagnes, debout comme de monstrueux pylones, de chaque côté de la porte, elles se nomment, celle de droite, *Ausangatè;* celle de gauche, *Tayangatè;* le vieil aïeul et le vieil oncle.

Une fois notre tribut d'admiration payé à ce spectacle, nous tentâmes la descente de la Cordillère, et, malgré ses pentes abruptes, ses pierres roulantes et ses ocres détrempées par la fonte des neiges, nos mules arrivèrent en bas sans accident. Les pauvres bêtes étaient haletantes. Nous les laissâmes reposer un instant, puis nous tournâmes bride à l'est-sudest. La cordillère de Vilcanota ne tarda pas à rester derrière nous, tandis que les Andes d'Avisca, que nous achevons de décrire, grandissaient et chan-

geaient d'aspect à chaque lieue qui nous rapprochait
d'elles.

Vers cinq heures, nous relevâmes dans le sud, à
une faible distance, le point où les deux chaînes de
Vilcanota et d'Avisca, simple ramification des Andes
centrales, au-dessus des sources de l'Apurimac, se
bifurquent pour prendre une direction opposée. Ce
point, que les gens du pays appellent *Porco* et les
géographes *Nodus*, offre la bizarre disposition d'un
entonnoir de quelques dix lieues de tour. Une
épaisse couche de neige recouvre en tout temps les
parois crevassées et les bords inégalement décou-
pés de cette espèce de cratère. Des pics de trachyte
rugueux et contrefaits s'élancent du fond de l'excavation, et leur couleur noirâtre ou fauve forme avec
la blancheur des neiges qui les entourent, un contraste plein d'étrangeté.

A deux lieues de là, nous fîmes une autre rencontre, moins scientifique peut-être, mais en revanche
plus pittoresque. Au pied d'un chaînon circulaire
que, ne pouvant franchir, nous avions contourné,
nous trouvâmes un petit lac de figure irrégulière,
encaissé dans les neiges, et dont l'onde immobile
avait la couleur de l'étain. Un ruisseau s'échappait
de ce lac, et, après avoir décrit dans l'est quelques
longues courbes, profitait de la déclivité du sol pour
abandonner l'est et couler vers le nord. Ce charmant
bassin, qu'aucun hydrographe ne se fût avisé d'aller

chercher là, était, nous dirent les muletiers, le ma-
nantial ou source de la rivière *Paucartampu*[1]. Au
moment où nous l'entrevîmes, sept ou huit vigognes, conduites par un mâle, folâtraient sur ses
bords. A notre approche, elles se débandèrent, bon-
dirent d'escarpement en escarpement avec une agi-
lité merveilleuse; puis, lorsqu'elles se crurent en
sûreté, elles s'avancèrent sur une saillie du rocher,
et du haut de cette plate-forme, allongeant leur cou
dans le vide, elles regardèrent défiler notre caravane.

Tant que nous restâmes en vue, les charmantes
bêtes, debout sur le piédestal qu'elles s'étaient
choisi, gardèrent une immobilité d'attitude que
j'aurais attribuée à la frayeur que nous leur inspi-
rions, si les arrieros ne m'eussent affirmé qu'elle

---

1. Quelques géographes ont pris cette rivière de Paucartampu
pour celle qui traverse la vallée de Paucartampu. C'est une grave
erreur. La première naît à l'endroit où nous l'avons trouvée, se
dirige au nord par une ligne presque droite, et vient, après un
cours d'à peu près quatre-vingt-dix lieues, se jeter, sous le nom
de rivière Camisia, dans l'Ucayali, dont elle est un des principaux
affluents de droite. La seconde, formée dans l'intérieur de la
vallée de Paucartampu par les rivières d'Ocongate, Coñispata,
Tampu, Pilcopata, Avisca, Callanga, Chaupimayo et Tono,
sorties des vallées de ce nom, est reçue, après un cours d'environ quinze lieues, par la rivière Ollachea. Cette dernière
prend alors le nom de Mayo, au mieux d'Amaru-Mayo (rivière
du Serpent), et forme, après sa jonction avec l'Inambari, le tronc
principal de la rivière des Purus-Purus, un des principaux affluents de droite de l'Amazone.

était l'effet de la curiosité, plus forte encore chez la vigogne que chez la femme.

Au sortir des neiges, nous entrâmes dans une région hérissée de collines basses, inégalement espacées et dont l'inclinaison d'ouest à est était remarquable. Un sable épais recouvrait le sol, jadis sillonné par les grandes eaux, et déguisait si bien les aspérités de la couche minérale, que toutes les lignes de ce paysage avaient je ne sais quoi d'empâté, de lourd et de difforme. La nature, comme pour atténuer la laideur du site, y avait semé quelques pauvres plantes. Nous vîmes, au milieu des mousses et des graminées, une renoncule du genre *loasa*, des myrtes nains à feuilles ténues, et des mamillaires cotonneux[1] autour desquels voltigeaient de petits oiseaux à peu près semblables au tarin d'Europe.

Cependant le soleil baissait rapidement; les muletiers, craignant que la nuit ne nous surprît en route, nous engagèrent à presser le pas. Chacun reconnut tacitement la justesse de cet avis en appliquant deux coups d'éperon à sa mule, et pendant une demi-heure nous filâmes d'un train de poste. Alors il nous sembla que les collines rentraient en terre, que l'espace s'agrandissait; des bouffées d'un air tiède arrivèrent jusqu'à nos poumons. *El valle! el valle!* crièrent à la fois les muletiers et les mozos.

1. *Mamillaria senilis.*

Cinq minutes ne s'étaient pas écoulées, qu'en effet nous apercevions sous nos pieds, les sommets de quelques pitons dont la base disparaissait dans les profondeurs bleuâtres d'une vallée. Nous nous précipitâmes vers un étroit sentier qui plongeait en spirale au fond de ce gouffre. Les mules, effrayées par sa pente vertigineuse, semblaient résolues à ne marcher qu'au pas, mais l'éperon et le lazo les déterminèrent à changer d'allure. Grâce à l'emploi de ces moyens coercitifs, nos bêtes, fermant les yeux sur le danger, se lancèrent dans l'escalier tortueux avec la vitesse de pierres qui roulent.

A mesure que nous abandonnions les régions supérieures, l'horizon se rétrécissait et la lumière se retirait de nous ; bientôt le ciel ne fut plus qu'une bande d'azur étendue sur nos têtes. Le paysage changea d'aspect. La végétation prit un caractère grandiose. Aux plantes, aux buissons, avaient succédé des arbustes ; les arbustes furent à leur tour remplacés par des arbres. Des ruisseaux jaillirent à grand bruit du flanc des montagnes ; des cultures, des toits de chaume apparurent sur leurs versants ; puis la nuit vint sans crépuscule, et confondit tous les objets dans une teinte sombre. Un brouillard dense et froid monta du fond de la vallée, où grondait un torrent, rampa le long des pitons, escalada leur faîte et finit par les voiler entièrement. Pendant quelques minutes, nous cheminâmes au milieu d'épaisses ténèbres, puis à un cri des muletiers toute la troupe fit halte. J'entrevis confusément un groupe de toitures, je vis briller quelques lumières ; nous étions à Marcapata.

Bien que notre entrée eût été assez bruyante pour faire aboyer quelques chiens et donner l'éveil à leurs maîtres, nous ne vîmes s'ouvrir ni portes ni fenêtres. Nos amis, perdant patience, demandèrent alors à grands cris le gouverneur ou l'alcade de la localité, pendant que, de leur côté, les arrieros appelaient les gens de leur connaissance. Les mules, renchérissant sur le tapage et surexcitées d'ailleurs par les émanations de la luzerne et du corral, hennissaient avec un bruit de clairon, sans s'inquiéter des mozos qui juraient après elles, ni des coups de bâton qui pleuvaient sur leur croupe. L'apparition du gouverneur, qui sortit d'une maison voisine, sa chandelle à la main, changea la tempête en bonace, comme dit l'illustre Corneille. Ce fonctionnaire, dont les vêtements étaient en lambeaux, et qui marchait nu-pieds, faute de chaussure, s'avança vers nous d'un air souriant, et après s'être enquis de l'état de notre santé, nous demanda, sans préambule, ce que nous souhaitions de lui. Don Pedro, en qualité d'avocat, était chargé de répondre aux harangues ; il satisfit à la demande du gouverneur avec un laconisme dont nous lui sûmes gré. Celui-ci eut à peine compris que nous réclamions de son obligeance le vivre et le couvert, qu'il fit volte face et rentra sous son toit, où nous le suivîmes. Le murs de ce logis, composé d'une seule pièce, étaient treillisés comme une volière, circonstance qui permettait aux quatre vents d'y circuler en liberté. Trois pierres calcinées désignaient le foyer domestique et les peaux de mouton, empilées dans un coin, pouvaient, selon l'heure ou la fantaisie, servir de sopha pour la sieste ou de couche pour le sommeil. Nos amis, qui gardaient un doux souvenir de Lauramarca et de son hospitalité princière, furent désagréablement surpris à l'aspect de la misérable demeure où le sort les contraignait de passer la nuit. Je les vis échanger entre eux des regards de désappointement que notre hôte ne surprit pas, occupé qu'il était à empêcher le vent de tourmenter sa chandelle. Cependant, il faut lui rendre cette justice, au lieu de nous prier d'aller chercher un gîte ailleurs, comme son dénûment lui en donnait un peu le droit, il poussa l'obligeance jusqu'à nous indiquer les angles de sa cage où nous aurions moins à souffrir du vent et de la pluie, s'il prenait fantaisie au ciel de nous envoyer une averse pendant la nuit. A ces indications charitables, il joignit quelques tubercules bouillis à l'eau, un régime de bananes mûres et un cuisseau de cerf fumé, qu'il décrocha d'une solive et qu'il mit devant nous, en nous engageant à ne pas l'épargner. Nous usâmes si largement de la permission, qu'une demi-heure après il ne restait, du monstrueux gigot, qu'un os parfaitement nettoyé, que nous cassâmes pour en sucer la moelle; puis, comme cette chair fumée, en assouvissant notre faim, avait allumé notre soif, au lieu d'étancher celle-ci avec de l'eau pure, comme notre hôte nous le conseillait, nous envoyâmes chercher, dans nos bagages, quelques bouteilles de vin d'Espagne, dont nous lui offrîmes un verre.

Le repas terminé, la question du coucher fut débattue et résolue en quelques minutes. Le gouverneur, après nous avoir avoué qu'il ronflait très-fort en dormant, et que ce bruit nous importunerait, chargea sur son épaule les peaux de mouton qui formaient sa couche, et s'en alla passer la nuit chez un voisin. Restés seuls, nous nous empressâmes d'étendre nos pellons à terre, de rapprocher du mur les selles destinées à nous servir d'oreillers et de nous coucher côte à côte comme des poissons sur un gril.

Le vent souffla toute la nuit à travers les barreaux de notre demeure, montant du grave à l'aigu, descendant de l'aigu au grave, et secouant la toiture, comme s'il eût voulu l'enlever. Nos amis, que ces modulations de harpe éolienne avaient empêchés de dormir, se levèrent avec le jour, de fort mauvaise humeur. Plusieurs me déclarèrent, et don Pedro avec eux, que leur santé ne résisterait pas à deux nuits pareilles, et, pour corroborer leur dire par une preuve, ils se mirent à tousser avec acharnement. Comme cette santé dont ils parlaient, m'était aussi chère que leur affection, et qu'en exposant l'une je pouvais perdre l'autre, je leur offris les deux seules choses qu'il fût en mon pouvoir d'offrir, c'est-à-dire un verre de rhum pour conjurer le brouillard matinal, et la facilité de retourner à Cuzco après le déjeuner. A la honte de l'humanité, cette proposition que j'aurais cru devoir soulever leur indignation, fut accueillie par eux avec enthousiasme. Deux d'entre eux, cependant, votèrent pour le verre de rhum et contre la séparation. Mais, comme je ne vis dans leur opposition au vœu de la majorité qu'une de ces politesses banales dont l'Espagnol est très-prodigue, au lieu d'y répondre, je ne fis qu'en rire et je n'y songeai plus.

Nous quittâmes notre volière, et, tandis que nos amis allaient pousser une reconnaissance dans le village et continuer sur les villageoises les études psychologiques qu'ils avaient commencées à Lauramarca, je pris le premier sentier qui s'offrit à moi, et, après quelques minutes de marche à travers des broussailles et de hautes herbes, j'atteignis le bord d'une éminence, d'où mes regards embrassèrent à la fois tous les environs.

Ce côté des Andes, que je voyais pour la première fois, offrait au lever du soleil un tableau charmant.

La vallée, développée de l'ouest à l'est et large d'une lieue à peine, était bordée dans toute sa longueur par une double ligne de hauts pitons de figure conique et boisés de la base au sommet. A l'ouest, un plan de montagnes du vert le plus sombre et le plus velouté fermait l'horizon comme une muraille et servait de repoussoir aux neiges d'Apu et de Choquechanca, doucement azurées du côté de l'ombre et roses du côté du levant. Deux torrents, nés dans le nord-ouest et le sud-ouest, le *Kellunu* (eau jaune), et le *Ccachi* (salé), tombaient de ces montagnes, qu'ils rayaient de deux traits d'argent, développaient à l'est leur cours parallèle, et formaient, en se réunissant après un trajet d'une lieue, un triangle isocèle, au sommet duquel, sur une colline aux pentes rapides, s'élevait le village de Marcapata, composé de cent dix chaumières et d'une église à clocher carré et à toit de paille.

Placé sur le bord de cette colline, je voyais à droite et à gauche reluire et serpenter les deux torrents et s'arrondir élégamment la cime des forêts qui bordaient leurs rives. La hache et le feu y avaient fait de larges trouées et sacrifié la beauté du site aux besoins de l'homme. Le maïs, les courges, le piment, les pastèques et les luzernes, recouvraient d'un manteau bariolé l'emplacement qu'avaient occupé les grands arbres et les massifs de lianes. A côté de ces défrichements, qui pouvaient remonter à une dizaine d'années, quelques-uns, plus récents, présentaient un amas de cendres et de tisons noircis; d'autres étaient couverts de troncs et de branchages qui se desséchaient lentement.

Toute la partie du paysage que j'avais devant moi, flottait encore dans une vapeur lilas d'une transparence idéale. Quelques rayons d'or trouaient déjà cette gaze légère et faisaient resplendir en les effleurant le feuillage d'un arbre ou le flanc d'un rocher. Derrière moi, l'horizon oriental, que le disque du soleil avait dépassé, ruisselait de flammes. Tout ce côté de la vallée, que l'œil ébloui cherchait vainement à fouiller, formait comme une tache sombre dans le rayonnement du foyer lumineux.

J'admirai longtemps ce lever de soleil et ce beau paysage, où, depuis l'herbe jusqu'à la fleur, depuis l'arbre et les lianes de la forêt jusqu'à la montagne et ses neiges, tout s'éveillait à l'existence aussi jeune, aussi frais, aussi ardent à vivre qu'au premier jour de la création. Inondé d'air et de lumière, enivré de senteurs étranges, bercé par mille bruits charmants qui se dégageaient du silence, chants d'oiseaux, bourdonnement d'insectes, bruissement des feuilles, murmure du vent et des eaux, je sentais mes pensées flotter et s'égarer dans une ivresse vague, et bientôt, sous le coup d'une hallucination bizarre, il me sembla que les liens qui m'attachaient à la terre s'étaient rompus. Mon âme, délivrée de sa prison de boue, s'élançait joyeuse dans la pure atmosphère, et, comme l'oiseau engourdi par une longue captivité, voltigeait un moment pour essayer ses ailes. Après un regard d'adieu jeté sur cette terre, qu'elle abandonnait pour toujours, elle prenait son vol dans l'immensité, montait de sphère en sphère jusqu'aux dernières zones étoilées, et, franchissant la borne qui sépare la création de l'infini, allait se perdre, humble étincelle, dans le foyer de lumière et d'amour d'où jadis Dieu l'avait tirée....

Des tiraillements d'estomac interrompirent cette extase; ma montre, que je consultai, marquait l'heure du déjeuner. Je revins à pas lents chez le gouverneur, que je trouvai assis devant sa porte et tressant des folioles de latanier pour se faire un chapeau. Il m'apprit que nos amis, en vaguant par le pueblo, avaient fait la rencontre du curé, et que celui-ci, enchanté de leur bonne mine et de leur courtoisie, les avait emmenés chez lui pour y déjeuner. Comme je manifestais quelque regret de n'être pas de la partie, le gouverneur ajouta qu'on m'attendait au presbytère, où, par égard pour ma qualité de chef d'expédition, la gouvernante du curé avait promis de retarder le repas d'un quart d'heure. Je me fis indiquer le chemin le plus court, et cinq minutes après j'avais rejoint nos amis. Comme on n'attendait plus que moi pour se mettre à table, le pasteur se contenta de me serrer la main et de m'indiquer la place qui m'était réservée ; une fois assis, il nous servit à la ronde d'un potage fumant, que le grand air me fit trouver exquis, bien qu'il ne fût composé que d'eau de source, de fromage mou et d'herbes odorantes. Pendant le repas, qui fut d'une simplicité patriarcale, nous parlâmes de tout et d'autres choses encore. Séparé par la chaîne des Andes des villes du Pérou, qu'il appelait « le monde entier, » notre hôte, qui, depuis trente ans, habitait cette solitude, nous adressait force questions naïves sur les hommes et les choses de son pays, et s'étonnait autant de nos réponses, que si nous les lui eussions faites en tatar-thibétain. Comme tous les curés péruviens, la politique était à la fois son fort et son faible, c'est-à-dire qu'il en parlait mal et longtemps. Ses opinions étaient monarchiques et ses souvenirs s'arrêtaient à La Serna, le dernier vice-roi. En deçà, il n'admettait rien. Tout n'était que confusion, ténèbres, anarchie. La bataille d'Ayacucho et l'extinction du parti royaliste lui semblaient des événements désastreux, comparables aux plaies d'Égypte ; Simon Bolivar était l'Antechrist avec un tricorne et des épaulettes, et chaque fois que le mot république revenait dans la conversation, le saint homme baissait les yeux comme une religieuse qui voit des statues. Quelque vieillotes que nous parussent les appréciations du curé, nous les admîmes sans discussion comme parole d'Évangile, et cette condescendance de notre part, qu'il prit pour une entière adhésion à sa doctrine, nous posa merveilleusement dans son esprit.

A l'issue du déjeuner, nos amis, à qui le climat de Marcapata devenait de plus en plus contraire, prirent un air de circonstance pour me dire que le moment était venu de nous séparer. Ils me témoignèrent de vifs regrets d'être obligés de me quitter si brusquement, et don Pedro, en particulier, se mit à ma disposition dans le cas où je pourrais avoir besoin de ses services. Il suffirait de lui expédier un messager à Cuzco pour que mes commissions fussent faites sur l'heure. Là-dessus nous échangeâmes quelques poignées de main, et tout fut dit.

Pendant cette scène d'adieux, deux de nos amis, ceux-là mêmes qui le matin avaient protesté contre l'abandon de leurs camarades, s'étaient tenus à l'écart et me tournaient le dos; comme je les appelais pour prendre congé d'eux, ils me répondirent en souriant que c'était chose superflue, leur intention étant de me suivre dans la vallée et non de retourner à Cuzco. Leur offre itérative, dont cette fois je ne pouvais méconnaître la sincérité, m'émut au dernier point. Hors d'état de répondre, j'ouvris à Perez et à Quevedo — ainsi s'appelaient ces amis — mes bras, dans lesquels ils se précipitèrent. Alors, les yeux tournés vers l'Orient, et devant nos tranfuges dont on sellait déjà les mules, nous fîmes, en

en nous emboîtant comme les trois Horaces de feu
M. David, le serment de retrouver la ville de San-
Gaban ou de mourir ensemble. Nos pseudo-compa-
gnons applaudirent à cet élan d'enthousiasme, dont
la spontanéité parut les émouvoir, mais n'alla pas
jusqu'à les empêcher d'enfourcher leurs montures
et de nous quitter sans remords. Une heure après,
nous restions seuls, Perez, Quevedo et moi, atta-
chant, comme les Troyennes de Virgile, un œil humide non sur *l'immensité des flots*, mais sur le côté de
la vallée par où nos amis avaient disparu.

Pour effacer l'impression pénible que ce départ
nous avait laissée, nous convînmes d'aller visiter
certaine source minérale dont le curé nous avait
vanté les vertus curatives. Seulement, en nous parlant de cette source, il avait oublié de nous désigner
son emplacement, et, comme nous ne savions trop
où la prendre, Quevedo se chargea d'aller lui demander quelques renseignements à cet égard. Un
moment après, il était de retour, amenant un enfant
de chœur que le curé lui avait donné pour nous servir de guide. Nous fîmes seller nos mules, et, pré-
cédés par le jeune Joas qui gambadait comme une
chèvre, nous nous dirigeâmes vers le lit du torrent
Ccachi, que nous cotoyâmes en suivant le sud-sud-
ouest. Après une demi-heure de montées et de des-
centes, le voisinage de la source nous fut révélé par
un nuage de fumée qui plane constamment au-dessus

d'elle. Nous nous en approchâmes avec certaines précautions que justifiait l'état du chemin, jonché de pierres roulantes et de cavités perfidement dissimulées par la végétation. Arrivés par le travers de la source, nous reconnûmes qu'elle se trouvait de l'autre côté de la Quebrada, large en cet endroit de quarante pieds, et profonde de cent cinquante. L'enfant de chœur leva cette difficulté, que nous croyions insurmontable, en nous montrant un peu plus haut deux troncs d'arbres placés en travers sur le gouffre, et destinés à faciliter le transit d'une rive à l'autre. Nous mîmes pied à terre, et, après avoir attaché nos mules, nous nous dirigeâmes vers cette passerelle.

Comme nous hésitions à la franchir, tant à cause de sa mine équivoque que du bruit effrayant que le torrent Ccachi faisait au-dessous d'elle, notre guide se mit à rire, et, avec cette adorable témérité de l'enfance, nous donna l'exemple en battant un entrechat et partant du pied gauche. Quelques bonds lui suffirent pour toucher l'autre bord, d'où il nous jeta un regard triomphant. Après un instant d'indécision, nous tentâmes à notre tour le passage du pont branlant, et, grâce à la lenteur méthodique de nos mouvements, grâce au soin que nous eûmes de nous retenir mutuellement aux pans de nos vestes, en marchant à la file, comme ces grues dont parle Dante Alighieri, nous parvînmes heureusement sur la rive opposée, dont la source n'était éloignée que de quelques pas.

L'emplacement qu'elle occupait au sommet d'une roche de micaschiste, et le paysage qui lui servait de cadre, eussent fait le bonheur d'un peintre d'aquarelles. Qu'on se figure une plate-forme d'environ vingt mètres carrés, appuyée d'un côté à la montagne, à laquelle elle servait de marchepied, coupée à pic sur ses autres faces et percée de vingt-trois ouvertures, par lesquelles une eau bouillante jaillissait en gerbes touffues à une hauteur de cinq à huit pieds. L'orifice de chaque jet était cerclé d'un bourrelet formé par l'agglomération de matières stratifiées. Ces bourrelets, en figures de cônes et d'une élévation de quinze à dix-huit pouces, offraient la miniature très-exacte de volcans en pleine éruption. Le ton local de la pierre, aux endroits en contact avec l'eau des sources, était une belle teinte jaune paille, toute veinée de rameaux et de ramuscules bleuâtres, qui rappelaient les arborisations de certaines agates. Les extrémités du rocher que l'eau n'atteignait pas, étaient nuancées de brun rouge et de larges taches de moisissure. Une véritable forêt de buissons verts, où les ronces, les menthes, les sauges, les fuchsias, les loranthées et les alstroëmères, entrecroisaient leurs tiges, leurs feuilles et leurs fleurs, tapissaient le pied de la montagne, s'éparpillaient à travers les jets d'eau bouillante, et pendaient autour du rocher comme une chevelure.

Notre guide, qu'attiraient souvent dans le voisinage des sources les mûres et les baies sauvages qui y croissent en abondance, nous apprit une chose à laquelle Perez et Quevedo refusèrent d'ajouter foi, mais que j'accueillis comme très-probable. C'est que, chaque fois qu'un tremblement de terre se faisait sentir à Marcapata, les sources thermales cessaient un instant de couler, puis, jaillissant avec une violence inaccoutumée, rejetaient une boue rougeâtre et de petits poissons bleus qui sentaient le soufre.

Comme nos amis riaient et s'étonnaient de ma facilité à donner crédit à ce qu'ils appelaient — les bêtises d'un jeune drôle — je crus de ma dignité de voyageur, et pour m'éviter à l'avenir leurs moqueries, devoir leur donner l'explication du fait qu'ils refusaient d'admettre.

« La géognostie moderne, dis-je en me rengorgeant et laissant tomber dédaigneusement la science de mes lèvres, comme le professeur du *Bourgeois Gentilhomme*, range les monts ignivomes en deux classes essentiellement différentes : les volcans centraux et les chaînes volcaniques. Les volcans andéens, qui appartiennent à cette dernière classe, se recommandent par leur élévation prodigieuse au-dessus de la Cordillère, par la régularité de leur cône, la forme et la grandeur de leur cratère, les foyers de communication qui les relient les uns aux autres, et surtout par la nature de leurs émissions. Tous ces volcans sont entourés ou recouverts de neiges; ces neiges qui fondent au moment des éruptions, occasionnent non-seulement des inondations redoutables, mais exercent encore une action continue pendant la période de repos du volcan, par leurs infiltrations incessantes dans les couches sous-jacentes. Les cavernes, les failles, les fissures, tous les vides enfin, qui se trouvent à la base de la montagne ou sur ses flancs, se transforment peu à peu en réservoirs, que d'étroits canaux font communiquer avec les lacs et les ruisseaux des plateaux et des plaines. Les poissons qui vivent dans ces eaux vont se multiplier de préférence dans les ténèbres des cavernes; quand les secousses, qui précèdent toujours l'éruption, ébranlent la montagne et les couches minérales qui l'avoisinent, les voûtes souterraines, à défaut d'issues extérieures déjà existantes, s'entr'ouvrent tout à coup, et rejettent au dehors, avec une violence subordonnée à l'activité dynamique, d'ailleurs très-variable, l'eau, les boues tufacées, les poissons et jusqu'à des insectes, galionelles, oscillaires, hydropores, etc., qu'elles renfermaient dans leur sein. »

A cette tirade, que Perez et Quevedo écoutèrent en baissant les yeux et l'enfant de chœur en ouvrant démesurément la bouche, j'ajoutai négligemment que, dans la description que notre jeune guide avait faite du poisson que rejetaient les sources thermales, je croyais reconnaître le *pimelodes cyclopum* des ichthyologistes, que les Indiens appellent *pichingote* et les Espagnols *preñadilla*. Au silence profond qui accueillit ces paroles, je jugeai que ma pédanterie avait produit son effet.

Nous recueillîmes, après y avoir goûté, de l'eau de ces sources, dont la température est de 93°,6. Sa couleur est un peu jaunâtre et son odeur celle du gaz hydrogène sulfuré. Cette odeur, très-forte d'abord, se perd quand l'eau a séjourné quelque temps dans un vase ; quant à sa saveur, c'est celle des hydrosulfures alcalins ; refroidie, elle perd de sa saveur lixivielle piquante et en prend une alcaline ; réchauffée, elle est nauséabonde.

Nous reprîmes le chemin par lequel nous étions venus. De retour au village, je donnai à l'enfant de chœur, pour l'indemniser de sa peine, un réal d'argent, qui lui fit jeter des cris de pintade, une manière à lui d'exprimer le plaisir. En notre absence, le gouverneur et le curé, instruit de mes projets, avaient convoqué le ban et l'arrière-ban de la population et fait choix, parmi les indigènes les plus robustes, de dix Indiens que je comptais emmener avec nous pour porter nos bagages, les mules ne pouvant nous suivre à travers les forêts. Ces porteurs, qui nous attendaient sur la place où le curé et le gouverneur causaient avec eux, nous saluèrent quand nous parûmes, d'un *allillamanta* (bonjour) et de coups de montera, qui me donnèrent une excellente opinion de leur savoir-vivre. Comme j'en témoignais hautement ma satisfaction, le curé me dit à l'oreille que ces porteurs, tout convenables qu'ils me parussent, n'étaient rien en comparaison de quatre Cholos qu'il comptait me donner à titre de batteurs d'estrade, sans préjudice d'un métis dont il garantissait l'honnêteté, et qui, parlant l'idiome des Chunchos, plus correctement que ces sauvages eux-mêmes, pourrait me servir d'interprète. Une pareille offre m'agréait fort; restait à savoir si les prétentions pécuniaires de ces individus ne dépassaient pas la limite de mes moyens, et j'en touchai quelques mots au curé; mais il me rassura complétement à cet égard, en m'apprenant que les Cholos se contenteraient de deux réaux par jour, et l'interprète de six piastres pour toute la durée du voyage; la moitié de cette somme lui serait comptée avant de partir et l'autre moitié au retour de l'expédition.

L'affaire traitée d'oreille à oreille et conclue à notre satisfaction mutuelle, je demandai à voir ces individus; mais ils habitaient Chile-Chile, un hameau situé à trois lieues de Marcapata, et le curé, qui avait disposé de leur personne et de leur temps sans prendre la peine de les consulter, se doutant après tout que la chose leur serait agréable, me dit qu'il allait leur envoyer un exprès, et que, le lendemain, dans la matinée, ils viendraient ratifier le traité conclu en leur nom et me présenter leurs hommages.

Le soir venu, nous soupâmes au presbytère, et, malgré les instances du curé pour nous retenir à coucher, nous revînmes bivouaquer chez le gouverneur, qui nous prouva, par le soin qu'il avait eu de balayer le sol de sa demeure et d'en calfeutrer les parois au moyen de branchages, que, si l'alimentation quotidienne de trois caballeros de notre sorte était une dépense au-dessus de ses forces, il tenait beaucoup à l'honneur de nous voir dormir sous son toit.

Avant de nous quitter, il me prit à l'écart et réclama mes bons services pour un de ses neveux qu'il appelait « Népomucène d'Aragon, » lequel, connaissant à fond la vallée et vivant dans les meilleurs termes avec ses naturels, pourrait me servir à la fois de domestique et d'interprète. Malheureusement cet interprète était déjà trouvé, et j'eus le regret d'apprendre au gouverneur que le curé l'avait prévenu à cet égard. Comme le brave homme levait les yeux au ciel et souriait amèrement en haussant les épaules, je voulus avoir l'explication de cette mimique. Il me dit alors, en baissant la voix et me demandant le secret, que l'interprète que m'avait donné le curé, était un vagabond de la pire espèce, qui, pour échapper aux poursuites judiciaires dont il était l'objet, était venu autrefois se fixer à Chile-Chile, où, l'an passé, il avait roué de coups un Indien du village, qui l'accusait de lui voler ses poules.

Sans l'intervention du curé de Marcapata et le soin qu'il eut d'étouffer cette triste affaire, en allouant à la victime une indemnité de quatre réaux, Mathias Gally, ainsi se nommait l'interprète, n'en eût pas été quitte à si bon marché. Comme je m'étonnais tout haut que le curé pût s'intéresser à un pareil homme, le gouverneur ajouta que la nature, par une de ces bizarreries auxquelles elle se plaît parfois, avait doué Mathias Gally d'une voix de baryton assez sonore, et que cet organe, que le vaurien mettait chaque dimanche à la disposition de son pasteur, pour paraphraser le *Credo* de la messe ou le *Magnificat* des vêpres, lui avait acquis la protection et l'amitié de celui-ci.

Quand le gouverneur fut parti, je réveillai nos amis, qui dormaient déjà, pour leur communiquer les renseignements que je venais de recevoir sur la moralité de notre futur interprète. D'abord ils m'écoutèrent en se frottant les yeux, puis, quand je leur demandai ce qu'il convenait de faire en cette occurrence, ils me répondirent en riant qu'il ne fallait pas s'en préoccuper; qu'au fond l'histoire de Mathias Gally pouvait être vraie, mais que le gouverneur avait dû en altérer sensiblement la forme, dans

le but de faire renvoyer l'interprète et de nous donner son neveu.

Le lendemain, en nous rendant au presbytère,
nous vîmes cinq individus qui semblaient en garder
le seuil. C'étaient nos gens de Chile-Chile. Quand
nous fûmes entrés, le curé les fit appeler et nous les
présenta à tour de rôle, appelant chacun d'eux par
son nom, lui donnant sur la joue une tape amicale,
et nous détaillant ses qualités physiques ou morales,
comme un maquignon l'eût pu faire d'un âne ou
d'un cheval. La physionomie de ces hommes me revint assez. Celle de l'interprète, en particulier, me
frappa par une régularité de traits toute sémitique.
Quand je l'interrogeai sur sa naissance, il me répondit qu'il était fils d'une Indienne de Moyobamba et
d'un laboureur du Guipuscoa, venu au Pérou pour y
chercher fortune; par égard pour le sang européen
qui coulait dans ses veines, Mathias Gally avait ré-
pudié le costume local et l'avait remplacé par une
veste de bayeta, des pantalons de toile bleue, un
feutre et des souliers. La barbe épaisse, qu'il tenait
de son père le laboureur, était rasée avec un soin
extrême, et ses larges mains se recommandaient par
leur propreté. Quant à ses compagnons, que le curé,
par politesse, appelait des Cholos, c'étaient de francs
Indiens, couleur de sepia, larges d'épaules, longs
de torse et courts de jambes; comme tous leurs pareils, ils étaient vêtus de ponchos et de culottes à

canons, coiffés de monteras, et s'appuyaient sur des cannes de huarango, qui pouvaient au besoin servir de massues.

Le marché, que le curé avait conclu sans les en prévenir, devait leur paraître bien avantageux si j'en juge par leur empressement à y souscrire. Un joyeux sourire anima leurs traits quand j'eus remis, à titre d'arrhes, une piastre à chacun des Cholos, et à l'interprète la moitié de la somme qu'il n'avait pas encore gagnée. Ce dernier, après s'être enquis de mes intentions à propos du départ, que je fixai au lendemain, me demanda la permission de retourner à Chile-Chile avec ses camarades, qui étaient aussi ses voisins, pour faire leurs préparatifs et passer la nuit en famille. Cette permission leur fut accordée, et comme Chile-Chile se trouvait sur notre chemin, il fut convenu avec Mathias Gally et ses hommes, que nous les prendrions en passant.

La journée fut employée à des préparatifs de tout genre. Effets d'habillement, objets d'échange, munitions de bouche et de chasse furent examinés, classés et répartis en neuf lots de poids à peu près égal, puis chaque lot, enveloppé dans des bannes de laine, devint un paquet qu'on sangla convenablement au moyen de minces lanières découpées dans le cuir d'un bœuf; le dixième lot se composa d'un sac de toile, renfermant notre batterie de cuisine. Cette besogne ne fut achevée qu'à la nuit; alors je fis appeler nos porteurs, qui à eux dix n'avaient que trois noms : Juan, Pedro et José, et remettant à chacun son paquet, je lui enjoignis, sous peine d'une amende, de ne plus le perdre des yeux; ainsi l'avaient exigé Perez et Quevedo, qui, connaissant le péché mignon des Indiens, craignaient qu'un des ballots ne disparût pendant la nuit. Les porteurs s'allongèrent donc sur le sol, et, prenant à la lettre l'ordre que je venais de leur donner, tournèrent leur face contre les paquets, et passèrent la nuit dans cette posture.

Le soleil se leva dans un ciel sans nuages. Nos gens, réveillés avec l'aurore, avaient déjà déjeuné selon leur habitude, d'un chupè que leurs femmes avaient eu soin de préparer. Sur un avis du curé, nous nous rendîmes au presbytère, où, malgré l'heure matinale, le déjeuner venait d'être servi. Le repas fut un peu monotone, malgré les plaisanteries dont nous tentâmes de l'égayer; une promenade chez les Chunchos est toujours, aux yeux des Péruviens, une entreprise téméraire, un voyage à tâtons fait vers l'inconnu, et le curé, qui partageait à cet égard les opinions de ses compatriotes, tremblait, nous dit-il, et s'effrayait par avance, à l'idée des dangers que nous allions courir. Nous cherchâmes à le rassurer par nos éclats de rire. En échange du bon souvenir que nous emportions de lui, et auquel nous jurâmes de rester fidèles, il nous promit d'allumer un cierge à l'autel de la Vierge, et de dire, chaque soir, à notre intention, le psaume *In exitu Israël*, dont il avait pu constater l'efficacité en matière de voyages et de voyageurs. Nous revînmes à pas lents chez le gobernador ; nos mules étaient déjà sellées ; nos porteurs, leur fardeau bouclé sur le dos, rangés par deux de front, et les muletiers, les jambes croisées sur leur selle, à la façon des tailleurs sur leur établi, n'attendaient plus qu'un mot pour se mettre en route.

Je donnai le signal du départ. Les Indiens, s'ébranlant les premiers, prirent à la file le chemin en zigzag qui descend du village au bord du torrent Ccachi. La pente du terrain précipitait leur marche, et les récipients culinaires, marmites, poêlons et casseroles, que l'un d'eux portait dans un sac, s'entrechoquaient et rendaient des sons belliqueux. Les muletiers qui devaient ramener nos montures à Marcapata suivirent les Indiens, et nous restâmes seuls de notre troupe, au milieu d'une affluence de curieux des deux sexes qui nous considéraient de cet air ébahi qu'ont les paysans devant un charlatan. A quelques sanglots étouffés qui s'échappaient de cette foule, on devinait les mères, les femmes ou les filles de nos porteurs, à qui cette promenade dans la vallée faisait l'effet d'un voyage aux confins du monde.

Enfin, comme nous rassemblions les rênes et nous

nous disposions à suivre nos gens, le digne curé, oubliant, dans son émotion, que j'étais né en France, Perez en Espagne et Quevedo au Chili, nous appela ses compatriotes et ses fils bien-aimés, et après avoir serré tour à tour nos mains dans les siennes, nous bénit collectivement. Pendant cette scène touchante, le gouverneur s'était tenu un peu à l'écart; et ses traits exprimaient l'inquiétude bien plus que l'attendrissement. Pensait-il que j'avais instruit le curé de ses petites perfidies à l'égard de Mathias Gally, et s'attendait-il, une fois que nous serions partis, à recevoir du pasteur quelque verte semonce? Je ne sais; mais pour ôter de son esprit l'épine empoisonnée du doute que je supposais s'y être introduite, je lui fis signe d'approcher; et tout en lui serrant la main et y glissant deux piastres, je lui soufflai quatre mots à l'oreille. Au soupir de contentement qui s'échappa de sa poitrine, à l'éclair de joie qui brilla sur sa face, je compris que j'avais touché juste. Un hourrah poussé par la population entière, salua notre départ de Marcapata.

Nous eûmes bientôt rejoint les Indiens, qui, sous le prétexte qu'un fardeau de vingt livres était au-dessus de leurs forces, marchaient avec la lenteur des tortues. Nous les priâmes en passant de hâter le pas, et nous partîmes à la poursuite des muletiers, qui avaient pris les devants, et que nous rattrapâmes devant un massif de passiflores, qu'ils dévalisaient de leurs fruits. Nous mîmes pied à terre, et, à l'exemple des arrieros, nous fourrageâmes si bien le pauvre massif, qu'une trombe n'eût pas fait pis. Pendant ce temps, nos porteurs nous rejoignirent et nous marchâmes pêle-mêle.

Parvenus au sommet du triangle verdoyant que décrivent dans leur cours le Kellunu et le Ccachi, nous cotoyâmes un instant la rivière *Ccoñi* (chaud), à laquelle, en se rejoignant, ces deux torrents donnent naissance. Cette rivière[1] coulait, ou plutôt roulait à l'est-sud-est, sur un lit de cailloux qu'elle entrechoquait bruyamment. Nous la passâmes avec de l'eau jusqu'à mi-jambes pour aborder sur la rive gauche, la rive droite coupée à pic étant devenue impraticable.

Le pays que nous traversions n'avait ni chemins ni sentiers apparents, et nous réglions notre marche sur le cours de la rivière, rasant la berge ou nous en écartant, selon les accidents du site ou les mouvements du terrain. La végétation, presque nulle sur la rive droite, abondait sur la rive gauche. A chaque pas, nous relevions un détail charmant. Tantôt c'étaient de sveltes bambous que le vent faisait frissonner comme un bouquet de plumes, ou quelque haut jacaranda, dépouillé de feuilles et revêtu jusqu'à mi-tronc d'un manteau de plantes

1. Elle porte sur la plupart des cartes le nom d'Araza ou rivière de Marcapata. Les gens du pays l'appellent Ccoñi.

grimpantes, dolichos, aristoloches, grenadilles, dont les fleurs rouges, jaunes, bleues, étoilaient l'élégant feuillage. Çà et là, nous apercevions en passant, ombragée par un erythrina centenaire, quelque maisonnette d'Indiens avec son jardinet rustique, où croissaient de ces beaux lis blancs que j'avais admirés dans la chapelle de Lauramarca. Une haie d'agaves aux feuilles gladiées formait à ce jardin une ceinture pittoresque et le protégeait contre la dent des animaux.

Après une heure de marche, nous vîmes disparaître peu à peu les grands arbres et les belles plantes; la couche d'humus qui les nourrissait, s'amincit et fut remplacée par des croupes de grès et des blocs erratiques, dressés dans tous les sens. Le jarava des Cordillères, que nous ne pensions plus revoir, vint de nouveau recouvrir les terrains de son chaume roussâtre, que des voyageurs bien appris ont comparé à une moisson d'or. Sans l'élévation de la température et l'absence d'horizon, je me fusse imaginé traverser un site des Andes. Cette région morne et sans caractère finit par rester derrière nous. Le réveil de la végétation nous fut annoncé par quelques lantanas aux feuilles visqueuses et par des buissons de mimoses, dont les petites fleurs en boules avaient l'odeur pénétrante du patchouly.

Comme nous franchissions un groupe de collines, qui formaient les limites de ce désert, nous vîmes à peu de distance reparaître les verdures et de grands arbres s'élancer d'un seul jet. Quelques chaumières se montraient au bord des fourrés. Les muletiers nous dirent que nous étions si près de Chile-Chile, qu'en allongeant le bras, nous pourrions allumer nos cigarettes aux foyers du village. Malgré cette assurance, donnée du ton le plus sérieux, nous mîmes trois quarts d'heure à l'atteindre.

Chile-Chile, à part le plaisir que nous nous promettions d'y passer le reste de la journée et d'y dormir toute la nuit, nous plut par sa position pittoresque et le parfum d'églogue qui s'en exhalait. Le village, représenté par une douzaine de huttes à claire-voie, était assis sur un gazon si doux à l'œil, chaque hutte avait autour d'elle de si beaux massifs d'orangers, de papayers et de sapotées; la rivière que nous ne voyions pas, cachée qu'elle était par un rideau de broussailles, s'enfuyait à l'est avec un si joyeux murmure; enfin, les montagnes qui servaient de cadre au paysage, étaient si vertes à leur base et si bleues à leur sommet, que nos amis déclarèrent d'une commune voix qu'il leur serait doux de vivre et de mourir en un pareil lieu. Une vieille femme filant au fuseau et des petits Indiens tout nus, barbotant dans la boue avec des canards et des porcs, complétaient la physionomie de cette riante Tempé.

Notre arrivée occasionna un peu de trouble. Les canards et les porcs s'enfuirent en désordre, les enfants poussèrent des cris d'effroi, et leurs parents, alarmés par ces cris, se montrèrent subitement au seuil des maisons. Un mot de Mathias Gally, qui vint nous aider à mettre pied à terre, suffit pour rétablir le calme. A peine eut-on su par l'interprète que nous étions les honorables voyageurs qu'il attendait, que la population en masse, y compris deux aveugles, vint nous souhaiter la bienvenue, pendant que les enfants, crottés jusqu'à l'échine, imprimaient sur nos vêtements des traces de leur admiration.

Sans nous laisser le temps de répondre aux civilités de ses voisins, l'interprète nous entraîna vers sa demeure, que recommandait tout d'abord à l'attention un trophée cynégétique suspendu au linteau de la porte. Des massacres de daims, des têtes d'onces et de renards, encore revêtues de leur peau et montrant leurs dents acérées, étaient entourés de cornes de bœuf, de bélier et de bouc, formant des festons et des astragales. Les vides de la composition étaient remplis par des chauves-souris de toute taille, dont les ailes ouvertes étaient retenues par des clous. Depuis la roussette jusqu'au fer de lance, depuis le vespertillon jusqu'au phylostome, toutes les variétés de chéiroptères américains se trouvaient réunies dans cette collection, devant laquelle un naturaliste-empailleur fût tombé à genoux.

L'intérieur de la maison était simple et nu. Une claie de bambou la divisait en deux compartiments.

Celui de droite servait de cuisine, d'office, de cave et de grenier; celui de gauche, de salon et de chambre à coucher. Une barbacoa, vaste gril posé sur des pieux, marquait le centre de cette pièce, et se métamorphosait, selon l'heure, en table pour manger ou en lit pour dormir.

Pendant que nos gens s'installaient en plein air et que les mules paissaient à l'aventure, Mathias Gally, qui avait transporté nos selles et nos couvertures dans l'angle de la salle où nous devions dormir, s'occupa de nous préparer à manger. Il fut aidé dans ces soins par ses enfants, deux fillettes jumelles de neuf à dix ans, à peine vêtues d'une chemise déchirée qui laissait voir leur poitrine et leur dos. Ces pauvres petites, à part leur extérieur misérable et leur maigreur singulière, qu'on pouvait attribuer à leur croissance, offraient dans leurs traits, d'ailleurs assez corrects, cette expression de nostalgie qui saisit l'âme du spectateur en face des deux Mignon d'Ary Scheffer. L'interprète, que nous questionnâmes à leur sujet, nous apprit que ces jeunes filles étaient le double gage d'une union longtemps heureuse et les seuls enfants qui lui restassent, de quatorze qu'il avait procréés en divers pays. J'avoue qu'à l'aspect souffreteux de ces petits êtres, les méchants propos du gouverneur de Marcapata au sujet de leur père m'étaient revenus à l'esprit mais le ton affectueux de ce dernier quand il s'adressait à ses filles, et quelques caresses qu'il leur prodiguait en cachette, et que je surpris, effacèrent bientôt cette impression fâcheuse.

On ne tarda pas à nous servir avec des patates douces, cuites sous la cendre et la moitié d'un giraumon bouilli, quelques grillades d'ours, que nos amis repoussèrent d'abord avec horreur, mais auxquelles ils se décidèrent à goûter, quand ils m'en eurent vu manger sans aucun scrupule. La première bouchée leur sembla dure à avaler, mais à la seconde ils se regardèrent avec étonnement, puis l'étonnement faisant place à l'admiration, ils attaquèrent les grillades avec une ardeur furieuse. Notre hôte, à qui je demandai comment il s'était procuré cette viande, me répondit qu'elle provenait d'un certain plantigrade, qui avait pris l'habitude de venir marauder la nuit dans ses courges et ses citrouilles, et auquel il avait logé deux balles dans le corps pour le punir de son effronterie. A l'appui de son dire, il nous montra la peau de l'animal qu'il avait clouée sur une planche pour la faire sécher, et dont il comptait se faire plus tard une casaque pour la saison des pluies.

Cette découverte, outre l'avantage qu'elle me procurait d'apprendre un jour à nos savants d'Europe que le petit ours noir à ventre fauve — *ursus bicolor*, habite au revers des Andes orientales, m'offrait des garanties sérieuses pour l'avenir, dans le cas où, nos provisions venant à s'épuiser, il nous faudrait vivre de notre chasse. Or, Mathias Gally me paraissant un Nemrod adroit et déterminé, j'eus l'idée de lui proposer de joindre à ses fonctions d'interprète celles de pourvoyeur de notre table. Le cumul de ces deux emplois devait lui rapporter dix piastres au lieu de six, et la poudre et le plomb qu'il pourrait consommer, seraient à ma charge. Cette proposition, que je formulai aussitôt, fut acceptée par lui avec enthousiasme, et il me dit qu'avant peu nous pourrions juger, mes amis et moi, de la justesse de son coup d'œil et de la portée de son escopette.

Le soir venu, je demandai à Mathias Gally des nouvelles de ses compagnons, que je n'avais point encore vus depuis mon arrivée, et dont l'absence commençait à m'étonner. Il me répondit qu'ils étaient partis de grand matin pour vérifier l'état des chemins, jeter des ponts sur quelques torrents que nous aurions à franchir, et réparer la toiture endommagée des tampus ou ajoupas sous lesquels nous serions obligés de dormir. Ces mesures précautionnelles obtinrent l'assentiment de nos amis, qui ne manquèrent pas d'en témoigner leur satisfaction à l'interprète; puis, comme je parlais de renvoyer à Marcapata nos muletiers et nos montures, ce dernier m'apprit une chose qui me causa un sensible plaisir : c'est que, de Chile-Chile à Thyo, dernier hameau de la vallée, la route, sans être carrossable, était praticable pour des mules, et que nous pourrions employer les nôtres à faire ce trajet, au lieu d'y consacrer nos propres jambes.

Les arrieros, qui s'attendaient à repartir dans la soirée, parurent très-satisfaits d'apprendre qu'ils ne nous quitteraient que le lendemain. La bière de maïs de Chile-Chile leur avait paru aussi supérieure à celle de Marcapata que le vin l'est à la piquette, et ils nous annoncèrent que l'idée de passer la nuit à en boire leur souriait infiniment. Nos gens avaient établi leur bivouac au milieu de la place, où flambait un grand feu. Les habitants du village leur tenaient compagnie. Hommes et femmes, fraternellement confondus, buvaient au même pot une chicha nouvellement brassée, en mâchonnant des feuilles de coca. Tous parlaient à la fois, et leurs rires joyeux éclataient comme des fusées. Les mules, attirées par l'éclat de la flamme, ou conseillées peut-être par leur instinct, étaient sorties des fourrés, où rodent la nuit le jaguar et la chauve-souris vampire, et s'étaient rapprochées du bivouac. Leurs têtes, s'allongeant au-dessus des groupes, formaient avec les ballots, les harnais et les selles empilés sur le premier plan, un tableau plein d'originalité, où la lumière et l'ombre, en se heurtant, produisaient de vigoureux contrastes. Les chaumières et leurs massifs de verdure fermaient la perspective. Sur ce fond d'un bleu sombre se détachaient, éclairés par la lune, les troncs blancs et lisses des papayers, sveltes colonnes ornées d'un chapiteau de feuilles et de fruits.

En rentrant, nous trouvâmes Mathias Gally occupé à fourbir les viroles de cuivre de son escopette, arme gothique qui me parut remonter au temps de Pizarre. Ses filles colligeaient, avec une gravité de matrones, des bas et des chemises, destinés au trousseau paternel. Comme nous n'avions ni armes à fourbir, ni porte-manteau à faire, et que le sommeil nous paraissait préférable à l'ennui, nous priâmes notre hôte de nous désigner l'endroit de sa demeure où nous devions passer la nuit; il nous conduisit au fond de la chambre, et, derrière une espèce de paravent, fabriqué pour la circonstance, il nous montra nos trois lits dressés côte à côte. Avant de prendre congé de lui, nous le chargeâmes d'avertir les porteurs et les muletiers de se préparer à partir dès qu'il ferait jour. Comme nous ne comptions nous mettre en route qu'à huit heures, nous avions quelque chance, en donnant à nos gens trois heures d'avance, d'arriver à Thyo en même temps qu'eux. En outre, nous engageâmes l'interprète à se procurer un âne ou une mule, afin qu'il pût voyager avec nous et charmer par le récit de ses prouesses de chasseur les ennuis du voyage; puis ces détails réglés, nous le laissâmes libre de retourner à sa besogne, et nous passâmes derrière le paravent.

Le lendemain, quand nous nous réveillâmes, les

Indiens et les arrieros étaient partis depuis longtemps. Nos mules sellées nous attendaient devant la
porte, et les enfants de l'interprète préparaient notre
déjeuner. Leur père, forcé de s'absenter pour une
affaire urgente, les avait chargés de nous dire que,
s'il n'était pas revenu à huit heures, au lieu de l'attendre, nous prissions les devants, et qu'il nous re-
joindrait en route. Nous déjeunâmes; et, comme
huit heures sonnèrent sans ramener Mathias Gally,
nous enfourchâmes nos montures et quittâmes
Chile-Chile. Les deux fillettes nous escortèrent jusqu'à la sortie du village, pour nous montrer le chemin que nous devions suivre. Ce chemin, bordé
d'un côté par la rivière, et de l'autre par le fourré,
était, nous dirent les enfants, droit comme une vare,
uni comme la main, et nous mènerait droit à Thyo.
Ces renseignements topographiques étaient assez
exacts, et, sauf une colline pierreuse que nous eûmes à franchir, et d'épais taillis de berberis et de
mimoses au travers desquels il nous fallut passer,
et dont les épines labourèrent nos jambes et les
flancs de nos bêtes, nous ne relevâmes aucun détail
intéressant jusqu'à Thyo, que nous atteignîmes entre
onze heures et midi.

Le site n'offrait rien de remarquable. Une grande
plaine, tapissée d'herbe rase et jaunie, quelques
buissons et quelques arbres semés de loin en loin,
un horizon de serros bas et formant talus du côté

de la plaine, composaient sa physionomie générale.
Le hameau s'élevait à gauche du chemin de Chile-
Chile. Bien qu'il ne comptât que trois maisons, il
occupait une étendue de plus d'une demi-lieue,
grâce aux jardins et aux cultures, qui rattachaient
ces maisons l'une à l'autre comme des traits d'union.
Devant la première, dont la porte était grande ouverte et dont l'intérieur nous parut désert, se dressait une borne de grès, pareille à un men-hir celti-
que. Une croix de bois, d'où pendaient quelques
fleurs fanées, était placée à son sommet. Chaque année, le curé de Marcapata, comme nous l'apprîmes
plus tard, venait dire une messe devant ce monoli-
the, et, en échange des bénédictions du ciel qu'il
appelait sur la tête de ses ouailles, emportait une
charge d'âne de fruits de passiflores dont il était
friand, et que les naturels de Thyo, connaissant son
faible, allaient récolter par avance dans les halliers
des environs. Un peu plus loin, devant la seconde
maison, veuve d'habitants, comme sa voisine, se
tenait perché sur un goyavier nain, dépouillé de ses
feuilles, un huacamayo [1] à la chappe bleue et au
ventre rouge. Le chef presque chauve, les pattes
rugueuses et le bec écaillé de cet oiseau, déno-
taient une longue expérience des choses d'ici bas.
Perez, qui s'occupait d'ornithologie à ses moments
perdus, nous déclara sans hésiter que ce psittacule,

1. *Ara splendens.*

semblable au vieux Nestor, chéri des dieux, comptait au moins trois âges d'homme. Comme nous l'abordions avec des paroles flatteuses, il nous regarda de travers, murmura entre ses mandibules quelques mots d'un jargon étrange, puis se mit à croasser d'une façon sinistre. La mine augurale et le langage inintelligible de cet ara, qui semblait nous prophétiser des malheurs, me frappèrent malgré moi d'une crainte superstitieuse. Sa rencontre me parut d'un fâcheux présage, et le mot de Bailly, heurtant contre une pierre au sortir de la Conciergerie, me revint à l'esprit. Comme ce Romain, auquel il faisait allusion, je me sentis près d'abandonner la partie et de retourner à Cuzco. Mais cette appréhension fut de courte durée ; le souvenir de l'oiseau s'effaça même tout à fait à l'aspect de nos hommes, que nous trouvâmes à l'extrémité du hameau, assis la tête à l'ombre et les pieds au soleil, tenant chacun entre ses bras une amphore de bière de maïs, à laquelle il buvait à même. En toute autre circonstance, j'eusse voulu savoir d'où provenait cette chicha et de quel rocher du désert de Thyo avait pu jaillir une pareille source ; mais j'avais assez de l'effet, sans m'aviser de rechercher la cause : je venais de m'apercevoir que tous nos hommes étaient ivres, et, dans la colère que m'occasionna cette découverte, j'allais tomber sur eux à poing fermé, si Perez et Quevedo ne m'eussent retenu. Les muletiers, bien

que gonflés comme des outres, semblaient jouir encore d'un semblant de raison ; je les appelai, et, d'un
ton qui n'admettait pas de réplique, je leur ordonnai de se préparer à partir sur-le-champ pour
Marcapata. Pendant qu'ils harnachaient leurs mules,
nous passâmes pudiquement derrière un buisson
pour dépouiller notre costume de voyage, que nous
remplaçâmes par des vêtements de coutil. Au feutre
andaloux, nous substituâmes un chapeau de paille,
et, suffisamment prémunis contre la chaleur à venir,
nous n'eûmes plus qu'à faire un paquet des anciennes hardes et à l'attacher sur la selle de nos montures, qu'un instant après les arrieros entraînaient
à leur suite sur la route de Chile-Chile.

Indifférents à ce qui se passait autour d'eux, les
Indiens avaient continué de boire. Seulement, à mesure que la chicha diminuait dans les cruches, leur
ivresse, jusqu'alors morne et silencieuse, prenait un
caractère d'exaltation farouche. Bientôt, soit que la
liqueur fût épuisée, soit qu'ils ne pussent plus rester en place, ils se levèrent, mais non sans chan-
celer un peu, et, brandissant leurs amphores vides,
se mirent à pousser des cris horribles et à défier les
Chunchos, auxquels ils prodiguèrent toutes les injures que le vocabulaire quechua put leur fournir.
Cette apostrophe virulente, qu'aucun antécédent ne
justifiait, me fit craindre un instant que nos ivro-
gnes ne fussent devenus fous.

Vers trois heures, au lieu de Mathias Gally, que nous attendions toujours vainement, ce furent les péons qui nous rejoignirent; ils avaient terminé leur besogne, et, ne nous voyant pas paraître, ils étaient venus au-devant de nous. Ils parurent aussi étonnés de l'absence de l'interprète que peu surpris de l'ivresse de nos porteurs. Comme je leur racontais la scène étrange dont nous venions d'être témoins, ils me dirent que la peur des sauvages talonnait si fort les Indiens, que, depuis leur départ de Marcapata, ils n'avaient cessé de puiser dans la chicha un courage factice. De là les insultes et les défis dont ils poursuivaient à cette heure toutes les hordes américaines.

Malgré ma mauvaise humeur, je ne pus m'empêcher de rire. Laissant nos porteurs pourfendre à plaisir leurs ennemis imaginaires, j'allai m'asseoir à l'écart, et me mis à prendre des notes, pendant que les péons devisaient entre eux, et que mes amis charmaient, par la lecture les ennuis de l'attente. Je ne sais trop depuis combien de temps je griffonnais sur mon genou, quand un cri, qui n'avait rien d'humain, traversa l'espace et me fit tressaillir. Ce cri, que les échos répétèrent avec des inflexions variées, interrompit le sommeil des porteurs, qui, las de hurler, s'étaient endormis. Ils se mirent sur leur séant et promenèrent autour d'eux des regards effarés, croyant apparemment à une attaque de Chunchos. Perez et Quevedo s'étaient rapprochés de moi;

comme nous nous communiquions nos réflexions sur la nature de ce bruit, pour nous aussi inexplicable que celui qu'entendent dans la grotte du Glenn les timides héroïnes de Cooper, l'interprète parut à quelque distance, et, transformant ses mains en porte-voix, nous régala d'un cri pareil à celui que nous avions entendu, mais qu'il embellit de modulations plus féroces. La frayeur des Indiens s'éteignit dans un rire stupide, et Mathias Gally, que j'avais quelque peine à reconnaître sous ses nouveaux habits, s'avança vers nous en se balançant sur ses hanches.

Aux premiers mots qu'il prononça, je reconnus qu'il était ivre; en le regardant, je vis que sa bouche était contractée, et qu'il louchait affreusement. Le costume qu'il avait revêtu, ajoutait encore à sa laideur physique. Une tunique en bayeta grise, des knémides en cuir de vache, garni de son poil primitif, un feutre sans bords, muni d'une visière et orné sur le côté d'une queue d'oriolus, mi-partie jaune et noire, composaient cet accoutrement de carnaval, auquel l'addition d'un porte-manteau prêtait la gibbosité de Polichinelle. La façon belliqueuse dont l'interprète était armé, rappelait l'ancien traître de mélodrame; à l'escopette qu'il fourbissait la veille, étaient joints un pistolet d'arçon dépareillé, un coutelas et une hachette, qu'il portait à sa ceinture; un sabre d'infanterie lui battait les mollets, et deux cornes de bœuf, renfermant ses munitions de chasse, pendaient à ses côtés.

Aux prétextes mensongers dont il essayait de colorer son absence, absence qui n'avait d'autre cause que le cacharpari ou fête d'adieux, que ses voisins avaient dû lui offrir, je ne répondis que par mon silence. J'eusse craint, en ouvrant la bouche, que ma colère, déjà allumée par l'incartade des Indiens, et qu'une chaleur d'orage attisait encore, n'éclatât brusquement et ne m'emportât au delà des bornes. Perez, qui ne comprenait rien à mon mutisme, ou qui le prit pour un effet de ma timidité, se chargea de me suppléer vis-à-vis de l'interprète, qu'il traita sans ménagement d'ivrogne et de saltimbanque, tout en lui rappelant la couleur de sa peau, son origine européenne et le mauvais exemple qu'il donnait à nos gens. Cette philippique, tour à tour interrompue et reprise par l'orateur, et que Mathias Gally accueillit en baissant la tête, me donna le temps de faire du coupable un portrait assez ressemblant.

Le calme rétabli, Perez et Quevedo dirent à l'interprète de se préparer au départ, que, vu l'heure avancée et l'hébêtement de nos hommes, j'aurais voulu remettre au lendemain; mais Mathias Gally, qu'à partir de ce moment, et pour perpétuer le souvenir de son ivresse, nous n'appelâmes plus que Galimathias, avait sur le cœur les reproches d'un compatriote de feu son père, et, pour nous prouver qu'il ne le méritait qu'à demi, il tira son sabre, rangea les Indiens par deux de front, plaça deux péons sur chaque aile de la colonne, et, nous laissant libres de cheminer à notre guise, donna le signal du départ. Thyo et ses trois chaumières, le pelvan sanctifié et l'ara fatidique, restèrent bientôt derrière nous.

Au sortir de la plaine, nous entrâmes dans des taillis arrosés d'eaux courantes, bornés d'un côté par la rivière, de l'autre par des serros bas et fuyants, développés sur une seule ligne, et qui sont, du côté de l'est, comme les dernières apophyses de la grande arête des Andes. Un sentier que nous prîmes, nous conduisit à un site du nom d'Iscaybamba, où une chaumière abandonnée, des poteries éparses et des tisons noircis, attirèrent notre attention. J'eusse demandé volontiers quelques renseignements sur cette bicoque, que son propriétaire semblait avoir quittée de la veille et dont la porte était resté ouverte à tout venant; mais l'interprète avait un air si rogue, que je n'osai le questionner, et nous passâmes. Après une heure de marche, nos porteurs, énervés par la boisson et par un orage dont nous pressentions les approches à la chaleur accablante qui régnait dans les bois, s'assirent au revers d'un sentier, et avec cette douceur d'agneau et cette ténacité de mule, qui caractérisent l'antique race des Quechuas, déclarèrent à l'interprète qu'ils n'iraient pas plus loin ; Galimathias les fit répéter, comme s'il n'eût pas bien compris, puis, lorsqu'il se fut convaincu qu'il y avait chez nos gens parti pris et rébellion ouverte, il empoigna le plus têtu par les oreilles, l'enleva de terre, le secoua vivement et procéda de même à l'égard des autres. En un clin d'œil la troupe se retrouva sur pied. Alors commença une distribution de coups de plat de sabre, qui, quoique faite à tort et à travers et sans discernement aucun, eut pour effet de doter nos Indiens d'une vigueur nouvelle. Chacun d'eux, oubliant sa fatigue, se mit à trottiner allègrement, et nous continuâmes d'avancer, prêtant l'oreille au babil des oiseaux, qui saluaient le coucher du soleil, et aux hurlements lointains des guaribas[1], dont le fluide électrique répandu dans l'air semblait affecter désagréablement le système nerveux.

Deux obstacles insurmontables nous obligèrent bientôt à faire halte : la nuit, qui s'avançait rapidement, et une éminence de figure conique, haute de sept à huit cents mètres et boisée de la base au sommet, que nous trouvâmes au milieu du chemin. Comme il était matériellement impossible de tourner cette borne, qui d'un côté touchait à la rivière et se rattachait de l'autre au chaînon de la Cordillère, qu'en outre le jour nous eût manqué pour la gravir, nous prîmes le parti de camper à sa base,

1. *Simia Betzebuth.*

au centre d'un rond-point que la nature semblait avoir ménagé tout exprès pour le plaisir des yeux et la commodité des voyageurs.

L'interprète, que la marche avait un peu dégrisé, se multiplia pour regagner nos bonnes grâces. Pendant que, sur son ordre, les Indiens se mettaient en quête de combustible, il empilait des feuilles sèches, plaçait dessus quelques bûchettes , et, à l'aide de son briquet, se procurait du feu. De leur côté, les péons sarclaient le terrain, déroulaient les quêpés et en retiraient des provisions pour le souper, ou suspendaient aux arbres les hamacs de toile dans lesquels nous devions dormir.

Nous soupâmes tant bien que mal à la clarté de trois troncs d'arbres, brûlant bout à bout, qui rappelaient ces brasiers homériques où les demi-dieux, les héros et les rois préparent des grillades; puis chacun fit ses dispositions pour passer la nuit de son mieux. Les Indiens se couchèrent sur leurs ballots, Galimathias et les péons s'allongèrent devant le feu, et mes amis et moi nous nous ensevelîmes dans nos hamacs ; pendant un moment, on entendit encore quelques éclats de rire, quelques chuchotements, puis les voix se turent une à une, les bruits cessèrent par degrés, et un silence profond ne tarda pas à régner dans le campement.

Au plus fort de mon sommeil, je fus brusquement réveillé par un coup de tonnerre. J'allongeai la tête

hors de mon hamac; nos gens, réveillés comme moi
par le bruit, s'étaient mis sur leur séant et interrogeaient l'horizon d'un œil effaré. Les éclairs, qui se
succédaient sans relâche, ouvraient dans les bois
des perspectives fantastiques. Bientôt des bouffées
de vent passèrent sur la forêt, ployant et secouant
les arbres qui craquèrent avec des bruits sinistres.
Craignant d'être jetés à bas de nos hamacs, auxquels
l'agitation des branches imprimait un mouvement
de roulis et de tangage très-prononcé, nous sautâmes à terre et nous attendîmes, pleins d'anxiété, la
fin de la bourrasque. La nature se plaignait par
toutes ses voix; au roulement du tonnerre, au bruit
des eaux et du vent, au froissement convulsif des
branchages, se mêlaient les cris des singes, les rau-
quements des pumas et les plaintes inarticulées des
animaux troublés dans leur sommeil. Quelques
gouttes d'eau commencèrent à tomber; puis les
nuages crevèrent et une pluie large, rapide, pressée
nous atteignit comme une douche diluvienne. En un
clin d'œil, la flamme du bûcher s'en alla en fumée.
Ahuris, éperdus, sans toit ni parapluie pour abriter
nos têtes, un seul moyen nous restait, moyen hé-
roïque, il est vrai, de défier l'averse : c'était de nous
pelotonner sur nous-mêmes et de lui présenter le
dos, ce que nous fîmes bravement. La tempête dura
quatre heures; comme elle finissait, les premières
clartés de l'aube commencèrent à azurer le sommet

de l'éminence devant laquelle nous venions de recevoir tous, à dose égale, ce que Quevedo appelait « le baptême de la vallée. »

Après nous être épongés de notre mieux, car nous ruisselions comme des tritons, nous ficelâmes nos ballots, et, laissant au temps et au soleil le soin de les sécher, nous tentâmes l'ascension de Morayaca — c'était le nom de la colline — par un sentier si nettement tracé, que je fus tenté de l'attribuer à la main de l'homme; Galimathias m'apprit qu'il était l'œuvre de la nature. Ce sentier, creusé à une profondeur de trois pieds dans le grès quartzeux de la colline, autour de laquelle il s'enroulait comme un serpent, était jonché de sable fin et bordé d'un revêtement de gazon, de mousses, de fougères, d'adanthiées, d'un beau vert sombre et lustré, que l'orage de la nuit avait parsemé de perles brillantes. De grands arbres, cédrèles, robinias, bignoniées, qui croissaient au bord des talus, formaient, en se rejoignant par leurs cimes, un dais de verdure, à travers lequel apparaissait, de loin en loin, un coin du ciel rougi par le soleil levant. Des buissons de fuchsias, de rhexias et de mélastomes entouraient les troncs de ces arbres; des lianes et des sarmenteuses les enlaçaient de leurs replis, grimpant jusqu'aux plus hautes branches, d'où elles pendaient en longues guirlandes que le vent faisait tournoyer. Ce sentier de Morayaca, la plus jolie rencontre naturelle que j'eusse encore faite, était bien le plus rude escalier que j'eusse jamais monté. A chaque anneau de sa spirale, je m'arrêtais pour reprendre haleine. La sueur coulait de mon front, mes artères battaient dans mes tempes et, selon une expression populaire dont je pouvais apprécier la justesse, le cœur me sortait par la bouche; quand à la sensation physique que, de leur côté, pouvaient éprouver nos amis, j'avoue que je ne m'en occupais guère ; j'avais parié avec eux d'arriver le premier au sommet de la côte de Morayaca, et les forces de mon esprit, comme la vigueur de mes jambes, convergeaient vers ce but, que j'atteignis après cinquante-huit minutes d'une course haletante et d'efforts inouïs. Perez et Quevedo arrivèrent un quart d'heure après moi. Quant aux porteurs, ils mirent deux heures à gravir cette côte, et, fidèles au rôle d'animaux surmenés, qu'ils jouaient depuis notre départ de Marcapata, ils se laissèrent choir en atteignant à son sommet, geignant et soupirant comme s'ils allaient rendre l'âme.

Le cône de Morayaca qui, de l'endroit où nous avions campé, nous avait semblé une borne isolée, présentait, du côté de l'est, une suite de renflements onduleux par lesquels il se rattachait au chaînon de la Cordillère. Cette face de la montagne, outre son aridité singulière, était encore jonchée de ces blocs erratiques, que nous ne croyions plus revoir et qui semblaient sortir de terre pour nous avertir que les

Andes, que nous nous figurions avoir laissées derrière nous, nous accompagneraient longtemps encore.

Après un temps d'arrêt, qui permit aux porteurs de reprendre haleine et de renouveler leur chique de coca, nous descendîmes le versant oriental de Morayaca, au delà duquel recommençait la ligne des forêts. Comme nous allions entrer sous bois, nous aperçûmes à notre gauche et tapissant le versant d'un serro, le squelette d'une forêt que le feu avait dévorée sans altérer sa forme primitive. Les arbres charbonnés et conservant toutes leurs branches étaient encore debout. Quelques-uns gardaient leur feuillage roussi. Des lianes droites ou noueuses les assiégeaient encore, et sur le sol, autrefois couvert de végétations vivaces, rampait à cette heure un lichen couleur d'amadou. Galimathias, qui, en attendant l'occasion d'utiliser ses talents de chasseur et d'interprète, voulut bien se constituer notre cicerone, nous apprit que l'incendie de cette forêt était l'œuvre des Chunchos, qui poussaient des reconnaissances jusqu'à la côte de Morayaca, en quête des Puna-Runacunas (hommes des plateaux), que la culture de la coca, du coton, de la canne à sucre attirait dans la vallée, où chacun d'eux possédait une petite plantation, entourée de bananiers et d'arbres à fruits. Les sauvages, fort au courant des habitudes de ces indigènes, dont ils visitaient souvent les cultures et dévoraient les fruits, sans attendre qu'ils fussent mûrs, venaient en troupe au-devant d'eux, à l'époque de la récolte, non pour s'informer de leur santé ou de celle de leurs familles, mais pour les débarrasser des haches ou des couteaux qu'ils pouvaient avoir, et leur retirer leur chemise, opération qu'ils pratiquaient avec beaucoup d'adresse et sans maltraiter les individus. Tout en prêtant à cette explication l'attention qu'elle méritait, je m'assurai, par un coup d'œil, que nos Indiens n'avaient pu l'entendre. L'idée que des Chunchos avaient foulé le sol qu'ils foulaient à cette heure, leur eût probablement occasionné quelque syncope.

Les forêts qui, du haut de Morayaca, nous avaient paru d'un style grandiose, n'étaient, en réalité, comme nous en jugeâmes en entrant sous leur couvert, que d'épais fourrés de bambous, de lianes et de zara-zara ou pseudo-maïs, à travers lesquels passait le chemin. Les seuls arbres corpulents que nous aperçûmes étaient des cerdanas, que leur odeur d'ail dénonçait d'assez loin, quelques guayaques ou palos-santos et des sabliers épineux[1] dont les capsules ligneuses, éclatant sur nos têtes avec le bruit d'un arme à feu, nous criblaient au passage de petits projectiles.

Nous déjeunâmes sous un auvent de paille, posé

____

1. *Hura Crepitans.*

sur quatre pieux, que nous trouvâmes en chemin. Le site, ou l'auvent, je ne sais trop lequel, que Galimathias appelait Chaupichaca, n'offrait de particulier qu'une espèce d'autel de figure cubique, façonné avec des pavés de grès et surmonté de deux bâtons liés en croix. La main pieuse de nos péons avait décoré, la veille, le signe rédempteur d'un bouquet de ces *amaryllis fulgens* qui croissent à l'ombre des buissons. Deux papillons blancs, zébrés de noir, voltigeaient autour de ces fleurs, auxquelles l'ondée de la nuit avait conservé leur fraîcheur première.

Au sortir de Chaupichaca, nous traversâmes le torrent Piquimachu à l'aide de deux troncs d'arbres juxtaposés, qui craquaient sous nos pieds d'une façon peu rassurante; puis, le torrent franchi, nous entrâmes sous un sombre couvert, que les rayons du soleil n'avaient jamais percé. Le clair-obscur verdâtre qui régnait en ce lieu prêtait aux objets des formes douteuses et grimaçantes. Les troncs noueux et crevassés de quelques arbres faisaient l'effet de jaguars accroupis qui nous attendaient au passage, et, dans les lianes que le vent agitait, notre imagination voyait autant de pythons constrictors prêts à nous enlacer de leurs replis.

Ainsi cheminant, nous atteignîmes, après une assez longue traite, un gros rocher noir, incliné sur la rivière, et auquel le demi-jour de la forêt prêtait un aspect fantastique. Des scolopendres, des mousses et des polypodes d'une rare élégance tapissaient son sommet. Ses flancs, minés par les eaux du Ccoñi, offraient un *retiro* plein de mystère et d'ombre, jonché de sable et entouré de roseaux mouvants; on eût dit la grotte d'un dieu marin. Le voisinage de la rivière entretenait en ce lieu une fraîcheur délicieuse. Galimathias , qui l'appelait Iquimachay, nous dit qu'il y avait dormi plus d'une fois, quand, dans ses courses, la nuit le surprenait en route. Après Iquimachay, nous relevâmes successivement, à de courtes distances, Mamabamba et Capiri, deux points perdus de ce désert, que rien ne recommandait à l'attention du touriste, mais qu'un géographe eût marqués d'un trait à l'encre rouge, afin de les retrouver au besoin. A deux lieues de Capiri, un site appelé Hiapchana nous offrit le spectacle toujours émouvant d'une lutte entre la civilisation et la barbarie. Des orangers, des bananiers et des arbustes de coca, plantés par l'homme, se tordaient désespérément au milieu d'un fouillis de plantes sauvages qui rampaient autour de leurs troncs, escaladaient leurs branches et s'y enroulaient d'un air de serpents en fureur. Comme j'étais en train de comparer ces pauvres arbres à Laocoon et ses fils, empêtrés dans leurs nœuds classiques, Galimathias, qui ne perdait pas une occasion de se rapprocher de moi, vint me dire à l'oreille que, Hiapchana, morne et désolé à cette heure, était jadis une chacara florissante, appartenant à un de ses voisins de Chile-Chile. L'Indien l'avait abandonnée à la mort de sa femme, après avoir inhumé celle-ci de ses propres mains, à l'ombre d'un *paltero* [1], sous lequel ils s'étaient souvent *reposés*. Si j'ai recours aux lettres italiques, c'est pour exprimer le sens mystérieux que l'interprète parut attacher à ce mot.

Comme je m'étais arrêté pour ne rien perdre de ses paroles, les Indiens, qui marchaient derrière nous, s'arrêtèrent aussi, mirent bas leurs quêpés et s'assirent à l'ombre. Depuis midi, la chaleur était devenue accablante; l'azur du ciel se voilait par degrés d'une teinte cendrée, et le tonnerre grondait sourdement dans le lointain. Nos amis, que la nuit passée au pied du coteau de Morayaca avait rendus très-susceptibles à l'endroit des averses, me communiquèrent leurs craintes au sujet d'une seconde douche, que les nuées semblaient nous préparer, et qui, dans leur idée, n'aurait rien à envier à la première. Je demandai alors à Galimathias s'il n'existait pas aux environs quelque rocher creux ou quelque toit de chaume, dans le genre de ceux que nous avions vus en passant; sa réponse fut négative. Le seul endroit qu'il connût, nous dit-il, était San-Pedro, un site admirable, d'où l'on jouissait du double aspect de la forêt et de la rivière, et sous le

---

1. *Laurus persea*. C'est l'avocatier des Antilles.

chaume duquel toute notre troupe tiendrait à l'aise ;
mais, pour y arriver, nous avions encore deux lieues
à faire, moitié sous bois, moitié par des sentiers
fangeux, cinq ruisseaux à franchir avec de l'eau
jusqu'à mi-jambes, et le fameux torrent de Coyunco
à traverser sur une échelle. Quevedo regarda Perez, Perez regarda Quevedo, et tous deux firent la
grimace.

Comme nous perdions un temps précieux, et qu'à
défaut d'un abri dans le voisinage nous avions quelque chance, en hâtant le pas, d'arriver à San-Pedro
avant l'orage, j'engageai nos amis à prendre leur
courage à deux mains, et les porteurs à ne pas ménager leurs jambes. Nous quittâmes Hiapchana au
pas gymnastique, et nous commençâmes à fuir devant la tempête. Pendant quelque temps, nous crûmes que l'avantage resterait de notre côté, mais
cette illusion fut de courte durée. Le vent endormi
ne tarda pas à se réveiller, et, soufflant *rinforzando*,
courba bientôt les bambous du rivage et les arbres
de la forêt. Guidés par l'interprète, qui avait dégainé
son sabre et nous devançait d'un air résolu, abattant
les plantes et les arbustes qui barraient le chemin,
nous précipitions notre marche, pareils à des fan-
tassins en déroute, tantôt glissant dans la boue et
tombant sur le dos, tantôt nous embarrassant les
pieds dans des lianes et allant « piquer une tête » à
dix pas de là, mais nous relevant sans mot dire,

pleins de résolution et couverts de sueur, éperonnés
par la tempête qui nous prenait en flanc et s'avançait sur nous au pas de charge, nous jetant déjà,
comme un avertissement ou comme un défi, quelques larges gouttes d'une pluie tiède, qu'un tonnerre
lointain accompagnait en sourdine.

Moitié courant, moitié roulant, nous arrivâmes,
après trois heures d'une traite forcée, et mouillés
par la pluie autant que par notre propre sueur, au
bord du torrent de Coyunco. Sa nappe, resserrée
entre deux montagnes, descendait, d'assises en assises, avec le fracas d'une avalanche, et allait se perdre, toute blanche d'écume, dans les eaux du Ccoñi.
Une échelle aux barreaux verdis par l'humidité était
posée à plat, entre les deux rives, et dominait le
torrent de quelque vingt pieds. Galimathias passa
fièrement le premier pour nous donner l'exemple.
Nous le suivîmes avec la plus grande circonspection.
Puis, ce fut le tour des péons, pour qui cette échelle,
placée au rebours du bon sens, semblait n'avoir rien
que de très-naturel. Nos porteurs passèrent ensuite,
avec une allure de chats marchant sur la neige. Le
dernier d'entre eux, en atteignant le milieu de l'é-
chelle, broncha, fit une pirouette, et disparut jusqu'à mi-corps entre deux barreaux. La surface de
son quêpé, beaucoup plus large que l'ouverture,
l'empêcha de tomber dans l'eau et le sauva d'une
mort certaine. Le malheureux braillait à fendre

l'âme, et, retenu qu'il était par les bras, essayait de faire, avec ses jambes, des signaux de détresse. Ses camarades, debout sur la rive, le regardaient d'un air ébahi exécuter sa gigue, mais ne lui portaient pas secours ; deux péons se dévouèrent, et, après quelques efforts, parvinrent, en soulevant l'Indien par les aisselles, à le retirer de cette position critique.

Nous reprîmes notre course au clocher, baissant la tête sous la pluie, qui nous arrivait au visage et que les arbres, secoués par le vent, nous dispensaient comme des goupillons. Au bout d'un certain temps, nous nous arrêtâmes à un cri que jeta l'interprète. La forêt venait de s'ouvrir, et, au milieu d'un grand espace gazonné, apparaissait, soutenu par huit pieux, un chaume protecteur. Comme la topographie de ce site s'accordait avec la description que Galimathias nous avait faite de San-Pedro, je ne doutai plus que nous ne fussions arrivés. C'était bien San-Pedro en effet. Mais ce que l'interprète avait négligé de nous peindre, c'est l'effroyable aspect de la rivière, vaste nappe de lait en ébullition, que dominait une passerelle aérienne, sur laquelle un danseur de corde eût craint de s'aventurer. Cette passerelle, qu'il nous fallait franchir pour atteindre la rive droite du Ccoñi, sa rive gauche, que nous avions suivie jusqu'alors, s'escarpant brusquement au delà de San-Pedro, me fit courir un frisson le long de l'épine dorsale. Je me retournai pour faire part à

Galimathias de l'impression que je ressentais, mais il avait déjà disparu.

Nous avisâmes à tirer du hangar tout le parti possible, en suspendant nos hamacs aux poteaux et nos paquets aux perches transversales. Les Indiens s'accroupirent immédiatement selon leur habitude, tandis que les péons allaient sous bois ramasser des bûchettes, et, avec cette adresse patiente, que je n'ai rencontrée que chez les races primitives, réussissaient, malgré une pluie battante, à allumer du feu à quelques pas de l'ajoupa. La marmite fut remplie d'eau, et un chupé, composé de mouton sec, de riz et de patates, mijota pour notre souper.

Abrité par un parapluie en calicot blanc, qui me servait de parasol pour peindre, je suivais les progrès de l'ébullition, tout en mesurant des degrés sur une carte. Au moment où j'achevais de m'assurer, par une série de calculs, maintes fois répétés, que la distance entre le village de Marcapata et l'ajoupa de San-Pedro était de soixante-trois milles géographiques, deux coups de feu retentirent, à de courts intervalles, dans la forêt. Nos porteurs s'étaient dressés sur leurs jambes comme des cerfs effarouchés, mais leur panique fut de courte durée. Un craquement de branches se fit entendre, les feuilles s'écartèrent, et Galimathias apparut, rouge, essoufflé, triomphant, traînant par les pieds, comme le fils de Pélée le cadavre d'Hector, un quadrupède énorme qu'il venait d'occire. Dans l'animal, que Quevedo appelait métaphoriquement un sanglier farouche, Perez un cochon marron et l'interprète une huangana, je reconnus le pécari à lèvres blanches[1]. Notre chasseur l'avait surpris loin de sa bande, occupé à déchausser les racines d'un arbre pour s'en repaître. Une première balle n'avait fait que lui casser l'épaule; comme l'animal revenait sur lui, il s'était hâté de recharger son arme et l'avait achevé. On comprend aisément la joie de notre troupe; Galimathias, que je félicitai par deux vers de Corneille, sur son coup d'essai, qui pouvait passer pour un coup de maître, reçut, en outre, un verre d'eau-de-vie, qu'il parut préférer aux alexandrins. En moins de temps qu'il n'en faut pour l'écrire, le pécari fut dépouillé de sa glande dorsale, ouvert, vidé, lavé et dépecé très-artistiquement. Un gril fait avec quatre pieux recouverts de branchages reçut les côtelettes; les jambons furent boucanés à la fumée de bois vert. Quant à la hure, une fois qu'on en eut retiré les défenses pour m'en faire présent, elle fut enterrée sous la cendre et les braises, afin d'y cuire à l'étuvée. Ce soir-là nous fîmes un souper que Bas-de-Cuir n'eût pas désavoué, et notre sommeil, bercé par la pluie et le vent, dura jusqu'au matin.

1. *Dicotyles labiatus.*

Nous nous réveillâmes au chant des oiseaux. Le ciel était serein; d'obliques rayons éclairaient déjà la futaie. En un instant, nous eûmes terminé notre toilette et fait nos apprêts de départ. Le souper de la veille, joint à l'excellent sommeil de la nuit, avait retrempé nos forces; chacun se sentait prêt à traverser de nouvelles régions et à subir de nouvelles averses. Seul entre nous tous, Quevedo était pâle et défait, et ne souriait ni n'ouvrait la bouche. Comme nous lui demandions la cause de son abattement, qui contrastait avec la gaieté générale, il nous répondit qu'il avait un *resfrio*. Galimathias proposa, à défaut de sudorifiques, des frictions à l'échine, avec un morceau de la couenne du pécari; mais notre ami, qui n'avait digéré qu'imparfaitement la viande de ce pachyderme, se refusa net à l'opération.

Nous nous rapprochâmes de la rivière, et malgré la terreur profonde que nous inspirait son escarpolette, nous nous décidâmes à y poser le pied, après que l'interprète qui nous en faisait les honneurs eut atteint sans accident le bord opposé. Seulement, au lieu de la franchir comme lui, d'un air souriant et vainqueur, nous la traversâmes d'une façon modeste. Perez, Quevedo et moi, en nous traînant sur les genoux, et les porteurs en rampant sur le ventre. En touchant l'autre rive, chacun de nous respira comme si sa poitrine eût été débarrassée du poids d'une montagne. Comme je regrettais que ma frayeur

m'eût empêché de prendre la mesure de cette passerelle, Galimathias, dans le but de m'être agréable,
retourna sur ses pas, et toisant le plancher mouvant
avec son escopette, il m'en rapporta la longueur
exacte. La passerelle avait quatorze escopettes, que
j'évaluai à soixante-dix pieds.

Les sentiers de la rive gauche, qui, plus d'une
fois, avaient fait notre désespoir, étaient des routes
carrossables en comparaison de ceux que nous trouvâmes sur la rive droite. Je n'aurais jamais cru
qu'une forêt, si vierge qu'elle fût, pût offrir une pareille agglomération de buttes et de trous, de fla-
ques d'eau et de mares de boue, de racines noueuses
et de lianes traçantes. Comme nous cheminions sous
son couvert, où la plupart de ces obstacles étaient
traîtreusement dissimulés par la mousse et les
feuilles sèches, à chaque instant nous tombions dans
le piége, malgré le soin que nous mettions à l'éviter. Toute la matinée se passa sans que nous vissions
le soleil. Cette marche sous bois avait quelque chose
de fantastique. Nous ressemblions à des ombres
s'agitant dans un crépuscule verdâtre. L'illusion
était d'autant plus complète, qu'un détritus épais
étouffait le bruit de nos pas et qu'aucun de nous ne
desserrait les dents, occupé qu'il était à se garer des
casse-cou ou à préserver son visage et ses mains
du contact brutal des épines.

Le soleil était à son zénith quand nous abandonnâmes la forêt. La brusque transition des ténèbres à la lumière nous aveugla pendant quelques secondes. Nous nous trouvions en ce moment au bas d'une éminence que Galimathias se mit à gravir en nous entraînant sur ses pas. Nous aperçûmes çà et là des cédrèles, de faux noyers, des fougères arborescentes et quelques lataniers sans stype et pourvus de leurs seuls pétioles, dont les larges feuilles offraient le plus beau spécimen de la flore tropicale que nous eussions encore vu dans la vallée. La présence de ces palmiers m'étonna d'autant plus, que depuis notre sortie de Thyo je n'avais pas vu un seul arbre de quinquina, dont l'apparition aurait dû précéder celle des palmiers. Mais ce n'était que partie remise.

Arrivé aux deux tiers de l'éminence, mes regards, en parcourant les verdures qui s'étendaient sous nos pieds, s'arrêtèrent sur des arbres de quatrième grandeur, qu'à leurs feuilles cordiformes et à leurs panicules de fleurs d'un blanc violâtre, je crus reconnaître pour des cinchonas. Je les montrai à nos péons, qui, non-seulement me dirent que je ne me trompais pas, mais me désignèrent, à première vue, parmi des groupes d'arbres de la même famille, les variétés inermes et actives connues sous les noms de *morada, anaranjada, carhua-carhua, calisaya,* etc., dont ils me promirent d'aller me cueillir des échantillons.

Au sommet de l'éminence s'élevaient cinq huttes

de paille entourées de bananiers, de cannes à sucre et d'arbustes de coca. Ce domaine, appelé Corregidor, appartenait à un Indien de Chile-Chile, qui n'y venait qu'au moment des récoltes[1]. Nous déjeunâmes sur cet observatoire, d'où l'œil plongeait sur un océan de verdure, dont la cime de chaque arbre était un flot. A travers ces masses de feuillage, où, depuis le vert anglais jusqu'au vert de bronze, toutes les combinaisons du jaune et du bleu étaient prodiguées, la rivière Ccoñi déroulait son cours sinueux, et, non loin de Corregidor, ouvrait deux bras, qu'elle fermait bientôt, après avoir pris à la forêt un bouquet d'arbres et de lianes, dont elle se faisait une île.

Du sommet de Corregidor nous redescendîmes vers la région inférieure, comme des hauteurs du rêve on retombe sur la réalité. Nous retrouvâmes les sentiers fangeux et les flasques d'eau où, pen-

---

1. La moyenne de la température aux environs de Chile-Chile et de Thyo, où l'oranger, le papayer et l'*achras lucuma* de la famille des sapotées croissent, mais donnent des fruits sans saveur, n'est guère que de 16°. Cette chaleur, insuffisante à la culture du bananier, de la yucca ou jatropha-manihot, de la coca et même de la canne à sucre, explique la nécessité où sont les indigènes d'aller former des plantations à quelques lieues de leur demeure. La seule différence de niveau suffit pour élever la température de 7 à 8 degrés. Quant à la frayeur que cause à ces cultivateurs le voisinage des Chunchos, elle est contre-balancée par leur passion pour la coca, ce *tabac* dont ils abusent sous forme de chique et non pas d'aliment, comme beaucoup de voyageurs se le sont figuré, et leur amour pour le tafia, que leur fournit la canne à sucre, et avec lequel ils s'enivrent.

dant deux heures, nous pataugeâmes de plus belle. Nos porteurs, exaspérés par des chutes sans nombre, gardaient un silence farouche; Quevedo, plus courbatu que jamais, restait indifférent aux consolations que Perez et moi nous lui prodiguions à tour de rôle; quant à Galimathias et aux péons, l'impassibilité sereine qu'ils conservaient au milieu de la souffrance générale donnait à croire qu'ils étaient pétris d'un limon supérieur.

A quatre heures, nous arrivions à Miraflores, une colline si exactement pareille à Corregidor, que toute description en serait superflue. La seule différence qui existait entre Miraflores et sa voisine, c'est que la dernière, au lieu d'appartenir à un étranger, était la propriété de Galimathias, ce que nous reconnûmes à la façon dont il mettait ses arbres au pillage pour nous en présenter les fruits. Tout en pelant une banane, je lui demandai s'il n'avait jamais eu de démêlés avec les Chunchos ses voisins; il me répondit d'un air de suffisance que les sauvages, sans égard pour la plèbe et les gens de rien, qu'ils appelaient *Hiandamba*, avaient l'habitude de traiter les personnes de qualité avec toute la considération due à leur naissance, et qu'ils ne l'appelaient jamais autrement que Huayri ou capitaine. Cette explication, en dissipant quelques-unes de mes craintes, chatouillait agréablement mon amour-propre; si Galimathias, fils de Biscayen et d'Indienne, jouissait, en qualité de métis, du titre de capitaine, nous devions espérer que les Chunchos, considérant la pureté de notre race, nous nommeraient d'emblée colonels ou même généraux.

Après une courte halte, nous quittâmes l'ajoupa de Miraflores. L'interprète opinait pour que nous allassions coucher à Sausipata; mais la distance à parcourir était de trois lieues; les chemins, au lieu de s'améliorer, devenaient de plus en plus exécrables, et l'état de notre malade commençant à nous inquiéter, il fut convenu qu'au lieu de pousser jusqu'à Sausipata, nous nous arrêterions à Huaynapata pour y passer la nuit, sauf à nous rattraper le lendemain en allongeant l'étape. Nous y arrivâmes comme le soleil allait descendre à l'horizon.

Huaynapata était une colline au sommet cultivé, dans le genre de Miraflores et de Corregidor, mais dont les talus, presque verticaux et revêtus d'une ocre détrempée par la pluie, rendaient l'ascension extrêmement pénible. Nos porteurs glissaient et s'affaissaient les uns sur les autres, entraînés par le poids de leurs charges; Quevedo, malgré l'aide que lui prêtaient nos péons, avait peine à se retenir sur ce plan glissant, où, par deux fois, Perez, qui rampait devant moi, m'introduisit dans l'œil le talon de sa botte. Un dernier effort nous conduisit au faîte de l'éminence, où, près de l'ajoupa, des bananiers et des arbustes de coca, que nous nous attendions à y trouver, nous aperçûmes une charmante touffe de jeunes palmiers, sur lesquels nous ne comptions pas. Pendant que nos amis et nos gens prenaient possession du local, je m'avançai jusqu'au bord du tertre, pour jeter un coup d'œil sur les environs. Le coucher du soleil était magnifique. Le ciel, dégagé de nuages, passait, à l'occident, par ces gradations de teintes dont la nature seule a le secret, du pourpre orangé au vert clair, puis au blanc presque pur. La ligne des forêts, d'un bleu violâtre, tranchait crûment sur ce fond lumineux. A l'est, une étoile perdue dans l'azur scintillait comme une paillette ; de blanches vapeurs, pareilles à des flocons d'ouate, cachaient le cours de la rivière, et des senteurs âcres et pénétrantes, mêlées à des aromes délicieux, s'élevaient des forêts aux approches du soir.

Des exclamations bruyantes m'arrachèrent à ce spectacle et me ramenèrent vers l'ajoupa. Nos provisions étaient étalées sur le sol, et nos gens les examinaient et les flairaient tour à tour. Un mot de Perez me mit au courant de l'affaire. La pluie et la chaleur combinées avaient apporté le désordre et la corruption dans notre garde-manger. Le mouton, devenu livide, était couvert d'acarus immondes ; le pain, gonflé comme une éponge, se couvrait d'un duvet bleuâtre, et le riz fermentait déjà. A cette vue, je restai consterné : les plus tristes idées me vinrent en foule à l'esprit, et, sans songer que nous avions de la poudre et du plomb, que l'interprète pourrait tuer des pécaris, et, qu'après tout, la Providence était grande et miséricordieuse, je ne vis en perspective que la famine, et l'instant fatal où nous tirerions à la courte-paille pour savoir lequel d'entre nous servirait de pâture aux autres.

Le premier moment de stupeur passé, nous vérifiâmes plus attentivement l'état des provisions, afin d'en tirer tout le parti possible. La viande fut débarrassée de ses hôtes, lavée avec soin, puis on en retrancha les parties corrompues, et ce qui restait fut exposé au feu. Le riz fut étendu sur des bannes pour y sécher. Quant au pain, il était immangeable, et nous comptions l'abandonner aux oiseaux du ciel; mais les porteurs en décidèrent autrement. Comme ils avaient recueilli les bribes de viande gâtée, au fur et à mesure que nous les enlevions, ils joignirent le pain à la viande, et mêlant le tout dans une marmite, ils en composèrent eux-mêmes une espèce de panade, de mine et d'odeur équivoques, mais dont l'abondance les dédommagea amplement de la qualité.

Au milieu de la nuit, nous fûmes réveillés par les plaintes de Quevedo, que la fièvre brûlait, et qui demandait à boire de l'eau glacée. Nous préparâmes une infusion de feuilles de coca, qu'il prit en manière de thé, et nous passâmes, Perez et moi, le reste de la nuit au chevet du malade, dont l'agitation était extrême et qui délirait en dormant.

Vers six heures, notre ami s'éveilla, et nous dit qu'il voulait retourner sur-le-champ à Marcapata. D'abord nous crûmes qu'il avait encore le délire; mais son air calme, en nous répétant les mêmes paroles, nous persuada qu'il jouissait de toute sa raison. Perez essaya de combattre cette résolution par tous les arguments que put lui suggérer l'amitié; mais ses raisonnements échouèrent devant l'obstination de Quevedo, qui finit par nous assurer très-sérieument qu'il mourrait s'il restait huit jours de plus dans la vallée. Craignant d'aggraver son mal en le contredisant, nous consentîmes à la séparation qu'il exigeait. Restait à savoir dans quelles conditions il accomplirait le voyage, que sa faiblesse ne lui permettait pas de faire à pied. Nous nous concertâmes à cet égard avec l'interprète et les péons, et il fut décidé que Quevedo serait placé dans son hamac, qu'à l'aide d'un bambou deux péons porteraient sur leurs épaules. Leurs camarades les accompagneraient pour plus de sûreté, et les relayeraient au besoin. Pendant ce temps, nous nous rendrions à Sausipata avec le reste de la troupe, où nous attendrions leur retour.

Après des adieux que l'état de notre ami et l'isolement dans lequel il allait se trouver rendaient pour nous doublement affligeants, nous le vîmes partir en compagnie de ses porteurs, qui nous promirent d'avoir pour lui les soins et les égards que récla-

mait sa situation. Ce jour-là, Perez et moi nous parlâmes très-peu et nous mangeâmes moins encore. A
cinq heures du soir, nous nous trouvâmes à Sausipata, sans trop savoir de quelle façon nous y étions
venus ; seulement, en voyant nos habits trempés,
nous nous rappelâmes que nous avions traversé la
rivière de Mendoza et celle d'Escopal, avec de l'eau
jusqu'aux aisselles.

Sausipata était un site cultivé dans le genre de
ceux où nous avions fait halte, avec cette différence
qu'au lieu d'être placé sur une colline, il occupait
un fond marécageux. Autour de l'ajoupa, un des
plus grands que nous eussions encore trouvés,
croissaient des caféiers, des orangers, des bananiers
et des cannes à sucre. Un carré d'ananas, de patates
douces et d'arachides s'étendait derrière l'ajoupa.
Cette plantation était si bien tenue, que je ne pus
m'empêcher de demander à Galimathias à qui elle
appartenait. Il me répondit qu'elle était la propriété
du gouverneur de Marcapata, qui la faisait cultiver
par ses administrés, en punition des fautes qu'ils
avaient pu commettre. C'était, ajouta-t-il, comme une
espèce de préside où, selon la gravité du délit, les condamnés passaient depuis huit jours jusqu'à un mois,
occupés à des travaux agricoles dont le programme
leur était remis à l'avance. Pendant la durée de cet
exil, les sauvages venaient quelquefois leur rendre
visite, non pour les exhorter à patience, mais pour

leur voler leur chemise. Plusieurs de ces Indiens, une fois leur temps achevé, étaient revenus à Marcapata sans autre vêtement qu'une feuille de bananier; mais le gouverneur n'entrait pour rien dans cette perte, qui, ainsi que les frais de nourriture, restait à la charge des délinquants. Pour un homme privé de linge et de chaussure, et qui fabriquait lui-même ses chapeaux, ce moyen de se procurer des bras pour travailler ses terres me parut aussi original que despotique, et je me promis, de retour à Marcapata, d'en dire deux mots à notre hôte, qu'à cette heure je ne trouvais plus aussi simple que je l'avais d'abord jugé, sur la foi de son humilité et de son costume.

Durant notre séjour à Sausipata, j'eus le temps de parcourir les environs et de mettre un peu d'ordre dans mes croquis et dans mes notes. Les découvertes végétales que j'eus le bonheur de faire, et dont le secret comblerait de joie des teinturiers et des droguistes, n'auraient qu'un médiocre intérêt pour les lecteurs d'une revue; aussi n'en sonnerai-je mot. Mais ce que je ne saurais passer sous silence, c'est la rencontre journalière que je faisais des plus beaux papillons du monde, et sur lesquels, faute d'un malheureux lambeau de gaze, je ne pouvais parvenir à mettre la main. Las de courir après eux sans jamais les atteindre, j'avais pris le parti de les laisser tranquilles, quand un matin, en côtoyant le bord de

la rivière, j'aperçus un essaim de ces lépidoptères,
posés à terre et formant un groupe compacte. J'ôtai
bien vite mon chapeau, et, retenant mon souffle, je
m'avançai vers eux à pas de loup. Au moment de
m'en rendre maître, je m'arrêtai tout à coup pour
les considérer. Ces papillons, au nombre de plus de
deux cents, piétinaient simultanément, à la façon de
vendangeurs foulant la grappe, une chose brune
dont je ne pouvais apprécier la nature et dans laquelle leur trompe plongeait avec avidité. Un fré-
missement continu de leurs ailes témoignait du plaisir que leur causait ce genre d'exercice. J'allongeai
le pouce et l'index avec précaution et saisis un de ces
insectes, que j'examinai à mon aise et remis ensuite
à sa place sans qu'il manifestât le moindre effare-
ment. Ses compagnons, que je maniai tour à tour, se
montrèrent d'aussi bonne composition que lui. Après
avoir constaté l'effet, je voulus rechercher la cause,
et la nature de l'appât auquel les papillons s'étaient
laissé prendre, m'expliqua leur insensibilité apparente : tous mes gaillards, repus de *stercus hominis*,
étaient ivres à ne pouvoir voler. A dater de ce jour,
il me fut facile, avec le concours de nos gens, d'attirer sur un point donné tous les lépidoptères d'une
lieue à la ronde, et de collectionner à loisir les plus
beaux d'entre eux. Les entomologistes en général, et
les preneurs de papillons en particulier, voudront
bien excuser la longueur de cette digression.

Tandis que je m'occupais de ces choses, laissant mon fusil se rouiller dans un coin, Perez et Galimathias passaient leurs journées au fond des bois, où ils rivalisaient d'adresse. Chaque soir, ils rapportaient de leur excursion des charges d'oiseaux au plumage splendide, couroucous, psittacules, oriolins, tangaras, coqs de roche, sur lesquels je prélevais une dîme au nom de la science; le reste était mis en salmis, malgré tout le regret que j'éprouvais à voir plumer ces beaux oiseaux, dont le vent dispersait la dépouille, pareille à une jonchée de fleurs éclatantes. Les longues absences que nous faisions chaque jour laissaient aux porteurs une entière liberté d'action, qu'ils mettaient à profit pour déjeuner deux fois et faire collation. A part cette licence, dont le garde-manger avait seul à souffrir, leur conduite était exemplaire, et nous n'avions qu'à nous louer de leurs services. Ils nous approvisionnaient de combustible, allaient puiser l'eau nécessaire au ménage, veillaient, comme les Vestales, à ce que le feu ne s'éteignît pas, et récuraient les casseroles. Quand leur tâche était terminée, les uns s'asseyaient en rond et mâchonnaient des feuilles de coca, en s'entretenant de la patrie absente; les autres fourrageaient dans les ananas du gouverneur, ou cueillaient des fruits pour avoir un prétexte de casser les branches, heureux de satisfaire impunément une vieille rancune qu'ils gardaient au domaine, sur lequel plusieurs d'entre eux avaient déjà vécu en qualité de galériens.

Le huitième jour au matin, un cri prolongé nous annonça l'arrivée des péons. Ils nous apportaient un bulletin satisfaisant de la santé de notre ami Quevedo, que la fièvre avait quitté le lendemain de son départ, et qui depuis ce moment s'était porté de mieux en mieux. Ils l'avaient laissé à Chile-Chile, attendant une mule qu'on était allé lui chercher à Marcapata. A ces bonnes nouvelles, chaque péon joignit le don d'un bourgeon terminal de palmier, long de six pieds et gros comme un mât de chaloupe, qu'il avait coupé dans les bois à notre intention. On devine l'accueil que nous fîmes aux hommes comme aux choux-palmistes. Les premiers reçurent un verre d'eau-de-vie, et les seconds, détaillés en tronçons, furent enfouis immédiatement sous les cendres chaudes, pour y acquérir, par une cuisson lente, cette double saveur d'artichaut et de topinambour, qui les recommande à l'appréciation des gourmets.

Nous quittâmes Sausipata dans l'après-midi avec l'intention d'aller dormir à Jimiro. La pluie, qui s'était montrée clémente à notre égard pendant cette semaine, recommença à tomber dès que nous nous mîmes en route. En un instant, nous fûmes imbibés comme des éponges. Cette immersion, quelque désagréable qu'elle semblât à nos porteurs, avait un

bon côté, celui d'atténuer un peu la chaleur étouf-
fante qu'il faisait dans les bois.

Jimiro, où nous arrivâmes entre chien et loup,
était une plantation abandonnée depuis longtemps
et dont la hutte à peu près détruite ne nous offrit
qu'un fort méchant abri. La nuit, que nous passâmes sans dormir, nous parut interminable. En nous
levant, nous fîmes le tour du domaine où nous ne
trouvâmes d'autres fruits que ceux d'un *citrus limo-
nia*, que nous recueillîmes pour en faire plus tard
de la limonade. Pour consoler ce site de l'abandon
de l'homme et de la perte de ses arbres fruitiers, la
nature l'avait couvert de plantes charmantes. Les
*éliconias, les canacorus, les arums ombrageaient
de leurs larges feuilles les bas-fonds et les lieux
humides; des lianes aux fleurs magnifiques, des bi-
gnones, des phaséoles se suspendaient aux arbres,
et, parmi des cryptogames, merveilles de cette solitude, se trouvaient des mousses rameuses, hautes
de cinq pieds[1], et une capillaire[2] aux feuilles rondes, d'un vert véronèse ponctué de brun, et sup-
portées par de longs pétioles d'un noir brillant et
minces comme un fil.

La difficulté des chemins, défoncés par la pluie et
si fangeux que nos porteurs y laissaient leurs sandales, nous contraignit de suivre les plages du Ccoñi,

1. *M. squammosus repens.*
2. *Adianthum tigridifolium.*

où, en moins de deux heures, nous vîmes se dé-
gorger onze ruisseaux qu'il nous fallut franchir l'un
après l'autre, avec de l'eau jusqu'au genou. Grossie
depuis Morayaca par cinquante-huit affluents, la
rivière, avec ses îlots de verdure et ses bancs de
sable, avait à cette heure un aspect assez imposant.

Des plages, nous retombâmes de nouveau en
pleine forêt, où nous traversâmes sur une échelle
le torrent de Guarapascana. Le site offrait quelques palmiers yuyus[1], que nos péons se mirent
en devoir d'abattre pour s'emparer de leurs bourgeons. Dans le voisinage des palmiers yuyus, croissaient d'autres individus de la même famille, des
sclérocarpus et des palmiers nains du genre *bactris*. Je priai nos péons d'en abattre aussi, afin de juger si la qualité de leur *chou* était supérieure ou inférieure à celle de leurs congénères, mais ils
m'objectèrent que le *cogollo* du sclérocarpus donnait
le ténesme, et que celui du bactris était un poison.
Comme j'insistais, ils se décidèrent à jeter bas ces
arbres et m'en apportèrent le bourgeon, dans lequel
je mordis aussitôt à belles dents. Celui du sclérocarpus était fade, celui du bactris légèrement amer.
Tous deux, au reste, et comme je l'avais pensé,
étaient parfaitement mangeables, et cette expérience,
que je renouvelai plus tard sur trente-huit variétés

1. *Acrocomia dulcis.*

de palmiers, me permit de m'assurer que, si les bourgeons de tous ces monocotylédones sont comestibles, celui du yuyu, que les gens du pays nomment *palma réal*, est le plus sucré et le plus savoureux.

Bien approvisionnés de choux-palmistes, nous poursuivîmes notre marche, toujours escortés par la pluie qui semblait décidée à ne plus nous quitter. Le torrent de Saniaca, que nous traversâmes en faisant la chaîne et avec de l'eau jusqu'à la ceinture, nous procura l'avantage de joindre un bain complet à la douche de la journée. Nous arrivâmes trempés devant la rivière de Ouitubamba, où nous nous arrêtâmes un moment pour tordre nos cheveux.

Cette rivière avait cela de singulier, qu'au lieu de couler en plein air, comme toutes celles que nous avions rencontrées jusqu'alors, elle passait sous un viaduc, qu'elle s'était creusé dans la montagne pour s'éviter un circuit de deux lieues. Cette montagne, qui vint nous barrer le chemin, était coupée à pic et pourvue d'échelles de lianes, grossièrement ajustées, qui permettaient d'atteindre jusqu'à son sommet. Comme nous hésitions à poser le pied sur leurs barreaux, englués d'un limon verdâtre, Galimathias monta le premier pour nous encourager. Nous le suivîmes un à un, en nous accrochant convulsivement aux montants et en évitant de regarder en bas. Après une angoisse de vingt minutes, nous étions tous réunis sur la plate-forme de la montagne, où nous allions entonner un cantique d'actions de grâces, lorsque Galimathias nous apprit que nous n'étions encore qu'à la moitié du chemin ; qu'après avoir accompli l'ascension, il nous restait à effectuer la descente, et qu'une seconde série d'échelles était placée à cet effet sur le versant opposé de la montagne. Alors, au lieu de chanter, nous nous regardâmes ; puis comprenant qu'il fallait en finir, nous enjambâmes la plate-forme et, nous cramponnant aux barreaux, nous parvînmes à toucher le sol sans accident. A cinq heures, nous arrivions à Maniri, que l'interprète nous avait signalé comme le dernier ajoupa de la vallée et la borne-frontière qui marquait la fin de la civilisation et le commencement de la barbarie.

Nous prîmes immédiatement possession de son ajoupa, qui était assez spacieux et garni à l'intérieur d'une barbacoa ou sofa treillissé, qui s'étendait sur ses trois faces. Le ciel apparaissait bien un peu çà et là à travers les fentes du chaume, mais comme la pluie avait cessé de tomber et que la nuit promettait d'être belle, nous n'attachâmes à ce détail qu'une importance secondaire. Notre attention, d'ailleurs, était attirée par les préparatifs du souper et la vue de certain cabiais que Galimathias avait tué en route, et qu'il écorchait de ses propres mains, après avoir chargé les Indiens d'allumer le feu, et les péons de ratisser un bambou destiné à servir de broche. Mon concours, que j'offris à l'interprète, ayant été jugé inutile, je le priai de me faire prévenir quand son rôt serait cuit à point, et j'allai pousser une reconnaissance autour de notre demeure.

L'ajoupa occupait le centre d'un vaste terrain jonché de pierres et de broussailles et faisait face à la rivière, dont il n'était éloigné que de quelques pas. Un ruisseau du nom de Maniri passait à sa droite, coulait du sud au nord et s'allait perdre dans le Ccoñi. Soit effet du hasard, soit par suite de défrichements antérieurs, la rive droite était dénuée d'arbres dans un périmètre de plus d'une lieue. Toute la végétation semblait s'être réfugiée sur la rive gauche, dont les massifs ombreux étaient revêtus de talus d'ocre rouge, auxquels les rayons du couchant prêtaient une chaleur de ton et une puissance incroyables. Quelques palmiers, debout sur ces talus, courbaient au vent du soir leurs gracieux panaches. Une immense clameur, à laquelle le murmure de la rivière servait de basse, s'élevait du fond des forêts. Les hurlements des singes, le ramage confus de mille oiseaux, les plaintes des grillons et le coassement des grenouilles embellissaient de fioritures cet *ave* solennel, mais un peu monotone, par lequel la nature entière saluait l'astre roi, qui se couchait à l'horizon dans un linceul de vapeurs violettes, frangées de pourpre et d'or.

La faim me ramena vers l'ajoupa, où le souper ne tarda pas à être servi. Deux bougies attachées à des bâtons et entourées de cornets de papier, en mode de verrine, permettaient d'apprécier la joie qui se reflétait sur tous les visages, à l'aspect du cabiais étendu sur un plat de feuilles vertes, doré et saupoudré de sel, et dont chacun comptait avoir sa part. La tendreté de cette viande et la délicatesse de son goût ne laissaient rien à désirer ; nos porteurs, chargés d'en nettoyer les os, sanctionnèrent par des exclamations réitérées l'éloge que déjà nous en avions fait. En sortant de table,—je parle ici métaphoriquement, car nous mangions à terre,—chacun fit ses dispositions pour passer la nuit. Perez et moi nous suspendîmes nos hamacs aux perches du toit , Galimathias et les péons s'allongèrent sur la barbacoa, et les Indiens prirent possession du sol. Cinq minutes après, tout le monde était endormi.

Au milieu de la nuit, je fus réveillé en sursaut par les secousses qu'une main officieuse imprimait aux cordes de mon hamac. Tous nos hommes étaient sur pied. Une trombe d'eau, de vent et de feu, passait en ce moment au-dessus de nos têtes, et l'ajoupa tremblait sur ses pieux. Le calme paysage que j'admirais dans la soirée était complétement bouleversé ; les éléments déchaînés semblaient à la veille de se dissoudre. Les flots du Ccoñi, fouettés par la tempête, bruissaient comme ceux d'une mer ;

et dans les forêts, dont les cimes se courbaient jusqu'à terre, craquaient avec un bruit terrible des arbres géants, pourris à leur base, et que l'ouragan achevait de déraciner. C'était un de ces cataclysmes comme j'aurais cru qu'on n'en voyait qu'en rêve, et auquel la lueur intermittente des éclairs prêtait je ne sais quoi de fantastique et de surnaturel. La pluie, profitant des crevasses du toit, ne tarda pas à envahir notre domicile. D'abord, ce furent des gouttières partielles, que nous évitâmes en changeant de place; puis, le chaume s'étant imbibé, laissa passer l'eau comme un crible; force fut à chacun de se résigner. Un quart d'heure après, nous recevions l'eau par le col de nos chemises, et nous la rendions par le bas de nos pantalons. Quand le jour parut, nous étions transis, et nos dents claquaient comme dans un accès de fièvre. Un brillant soleil vint sourire ironiquement à notre misère. Les premières heures de la matinée se passèrent à allumer du feu et à sécher nos vêtements et nos paquets. L'air était froid et sonore; le sol, jonché de branchages, hachés menu par l'ouragan, avait déjà bu l'eau du ciel. Du grand déluge de la nuit, il ne restait que des gouttelettes au bout des herbes et des feuilles, diamants liquides, scintillant des couleurs du prisme.

L'hospitalité que nous avions trouvée sous l'ajoupa de Maniri n'était pas de nature à éveiller notre reconnaissance; aussi le quittâmes-nous au plus vite pour ne pas céder à la tentation d'y mettre le feu. Après avoir traversé son ruisseau, nous prîmes à travers de longues plages, dont l'épaisseur du sable et la couche de galets attestaient la fréquence des débordements de la rivière. Cette étendue aride, où nous cheminâmes pendant deux heures sous un soleil qui faisait sur la peau l'effet de moxas, ne nous offrit d'autre végétation qu'un gramen ras et dur, quelques calcéolaires et des verveines micro-phylles à odeur de citron. De ces plages, nous en-trâmes ensuite dans des fourrés où il fallut em-ployer la hache et le coutelas pour s'ouvrir un passage. Galimathias et les péons, qui remplissaient l'office de pionniers, mirent tant d'ardeur à la be-sogne, qu'à quatre heures, lorsque nous débou-châmes de nouveau sur la plage, les pauvres diables ne pouvaient plus mouvoir les bras. Je pris pitié de leur fatigue, et, quoique le soleil fût encore haut, et que nous eussions fait à peine trois lieues, je proposai de faire halte. Comme le site, jonché de pierres, ne nous semblait pas, pour dormir, un matelas assez douillet, nous continuâmes d'avancer jusqu'à ce que, ayant trouvé un endroit convenable, nous nous y arrêtâmes.

En supposant que la pluie ne nous visitât pas, notre bivac offrait toutes les commodités désirables. Le sol était capitonné de sable, une lisière de faux maïs nous protégeait contre l'humidité de la rivière, et, du côté des forêts, dont il interceptait la vue, un fourré de cañas-bravas [1] pouvait nous fournir des matériaux pour la construction de nos huttes. Rien de plus pittoresque et de plus gracieux à la fois que ce roi des roseaux, dont aucun phytologue enthousiaste n'a célébré encore la tige haute de quinze pieds et le large éventail de feuilles se repliant sur elles-mêmes à la façon des lanières du corypha. Humble rival du palmier, dont il rappelle de loin la sveltesse et l'élégance, il est employé comme lui à différents usages. Ses tiges pleines fournissent des pieux aux clôtures et des cloisons aux ajoupas; ses feuilles servent de toiture. Les sauvages récoltent chaque année ses hampes florales pour en faire des flèches; les oiseaux, le duvet de ses épillets pour tapisser leurs nids; enfin, les poëtes quechuas, qui ne l'ont jamais vu, mais qui le connaissent par ouï-dire, comparent, dans leurs yaravis, le fin corsage de leurs belles à la tige de ce roseau.

Tandis que Perez et moi nous admirions naïvement cette splendide graminée, un des porteurs qui rôdait en avant découvrit sur le sable les traces d'un tigre. Il appela ses camarades pour leur montrer les terribles empreintes qui s'arrêtaient à l'entrée du fourré. Tous vinrent d'un air consterné conter la

---

1. *Arundo digitata.*

chose à l'interprète, en appuyant sur le danger
qu'il y aurait à camper dans le voisinage de l'animal. Mais Galimathias, habitué par état à lutter
contre l'ours féroce et le sanglier farouche, n'était
pas homme à s'effrayer d'un tigre, fût-il originaire du
Bengale; et pour prouver aux porteurs le peu de cas
qu'il en faisait, en même temps que pour les aguer-
rir eux-mêmes contre de semblables rencontres, il
se dirigea vers le fourré, en ordonnant aux porteurs
de le suivre. Là, il se mit à faucher des cañas-bravas,
que les Indiens, tremblants de peur, furent tenus de
botteler et de transporter sur la plage. Une double
rangée de ces roseaux, enfoncés dans le sable, formèrent les parois de notre demeure. Leurs longues
feuilles entrelacées servirent de toit. Cette hutte, en
figure de voûte berlongue, avait un cachet des plus
pittoresques; et comme il n'avait pas fallu grand
temps pour la construire, et que les matériaux abondaient sur place, chacun de nos gens voulut avoir son
logis en propre. Bientôt la plage offrit l'aspect d'un
camp disposé sur une seule ligne. Les Indiens, par
frayeur du tigre, en occupaient l'extrémité.

Après un souper que la diminution sensible de nos
vivres réduisit à l'état de portion congrue, nous
nous glissâmes, Perez et moi, dans le domicile que
nous possédions en commun, et, sans nous inquiéter
de l'humidité du sable, que nous avions fait recouvrir d'une couche de feuilles, nous nous étendîmes

côte à côte sur nos hamacs, ployés en quatre, et nous ne fîmes qu'un somme jusqu'au lendemain.

Un cri terrible nous réveilla, juste au moment où le matin, comme dit Shakspeare, se balançait à la cime des monts ; d'un coup de tête et d'épaules simultané, nous défonçâmes notre hutte, afin de juger de l'imminence du péril que ce cri semblait présager. A dix pas de là, Galimathias nous apparut, le visage bouleversé par la colère et menaçant le ciel de ses poings fermés. Les péons, pareils aux coursiers d'Hippolyte, semblaient se conformer à la pensée de l'interprète, en modelant leurs gestes sur les siens. Un mot nous mit au courant de l'affaire. Les porteurs avaient déserté, laissant sous leur ajoupa les quêpés qui contenaient nos quincailleries, mais emportant le reste de nos provisions. Si le mal était grand, il était aussi sans remède. Tout indiquait que les Indiens s'étaient enfuis dans la soirée, et la peur d'être rattrapés ayant dû leur mettre des ailes aux talons, ils étaient si loin à cette heure qu'on ne pouvait songer à les poursuivre. Je proposai donc à l'interprète de continuer le voyage sans nos porteurs, avec qui nous compterions plus tard à Marcapata. Mais ma proposition le fit bondir, et, pour toute réponse, il nous pria, Perez et moi, de lui confier nos fusils, qu'il remit à deux des péons Les autres se partagèrent la carabine et le briquet de l'interprète. Quand il les eut armés, il leur mon-

tra le N. O. et ne leur dit que ce seul mot : *Promto;*
mais il y mit une telle expression, que les péons disparurent à toutes jambes dans la direction indiquée.

L'interprète semblait si certain du succès de la
chasse, que nous finîmes par nous reprendre à l'espérance. Quelques tablettes de chocolat que j'avais
conservées, et dont je fis trois parts égales, apaisè-
rent les premiers vagissements de nos estomacs et
contribuèrent à nous rasséréner. Nous nous assîmes
à l'ombre de nos huttes, car le soleil montait rapidement, éveillant des essaims de mouches micros-
copiques, mais dévorantes, et, en attendant le retour des péons, nous causâmes de botanique et
d'hydrographie.

Au dire de Galimathias, à qui la géographie des
plantes et la théorie des lignes climatériques paraissaient familières, nous avions dépassé déjà la région des fougères arborescentes [1] et des quinquinas,
et nous nous enfoncions de plus en plus dans celle
des palmiers, où nous ne tarderions pas à trouver,
avec l'herbe aux couleuvres, la coca naturelle et le

1. Dans vingt-six des vallées orientales du Pérou, que j'ai visi-
tées entre Apolobamba et Huanta, j'ai toujours trouvé la zone
des fougères arborescentes plus rapprochée de la muraille des
Andes que la zone des quinquinas. La première commençait
quelquefois à 5 ou 6 lieues seulement de la limite des neiges,
tandis que la seconde en était éloignée de 10, 15 et même de
20 lieues. Explique qui pourra cette singulière exception aux
règles générales de climatologie appliquées par la science à la
distribution géographique des plantes. Je ne fais qu'indiquer.

cacao sylvestre, sans préjudice de beaucoup d'autres choses. Comme je lui demandais pourquoi ces mêmes palmiers étaient clair-semés sur la rive droite que nous suivions, tandis qu'ils abondaient sur la rive gauche, il me répondit que cela tenait à ce que, depuis deux siècles que les habitants de Thyo et de Chile-Chile et les chercheurs d'or du Camanti hantaient la rive droite, ils l'avaient dépouillée petit à petit des palmiers qu'elle possédait autrefois, et cela pour se procurer le bourgeon terminal ou cogollo qui couronne leur stipe. Or, comme ce bourgeon est trop élevé pour qu'on puisse l'atteindre sans couper l'arbre, et qu'un palmier, sous ces latitudes, met de vingt-cinq à trente ans à passer de l'état d'embryon à celui d'adulte, la nature, quelque empressement qu'elle mît à réparer ses pertes, n'avait pu parvenir à balancer le passif par l'actif. Si la rive gauche, au contraire, continuait d'abonder en palmiers, quand la rive droite en était à peu près privée, c'est que les chrétiens n'avaient jamais osé s'y aventurer, la sachant habitée par les infidèles, et que ceux-ci, qui mangent volontiers des sauterelles crues, ne comprennent pas qu'on puisse manger du palmier. Leur indifférence à l'égard de ces monocotylédones, dont ils se contentaient d'abattre de temps en temps un vieil échantillon pour tailler dans son bois des arcs et des lances, avait permis à ces derniers de croître et de multiplier.

Les notions de l'interprète sur l'hydrographie locale étaient assez bornées. Il savait, mais seulement
par ouï-dire, n'ayant jamais franchi la limite des
Camantis, montagnes qui s'élèvent à trois lieues de
là, que la rivière Ccoñi, après un cours de quelques
lieues, se jette dans celle d'Ollachea, sortie d'une
vallée de ce nom, située au revers des Andes du
Crucero, et que l'Ollachea est absorbée à son tour
par une autre rivière, descendue des versants d'Apolobamba, et grossie en chemin par tous les ruisseaux de Carabaya et de ses annexes. Dans ce dernier cours d'eau, que Galimathias ne pouvait nom-
mer, et qui, loin d'absorber la rivière Ollachea, est
au contraire absorbé par elle, il était facile, pour
peu qu'on eût étudié le réseau fluvial de ces vallées,
de reconnaître l'Inambari, dont le cours et la direction véritables étaient encore fort peu connus des
géographes en l'an de grâce 1856. Or, c'est préci-
sément entre l'Ollachea et l'Inambari, cinq ou six
lieues après la jonction de cette dernière avec le
San Juan del Oro, et par 13° 40 environ, que s'élevait autrefois cette ville de San-Gavan, à la recherche de laquelle j'étais parti. Jusqu'ici nous ne nous
étions pas écartés de la bonne voie, et, pour continuer comme nous avions commencé, il suffisait de
descendre le Ccoñi jusqu'à sa rencontre avec l'Ollachea, de remonter ensuite le cours de celle-ci jusqu'au delà de la vallée d'Ayapata, puis de la traver-

ser, et prendre à travers terres, dans la direction de
l'est plein, jusqu'à ce que nous eussions atteint notre
but. Ce plan, très-simple en théorie, était en pratique d'une exécution si facile, que je ne doutai pas
un instant de sa réussite, et Galimathias fut de mon
avis quand je lui eus montré sur une carte de Bolivar, notre itinéraire déjà tracé à l'encre rouge, et
qu'il admira sur parole. Une chose l'étonnait beaucoup, m'avoua-t-il naïvement, c'est que je pusse
connaître son pays presque aussi bien que lui-
même. Je le remerciai pour l'intention, car il était
évident qu'il avait cru me faire un compliment.

Vers midi, les péons reparurent, chassant devant
eux, comme un troupeau timide, nos porteurs qu'ils
avaient rejoints sous l'ajoupa de Maniri, où ils
étaient en train de déjeuner avec nos provisions.
Une volée de coups de crosse de fusil leur avait été
administrée immédiatement en manière de remon-
trance et n'avait eu de terme que la promesse faite
à genoux par les Indiens de ne plus retomber dans
la même faute. La peur d'être dévorés par les tigres
avait pu seule, dirent-ils, les pousser à abandonner
des maîtres aussi bons que nous. Galimathias accueillit les fuyards de l'air le plus farouche et ne
voulait rien moins que les écorcher vifs de sa propre main, pour leur apprendre leur devoir, quand,
désarmé par leur mine contrite, j'obtins de l'interprète qu'ils garderaient leur peau intacte jusqu'à

nouvel ordre. Après une heure de repos accordée
aux péons, nous fîmes nos paquets et nous nous
mîmes en marche, priant tout bas la Providence de
nous fournir l'occasion de tuer quelque quadrupède, qui nous était indispensable pour déjeuner.

Le premier point que nous relevâmes à une lieue
de là, sur la rive gauche, fut la montagne de Pata-
bamba, un beau cône tronqué qui me rappela, par sa
configuration irréprochable, le volcan Misti de la côte
du Pacifique. Cette masse, isolée au milieu des forêts, qu'elle dépassait d'une hauteur de sept à huit
cents mètres, avait un aspect surprenant. Une double lisière d'arundos géants, entre laquelle nous
nous engageâmes, la cacha bientôt à nos yeux.
Pendant trois heures, nous marchâmes d'un assez
bon pas, malgré la chaleur accablante et le manque
d'air, auquel nous cherchions à suppléer par le jeu
réitéré d'éventails de feuilles. Le soleil était encore
haut quand nous arrivâmes au pied des Camantis,
deux montagnes jumelles soudées par leurs flancs
et dont les sommets, d'inégale hauteur, forment
comme deux dents de scie. La base de ces colosses
peut avoir dix lieues de tour. D'épaisses forêts les
recouvrent entièrement. Le plus grand des deux,
nous dit l'interprète, s'appelle Machu (le vieux) Camanti, et son compagnon, Huayna (le jeune) Camanti. L'endroit était d'autant plus convenable
pour une halte, que Galimathias le disait giboyeux

et que les péons se flattaient de découvrir dans les forêts quelques choux-palmistes. Comme nous avions grand'faim et que la Providence, au lieu du quadrupède que nous attendions d'elle, ne nous avait envoyé qu'un ara *macao* et deux aigrettes blanches, tués en chemin par l'interprète, la perspective d'ajouter quelque chose à ce menu frugal nous décida à nous arrêter devant le Camanti minor. Pendant que les Indiens allumaient le feu et construisaient nos huttes, Galimathias et ses quatre aides entrèrent sous bois et ne reparurent qu'à la chute du jour. Trois pénélopes atteints par le premier et une brassée de cogollos recueillis par les seconds, furent les fruits de cette excursion. Nous gardâmes pour nous les trois dindes et nous abandonnâmes généreusement aux porteurs l'ara et les aigrettes, dont la maigreur et la dureté les surprirent, mais ne les rebutèrent pas.

Le soir, à la clarté d'un bon feu autour duquel nous faisions cercle, Galimathias nous donna, sur la montagne bicéphale, quelques détails qui manquent à la relation de Pacheco et au *Diario de una sociedad de aficionados*, deux œuvres locales d'une haute naïveté, dont la bibliothèque de Cuzco possède seule un exemplaire, et qu'on m'avait engagé à feuilleter avant mon départ pour la vallée. Depuis la découverte des Camantis, qui remonte à près de deux siècles, nous dit l'interprète, des hommes de toutes les nations, attirés par sa renommée aurifère, avaient tenté de l'exploiter, mais sans succès. La double montagne était enchantée, et le secret de ses bolsons et de ses gîtes confié à la garde d'esprits malins et incorruptibles, qui se plaisaient à jouer de méchants tours à ceux que l'appât des richesses attirait chez eux. Le dernier de ces explorateurs qui l'avaient visitée était un Espagnol appelé Goycuro, dont les travaux de barrage se voyaient encore sur la rivière Garote qui sillonne le versant oriental du Machu-Camanti. Après quatre mois de travail et d'essais infructueux, des Indiens de la vallée d'Asaroma, chargés de fournir des vivres à l'Espagnol, l'avaient trouvé un beau matin suspendu par sa cravate à la branche d'un palo santo et à moitié dévoré par les urubus. Ce genre de supplice, non moins que le choix de l'arbre auquel le pauvre chapeton était branché, indiquait, nous fit observer judicieusement le narrateur, un raffinement de malice chez l'esprit des ténèbres. Dix lustres s'étaient accomplis depuis cet événement tragique et les deux Camantis, réputés maudits, n'avaient été visités par personne. Cette histoire, débitée par Galimathias d'un accent convaincu, parut donner la chair de poule aux péons et aux Indiens qui l'avaient écoutée bouche béante. L'intervention de Supay (le diable), dans les affaires de ce monde, est si bien admise par eux, que si quelque sceptique fût venu leur dire en ce moment que l'Espagnol Goycuro, après avoir joué son va-tout dans un essai de mine, s'était pendu pour éviter la banqueroute, ils eussent crié à l'imbécillité ou au blasphème. Aussi me gardai-je bien d'exprimer là-dessus mon opinion individuelle, qui m'eût fait le plus grand tort dans leur esprit.

La nuit fut calme quoique chaude, et notre sommeil des plus profonds. Un seul incident marqua notre halte au pied du Huayna-Camanti. Une chauve-souris du genre vampire, attirée par les émanations corporelles de nos Indiens, vint planer sous l'ajoupa qu'ils s'étaient construit, et, enhardie par le silence qui y régnait, s'abattit sur l'un d'eux, le mordit à l'orteil, et tout en le ventilant de ses ailes, s'emplit à loisir de son sang. L'homme, en se réveillant le lendemain, sentit une légère cuisson à la partie mordue, y jeta les yeux et aperçut un petit trou rond dans lequel eût tenu un pois comestible ; sans s'émouvoir, il le montra à ses compagnons, qui se cotisèrent pour lui fournir une certaine dose de sécrétion, que chacun d'eux retira de ses oreilles et dont le blessé se servit comme de diachylon pour boucher sa plaie circulaire. Interrogé par nous sur ce qu'il avait ressenti pendant son sommeil, l'homme nous répondit que la seule impression qu'il crut se rappeler, était une sensation de fraîcheur d'autant plus agréable, que la chaleur, pendant toute la nuit, l'avait fort incommodé. Perez fut si épouvanté à l'idée qu'un

de ces montres pouvait le visiter sans qu'il en eût
conscience, qu'à partir de ce moment il eut soin
chaque soir, en se couchant, d'enfermer ses pieds
dans des étuis d'écorce qu'il pria l'interprète de lui
confectionner.

Nous prîmes bravement à travers les forêts qui
couvrent la base des deux Camantis et s'élèvent
jusqu'à leur faîte. Les arbres étaient si rapprochés,
et leur feuillage entremêlé de telle sorte, que, malgré la lumière d'un beau soleil qui brillait au dehors, j'avais quelque peine à distinguer l'aiguille de
ma boussole. Dans cette pénombre verdâtre, où les
moindres objets prenaient des forces surnaturelles,
une bruine glaciale pénétrait nos vêtements et de
larges gouttes d'eau tombaient sur nos têtes.—L'horreur religieuse des grands bois, — cette phrase clas-
sique, que j'avais longtemps admirée, mais à laquelle
je n'avais jamais cru, me parut ici d'une vérité sai-
sissante. Je me sentais le cœur serré par une crainte
vague et le craquement des branches me faisait
tressaillir. Nous cheminâmes pendant plus de deux
heures sous ce sombre couvert, où de grands sphinx
ocellés, chauves-souris de ce crépuscule, voletaient
d'un arbre à l'autre, avec cette allure saccadée qui
caractérise les papillons de nuit.

En revoyant la lumière, nous poussâmes une
exclamation de joie. Jamais le ciel ne nous avait
paru si bleu, le soleil si vivifiant, les verdures si

chatoyantes. La forêt glacée que nous venions de traverser avait produit sur nous une impression pareille à celle du cauchemar. Nous fîmes halte au bord de la rivière Garote, une nappe de diamant liquide, qui allait se perdre dans le Ccoñi. Tout en buvant quelques gorgées de son eau, légère, incolore et glacée, l'histoire de l'Espagnol Goycuro me revint à l'esprit. Comme le temps me manquait pour remonter le cours du Garote, et rechercher les restes du barrage que le pauvre diable y avait établi, je voulus savoir au moins s'il avait eu tort ou raison de désespérer de son entreprise. En conséquence, je fis déplacer quelques grosses pierres qui se trouvaient dans le lit du Garote et creuser dans les trous qu'elles occupaient. Le sable et l'argile bleuâtre qu'on en retira furent déposés dans nos récipients culinaires, puis lavés et examinés avec soin. Au bout d'une heure de ce travail, j'eus la satisfaction de recueillir quelques pincées de poudre d'or et deux pepitas de la grosseur d'une tête d'épingle, que j'enfermai dans mon étui à cigares. Ces échantillons, si faibles qu'ils fussent, prouvaient victorieusement deux choses : c'est que la rivière Garote était aurifère, et que l'Espagnol Goycuro n'avait pas assez réfléchi avant de se pendre.

Sans préjudice de la couche d'or qu'elle recouvrait, la rivière Garote possédait encore sur ses plages

des limaçons de la grosseur du poing[1], que nous
trouvâmes collés contre les pierres, et qui nous
rappelèrent que nous n'avions pas encore déjeuné.
Chacun se mit en quête de bulimes, et, dans l'espace d'un quart d'heure, nous en recueillîmes une
centaine. A trois escargots par homme, c'était tout
ce qu'il fallait pour calmer la première faim, et
nous permettre d'attendre avec patience l'occasion
de faire un meilleur repas. Les mollusques furent
lavés à grande eau pour les débarrasser de leur
bave, puis retirés de leur test, mis en brochette et
servis chauds. Nos gens s'en tirèrent à leur honneur.
Moins délicat ou plus affamé que mon ami Perez,
qui ne put jamais aller au delà du second limaçon,
je parvins à broyer mon troisième et à l'avaler
assez heureusement. Si je dis broyer, c'est que je
n'avais encore trouvé rien d'aussi coriace. Autant
eût valu mordre dans un morceau de caoutchouc.

Des plages du Garote, nous descendîmes vers le
lit du Ccoñi, que nous côtoyâmes. La vallée s'élargissait de plus en plus. Les dernières ramifications
des Andes qui la séparaient, à notre gauche, de la
vallée de Paucartampu, à notre droite de celle
d'Asaroma, n'étaient plus à cette heure que de longues collines ou lomas d'une seule pièce, courant à
l'est, et dont l'élévation atteignait à peine à cin-

1. Quelques-uns de ces bulimes ont jusqu'à douze pouces de
circonférence.

quante mètres. Encore quelques lieues de marche, et nous arriverions au seuil de ces vastes plaines, auxquelles les sierras du Tucuman, du Brésil et de l'Equador servent de ceinture, et où vivent, au bord de leurs grands fleuves, des tribus de Peaux-Rouges, dont le dénombrement eût lassé la patience du vieux Mélésigène. A mesure que nous avancions, la double montagne du Camanti, que sa réputation maudite, ses sables aurifères et ses escargots prodigieux avaient gravée dans notre esprit en traits ineffaçables, décroissait et semblait rentrer en terre. Dans l'après-midi, nous n'apercevions plus que ses deux sommets, que l'éloignement faisait passer du vert sombre à la teinte neutre. Enthousiasmés par la beauté des sites et les grandes lignes de l'horizon baigné d'une pure lumière, nous causions de géographie, de phytologie et de sciences diverses, dans lesquelles Galimathias brillait entre nous tous par la finesse de ses aperçus et la profondeur de ses jugements. Cette causerie, destinée surtout à leurrer notre faim, dura jusqu'à quatre heures. A ce moment, la nature reprit ses droits, et nous comprîmes, à la défaillance soudaine de notre estomac, que les limaçons de la rivière Garote ne suffiraient pas à nous maintenir en pied jusqu'au soir. Nous nous arrêtâmes donc pour tenir conseil et aviser au moyen de réparer nos forces.

Le site où nous nous trouvions en ce moment

touchait d'un côté à la rivière, et de l'autre à la forêt. Je résolus de tirer parti de cette double circonstance. Une distribution d'hameçons fut faite aux Indiens, que j'échelonnai au bord du Ccoñi. Le calme des eaux en cet endroit, et leur température déjà élevée, étaient autant d'indices que des poissons d'une certaine taille devaient les habiter. Je ne m'étais pas trompé dans mes conjectures. Les hameçons garnis d'insectes étaient à peine jetés, que des sabalos[1] venaient les reconnaître, et, dans leur touchante ignorance de ces engins de destruction, n'en faisaient qu'une bouchée. Après une demi-heure de pêche, nous comptions déjà sept beaux individus de la famille des salmones, couchés côte à côte et bâillant au soleil. Cette vue nous remplit d'une joie indicible. Perez, qui, en sa qualité de fils de Cadès, était ichthyophage, palpait ce poisson frais d'un air de convoitise étrange, et semblait prêt à le dévorer cru; mais j'avais arrêté dans mon esprit que nous dînerions ce jour-là de poisson et de gibier. En conséquence, j'invitai notre ami à réprimer ses instincts primitifs, et à prendre son fusil pour nous accompagner dans la forêt, où Galimathias et moi nous allions faire une battue, pendant que les Indiens continueraient leur pêche et que les péons allumeraient le feu.

---

1. *Salmo andensis.*

A peine entré sous bois, je ne me rappelai plus ce que j'y étais venu faire. Il est vrai que des surprises végétales m'arrêtaient à chaque pas. C'étaient des lianes et des sarmenteuses aux fleurs magnifiques, des orobanchées et des orchis épiphytes qui se partageaient mon admiration, et que j'eusse voulu cueillir, peindre et décrire à la fois. Pendant que je bayais aux plantes parasites, Perez et Galimathias fouillaient la forêt avec une ardeur consciencieuse. Au coucher du soleil, notre ami avait tué deux hoccos et quelques toucans, et l'interprète un singe à long poil et à queue préhensile, dans lequel je reconnus l'*ateles niger* des naturalistes. L'animal pouvait avoir trois pieds de hauteur. J'avoue à ma honte que je ne rapportais qu'un bouquet de fleurs et quelques siliques. Mais, par délicatesse, mes compagnons feignirent de ne pas s'apercevoir qu'ils avaient fait seuls les frais du dîner, et nous revînmes vers la plage, où nous attendaient un bûcher flambant et une douzaine de sabalos débarrassés de leurs entrailles. Nous procédâmes incontinent aux apprêts du festin. Les poissons, enveloppés d'une triple cuirasse de feuilles de balisier, cuisirent sous les cendres chaudes, manière d'étuvée que je recommande aux gourmets. Les hoccos et les toucans furent mis à la broche, et le singe nous fournit des grillades. Cette viande noire, sèche et filandreuse, dont je mangeais pour la première fois, me parut médiocre, pour ne pas dire détestable. L'interprète qui nous en faisait les honneurs me dit alors que la qualité de la viande se ressentait de l'âge et du sexe de l'animal que j'avais sous les yeux ; mais qu'au lieu d'une femelle sur le retour, et fatiguée par les travaux de Lucine, s'il m'eût servi un singe *pichon*, c'est-à-dire un jeune mâle récemment sevré du lait maternel, j'en aurais mangé jusqu'à la fourrure. L'hyperbole me parut si audacieuse, que je ne daignai pas la relever. Une fois notre faim assouvie, nous colligeâmes les reliefs du souper, et nous nous mîmes à fabriquer nos huttes. Notre sommeil de cette nuit ne fut troublé par aucun incident, comme nous en jugeâmes en nous retrouvant exactement le lendemain dans la posture où nous nous étions endormis la veille.

Partis avec l'aurore, nous côtoyâmes pendant toute la matinée les plages du Ccoñi, dont le sable, les pierres et les cañas-bravas formaient la décoration principale. A midi, nous nous arrêtions pour déjeuner avec les restes du souper de la veille, et nous faisions une nouvelle provision de sabalos pour le repas du soir. Au sortir de l'endroit où nous venions de faire halte, les pierres et les broussailles abondèrent de telle sorte sur la plage, que par égard pour nos jambes, nous obliquâmes à droite et rentrâmes dans la forêt dont nous suivîmes la lisière. Vers quatre heures, la forêt cessant tout à coup du côté de l'est, pour se prolonger vers le sud, nous fûmes obligés de regagner la plage, où nous attendait une surprise étrange. La rivière, que nous avions laissée courant de l'ouest à l'est, se dirigeait à cette heure du sud au nord. Un examen plus attentif me convainquit que, non-seulement la direction de son cours n'était plus la même, mais que sa physionomie avait encore changé d'aspect. Ses eaux jaunâtres étaient devenues vertes et ses bords coupés nettement étaient revêtus d'une ocre sanguinolente. Galimathias, que sa chasse avait retenu en arrière et qui nous rejoignit en ce moment, me donna l'explication de ce phénomène. Pendant notre marche dans la forêt, la rencontre du Ccoñi et de l'Ollachea avait eu lieu sans bruit et sans esclandre, et la rivière que, maintenant, nous avions devant nous, descendait du Crucero au lieu de venir de Marcapata. Je déroulai les cartes d'Arowsmith et de Bolivar, et d'un coup d'œil je m'assurai que la chose était vraie. Si le Ccoñi, l'Araza ou le Marcapata, cette rivière au triple nom, comme la *Diva triformis* d'Horace, eût été un cours d'eau navigable dont le commerce ou l'industrie pussent tirer parti, je me serais fait un devoir de revenir sur mes pas, pour déterminer l'angle exact de sa confluence, calculer son débit et jeter la sonde devant son embouchure; mais ce que j'avais vu du Ccoñi jusqu'à ce moment, me démontrait l'inutilité d'une pareille démarche.

Suffisamment convaincu que la pente de son lit, son cours tortueux, ses roches, ses îlots et ses bancs de sable le destinaient à ne jamais porter ni yoles ni bateaux, je replaçai mes cartes dans leur étui et nous continuâmes notre marche.

Un peu avant le coucher du soleil, nous nous arrêtions pour bivaquer sur la rive gauche de l'Ollachea, au centre d'une plage bordée d'arundos, de capsicus et de convolvulus à ôdeur de menthe. Nos porteurs, envoyés à la recherche de combustible, revinrent bientôt d'un air effaré nous dire qu'ils étaient tombés au milieu d'un camp de sauvages. Nous nous transportâmes à l'endroit indiqué, où nous trouvâmes une hutte effondrée dont les roseaux secs et jaunis dataient de quelques jours. A côté de cette hutte, on voyait des tisons noircis et lavés par la pluie, des plumes d'oiseaux enfouies dans le sable, des peaux de bananes et la nageoire caudale d'un grand poisson. Galimathias, que nous consultâmes des yeux, nous dit qu'en effet c'était bien un campement de sauvages et que des Siriniris avaient passé par là, mais que l'exiguité de la hutte prouvait clairement qu'ils n'étaient que deux, probablement un homme et une femme, qui prenaient en commun le plaisir de la pêche et de la chasse. Le nombre des individus me rassura un peu sur leur qualité.

Cette découverte avait jeté comme une ombre sur la physionomie de nos porteurs; ils s'étaient retirés à l'écart et s'entretenaient à voix basse. D'instant en instant, je les voyais s'interrompre et regarder autour d'eux avec défiance, comme si chaque buisson, chaque touffe d'herbe eût pu donner asile à l'ennemi. Craignant qu'ils ne désertassent de nouveau pendant la soirée, car la peur des Chunchos semblait chez eux tout aussi forte que la frayeur des tigres, je priai Galimathias de ne plus les perdre de vue. Il me répondit d'être tranquille à cet égard, et qu'une fois la nuit venue et le campement établi, les Indiens seraient parqués comme des moutons, et que chaque péon, armé d'un fusil, ferait à leur intention une faction de deux heures. Les choses se passèrent comme l'interprète me l'avait promis, et le lendemain, en nous réveillant, nous vîmes les porteurs assis sous leur ajoupa et un peu penauds, à ce qu'il me parut, que nous eussions lu dans leur pensée et prévenu leur projet d'évasion.

Nous continuâmes de remonter le cours de l'Ollachea dont le courant était très-rapide, comme j'en pus juger par une branche sèche que je lançai au milieu de son lit et qui disparut en quelques secondes. A une lieue de là, un groupe de rochers se montra au-dessus de l'eau, qu'ils divisaient en deux bandes d'écume. Des loutres, au pelage de velours noir, étaient accroupies dans une attitude de sphinx au sommet de ces rochers. L'une d'elles tenait dans sa gueule un poisson qu'elle venait de pêcher et que

l'interprète tenta de lui ravir, bien qu'il ne dût pas
en profiter; mais il n'avait pas eu le temps d'épauler
son arme, que déjà la bande aquatique s'était laissée
choir dans la rivière et avait disparu.

Pendant la journée nous ne relevâmes aucun détail digne d'être relaté. Les sites que nous traversâmes étaient, à quelques variantes près, semblables
à ceux que nous laissions derrière nous et les espèces végétales se répétaient avec une monotonie dés-
espérante. Les seules raretés que nous avisâmes,
furent de larges hibiscus d'un pourpre vif, ponctué
de pourpre brun, quelques énothères, plus ou moins
jaunes et des cacalias nains à odeur de vanille. Par
compensation, nous tuâmes quelques hoccos, de
beaux canards appelés, je crois, *anas paturi*, et un
opossum que je dépouillai pour garder sa peau. La
poche maternelle de l'animal était pourvue de cinq
petits d'une mine très-éveillée. Galimathias en fit
une offrande propitiatoire à la rivière Ollachea. Aux
approches du soir, nous reconnûmes de loin une
plage parfaitement unie, bordée du côté de la rivière par d'épais fourrés de roseaux et abritée des
vents du sud-ouest par la ligne des forêts. On ne
pouvait souhaiter rien de mieux pour un bivac
nocturne, et comme la journée tirait à sa fin, nous
convînmes de nous y arrêter. En arrivant, nous
fûmes tout surpris de trouver l'endroit occupé par
une hutte de sauvages. Cette chétive habitation, sans

toit, sans porte et sans fenêtre, se composait d'une claie de roseaux artistement entrelacés, inclinée vers le sol, avec lequel elle formait un angle de 45°, et soutenue par deux baguettes en palmier. Ou eût dit une de ces trappes dont les enfants se servent pour prendre des oiseaux dans la saison des neiges. Au pied de ce paravent, d'environ huit pieds carrés, une excavation parfaitement arrondie, de deux pieds de diamètre et dont l'intérieur était tapissé de feuilles, indiquait le *lectus cubicularis* du propriétaire, qui devait dormir pelotonné sur lui-même à la façon des chiens. A la claie étaient suspendues par des fils d'écorce, des flèches à quatre pointes barbelées, destinées à la pêche, et d'autres en figure de javelots, qui devaient servir à la chasse. Un morceau de cire noire, des graines de rocou gisaient à terre, à côté d'une marmite en argile cuite, de pelures de fruits et de plumes d'oiseaux. Autour de cette demeure, qui semblait tiède encore du séjour de son possesseur, le sol, battu et foulé comme à la suite d'une lutte, présentait à la fois des pas d'homme, des empreintes de jaguar et celle d'un pachyderme de haute taille qui nous parut être un tapir.

Examen fait de la hutte et de ses accessoires, nous nous consultâmes pour savoir s'il était prudent de passer outre, ou si nous devions établir notre campement en ce lieu. Galimathias opina pour le *statu quo*. Les Indiens, qui avaient déjà un pied levé, dans l'attitude de la Diane chasseresse, et n'attendaient qu'un mot de nous pour prendre leur course, reçurent l'ordre de déposer leur charge et d'aller couper des roseaux. Pendant qu'ils obéissaient à cette injonction avec une répugnance visible, l'interprète nous engagea à préparer nos armes, chargea lui-même sa carabine, et, quand ce fut fait, commanda le feu. Cinq détonations successives, élevées au carré par les échos voisins, durent donner aux sauvages, si par hasard il s'en trouvait dans le voisinage, une haute idée des forces numériques de notre troupe. Cependant aucun d'eux ne parut, et notre feu de file n'eut d'autre résultat que d'effrayer une bande d'oiseaux, qui s'envolèrent de la forêt avec des cris aigus. Nous dressâmes nos huttes à quelques pas de l'ajoupa siriniri, afin de ne pas le perdre de vue ; et lorsque nous eûmes soupé, au lieu de laisser le feu s'éteindre de lui-même, comme nous en avions l'habitude, nous entassâmes dessus force branchages, destinés à l'alimenter pendant toute la nuit. En outre, pour éviter une surprise, chaque péon, armé de la carabine de l'interprète, monta la garde à tour de rôle.

Le jour commençait à poindre, quand nous fûmes réveillés par un concert de cris effroyables, comme nous n'en avions jamais entendu ; ces cris partaient du bord de la rivière, que nous masquait une lisière d'arundos. *Los Chunchos !* cria le péon faction-

naire. A ce mot magique, tous nos porteurs furent
sur pied. Galimathias même s'émut de la nouvelle,
et Perez eut sur les lèvres un sourire crispé, qui
prouvait qu'elle ne lui était pas indifférente.
Comme, dans son empressement à se vêtir, notre
ami passait ses jambes dans les manches de sa veste,
je l'avertis à temps de sa méprise. A peine avions-
nous revêtu nos inexpressibles, que les roseaux s'é-
cartèrent brusquement et que trois hommes, entièrement nus, couleur de brique brûlée et portant la
chevelure en queue de cheval, s'en élançaient,
comme trois diablotins d'une boîte à surprise. En
nous apercevant, ils redoublèrent leurs cris, et,
tournant sur eux-mêmes comme des totons, se
rapprochèrent peu à peu, jusqu'à ce qu'une vingtaine de pas seulement les séparassent de nous;
alors ils cessèrent leurs évolutions chorégraphiques,
et devinant aux fusils dont Perez, Galimathias et
moi nous étions armés, notre qualité de huayris ou
chefs de la troupe, ils vinrent se jeter dans nos bras,
avec une impétuosité et un roulement de consonnes
qui témoignaient du plaisir que leur causait notre
rencontre. Ces hommes venaient de traverser la rivière à la nage, comme on en pouvait juger par
leurs corps ruisselants. Le rocou et le genipahua
dont ils s'étaient barbouillés avant de partir, afin de
se présenter à nous dans une tenue irréprochable,
n'avaient pas eu le temps de sécher, et leurs cares-

ses, mélangées de rouge et de noir, avaient imprimé sur nos vêtements des traces indélébiles. Pendant que nous nous essuyions de notre mieux, les nouveaux venus allaient offrir leurs civilités à nos gens ; mais, au lieu de les presser contre leur poitrine, ils se contentaient de leur donner une poignée de main.

Une fois la glacé rompue entre nous, les explications commencèrent. Galimathias interrogeait dans un jargon étrange, mélangé d'espagnol et de quechua, et les sauvages répondaient dans ce même jargon, mais en s'abstenant de recourir, comme le faisait l'interprète, aux idiomes de Calderon et de Manco-Capac. J'augurai de cette différence de langage, que Galimathias n'était pas aussi versé dans la littérature des Chunchos que son protecteur, le curé de Marcapata, avait voulu nous le faire accroire; mais comme, après tout, les sauvages comprenaient ce qu'il leur disait ou le devinaient à sa pantomime, je le laissai baragouiner son jargon hybride, et me traduire en aparté les renseignements que lui communiquaient les inconnus. Tous trois appartenaient à l'estimable tribu des Siriniris, et entretenaient des relations amicales avec les Huatchipayris de la vallée de Paucartampu et les Pukiris des vallées du sud. Depuis plus de six jours, les détonations de nos tasa-tasa (fusils) leur avaient appris que des hommes blancs parcouraient la vallée. Curieux de juger de leur nombre, ils s'étaient rapprochés de nous, nous avaient épiés sans que nous les vissions, et auraient pu nous désigner, à partir de Maniri, tous les endroits où nous avions fait halte. Leur désir de se procurer des siruta (couteaux) et des bamba (haches) était des plus grands; mais la peur que leur causait nos fusils, qu'ils s'imaginaient donner la mort à volonté et sans qu'il fût besoin de les charger, était plus grande encore; aussi avaient-ils hésité longtemps à nous aborder. A ces détails, ils ajoutèrent que, depuis quinze jours, ils se livraient dans la vallée au plaisir combiné de la chasse et de la pêche : que le reste de leur tribu était disséminé dans les forêts et sur les plages, et leur village appelé Huatinmio, situé dans l'est, à deux lieues de là. Incertains de l'accueil que nous leur réservions, ils étaient venus seuls, laissant leurs amis et leurs femmes cachés dans les roseaux.

Pour honorer dignement ces messagers sauvages et nous attirer la confiance de leur tribu, j'eusse voulu, à l'exemple des héros d'Homère, les revêtir d'une robe de laine richement brodée ou d'un manteau de pourpre teinte deux fois; mais, privé de ces ajustements antiques, je ne pus que leur offrir des couteaux de fabrique anglaise, à manche d'os et d'une valeur de huit sous, qu'ils reçurent avec des contorsions de joie. L'un d'eux se détourna aussitôt pour donner une note suraiguë, qui devait être un signal attendu; car à peine avait-il déchiré l'air, que les roseaux s'écartaient de nouveau pour livrer passage à neuf hommes, qui, après avoir crié et tourné sur eux-mêmes, venaient, comme leurs devanciers, nous presser dans leurs bras peinturlurés. Sept femmes et trois chiens parurent à la suite des hommes; mais, au lieu d'avancer, elles restèrent à l'entrée du fourré. J'avais lu, dans quelques auteurs dont le nom m'échappe, que les sauvages étaient très-jaloux de leurs femmes, et s'offensaient parfois du simple regard qu'un étranger jetait sur elles; aussi me détournai-je un peu quand ces dames, le visage peint de rocou et orné de bouts de roseaux fichés dans leurs lèvres, leurs joues et leurs oreilles, nous apparurent, aussi peu vêtues qu'Ève la blonde avant son péché. A ce moment, l'idée me vint de regarder Perez, et je ne pus m'empêcher de rire en voyant ses yeux qui brillaient comme des lucioles. Ce rire fut saisi par les Chunchos, attentifs à nos moindres gestes, et le regard de Perez, dont ils suivirent la direction, leur ayant révélé la cause de mon hilarité, ils adressèrent vivement quelques mots à leurs femmes, qui, d'un geste de chatte net et précis, arrachèrent aux buissons une feuille quelconque dont chacune d'elles se fit un vêtement.

L'attention des sauvages, un instant distraite par cet épisode, se reporta de nouveau sur nous. Les derniers venus, qui n'avaient point encore reçu de couteaux, nous montrèrent la paume de leurs mains vides, en prononçant à plusieurs reprises le mot *siruta*. J'allais leur remettre l'objet demandé, quand Galimathias s'avisa de me faire observer que la route était longue, les Chunchos nombreux et avides, et qu'il importait beaucoup de ménager notre coutellerie. Ce dernier argument arrêta ma main, près de plonger dans le ballot. Les Chunchos, me voyant hésiter, redoublèrent leurs supplications, en même temps que deux des leurs couraient à toutes jambes vers le fourré et en rapportaient, avec les arcs et les flèches de leurs camarades, des peaux d'oiseaux aux vives couleurs, des colliers de graines, des panissas ou couronnes de plumes multicolores et des gibecières appelées simbo, tressées avec des folioles de palmier, qu'ils me proposèrent d'échanger contre mes couteaux. L'amour de l'histoire naturelle l'emporta sur les conseils de la sagesse, représentée par Galimathias, et le troc proposé fut fait en un clin d'œil. J'y ajoutai même, en manière d'épingles pour les femmes, une douzaine de grelots, un miroir de cinq sous et deux mouchoirs de cotonnade orange, qui les firent bondir de joie comme des cabris. Pour répondre à ma politesse, elles allèrent chercher, je ne sais où, des yuccas, des bananes vertes et des coloquintes douces, qu'elles remirent à leurs époux et à leurs pères pour qu'ils nous les offrissent en leur nom.

Deux heures s'étaient déjà passées en conversations et en échanges; désirant poursuivre notre marche, je fis ficeler les ballots que les Chunchos ne quittaient plus des yeux, et préparer le déjeuner avec les fruits et les racines que nous tenions de la libéralité de leurs femmes. Pendant que les yuccas cuisaient sous les cendres et les bananes dans la marmite, j'eus le temps de faire quelques portraits de Siriniris. Ces dessins, que les hommes vinrent regarder par-dessus mon épaule, n'éveillèrent chez eux ni surprise ni intérêt. Le papier seul, dont je leur donnai une feuille, fut de leur part l'objet d'une discussion animée. Après l'avoir palpé et flairé tour à tour, ils le remirent à leurs femmes, qui le serrèrent dans la gibecière qui leur tenait lieu de cabas.

Selon la coutume, le déjeuner fut servi sur le sol, ou pour mieux dire, nous nous accroupîmes autour de la marmite. Les sauvages s'assirent près de nous, et, pendant que nous mangions, nous prodiguèrent assez de caresses et de prévenances pour nous impatienter. Tandis que les uns nous portaient délicatement à la bouche de petits morceaux de yucca, les autres nous maniaient la barbe et les cheveux, ou tiraient à eux les pans de nos vestes pour en examiner l'étoffe. Tout cela était accompagné d'interjections gutturales et de rires désordonnés qui prouvaient, jusqu'à certain point, que nous leur faisions l'effet d'êtres curieux, mais parfaitement ridicules.

Le repas terminé, Galimathias se chargea de leur annoncer que, désirant poursuivre notre marche, nous allions nous séparer d'eux. Cette décision parut les attrister, et ils essayèrent de la combattre par toutes sortes d'arguments. Ils allèrent jusqu'à nous proposer d'habiter avec eux leur village de Huatinmio, où, chéris et honorés de leur tribu, nous coulerions des jours tissés d'or et de soie. Comme ils virent que nous partions sans leur répondre, ils dirent à leurs femmes de les attendre, et se mirent à marcher avec nous. L'un d'eux, beau gaillard de vingt-huit à trente ans, et dont la peau tachetée de lota comme celle de certains nègres, lui avait valu de Perez le surnom de Panthère, précédait notre troupe en éclaireur, gambadant et caracolant pour nous faire fête. Deux de ses compagnons avaient passé leur bras autour du cou de l'interprète, et causaient avec lui sur un pied d'égalité parfaite. Les autres Chunchos marchaient pêle-mêle avec nos porteurs, que ce voisinage inquiétait et faisait suer à grosses gouttes.

Toujours escortés par nos nouvelles connaissances, nous arrivâmes, après trois heures de marche, au bord de la rivière Huallata, un des affluents principaux de l'Ollachea. Ce cours d'eau, sans profondeur, sortait de la vallée d'Asaroma, qui s'enfonçait à notre droite dans un lointain bleuâtre, et que dominaient à l'horizon les pics de Corimayo et de Canamari , appartenant à la chaîne des Andes. Comme Perez, Galimathias et moi nous nous mettions en devoir d'ôter nos pantalons pour passer la rivière, trois des principaux Siriniris, au nombre desquels se trouvait la Panthère , nous offrirent complaisamment l'aide de leur dos pour aborder à l'autre rive. Nous accueillîmes avec empressement ce mode de transport, qui nous permit, en entourant le cou et les épaules de nos passeurs, de remarquer que leur peau sentait le varec et était aussi rude au toucher que le cuir chagriné d'un onagre. Nos Indiens, jugés indignes par les Siriniris d'être transportés à dos d'homme, honneur qu'ils eussent repoussé s'il leur avait été offert, passèrent la rivière avec de l'eau jusqu'aux genoux. En arrivant sur l'autre bord, j'acquittai le péage au moyen de six boutons de cuivre, deux pour chacun de nous, que je remis aux sauvages, et qu'ils s'empressèrent de placer dans les trous dont leur lèvre supérieure était ornée. Là, comme Galimathias leur manifesta notre envie de voyager seuls, ils se décidèrent à nous abandonner. Seul la Panthère, après avoir échangé quelques mots avec eux, continua de nous suivre ; mais comme il s'aperçut bientôt à notre froideur que sa présence nous était importune, il ralentit le pas et finit par rester en chemin.

On devine qu'au sortir de cette rencontre l'entretien général ne roula que sur les Chunchos. Chacun de nous en parlait à sa manière et selon sa sympathie plus ou moins décidée pour les œuvres de la nature. Galimathias les considérait comme un trait d'union placé entre l'homme et le singe. Nos porteurs les comparaient au diable pour leur laideur et crachaient de dégoût au souvenir de leur nudité, qui, disaient-ils, affligeait la sainte Vierge et faisait pleurer les anges du paradis. Quant à Perez, s'il trouvait que les hommes offraient d'assez beaux modèles de statuaire, il s'appesantissait plus volontiers sur le compte des femmes; mais, tout en rendant hommage à leur sexe, il avait présents à l'esprit leur crinière hérissée, leur visage teint de rocou, leurs mamelles pendantes et leur monstrueux abdomen, emmanché de bras et de jambes grêles, et, dans sa verve gaditane, il ne pouvait s'empêcher de comparer chacune d'elles à un potiron dans lequel on eût planté quatre allumettes.

Les plages de l'Ollachea, que nous côtoyâmes pendant le reste de la journée, ne nous offrirent rien de remarquable. Du côté de la forêt, les espèces végétales se composaient de mimoses à longues siliques, de guttifères, de palos santos (*guaïacum*) et de deux ou trois variétés de cécropias. Les bords de la rivière étaient tapissés de cañas-bravas, de faux maïs, de canacorus et de marantas. Bientôt les pierres commencèrent à reparaître, non pas à nu et couvrant de vastes espaces, comme sur les rivages du Ccoñi, mais par blocs puissants et isolés aux trois quarts enfouis dans le sable. De loin en loin, une de ces roches pointait au-dessus du courant, qui, retenu dans sa fuite par cet obstacle, grondait, écumait et formait une double ligne de rapides.

Au coucher du soleil, comme nous achevions de dresser nos huttes et que nous étions occupés à griller quelques poissons pêchés en route, nous fûmes tout surpris de voir un sauvage sortir de la forêt et s'avancer vers nous. Dans cet inconnu, nous reconnûmes le Siriniri à la robe pie, que Perez avait surnommé la Panthère et que nous supposions à cette heure fort loin de nous. L'homme était armé d'une lance de palmier à pointe de bambou, dont l'extrémité était rougie de sang. Interrogé par Galimathias sur sa présence inopinée et son éloignement des siens à pareille heure, il répondit qu'en nous quittant il s'était aventuré à la poursuite d'un anta (tapir), qu'il avait frappé de trois coups de lance, mais qui, malgré ses blessures, était parvenu à lui échapper. Galimathias ne fut pas dupe de ce conte. Après avoir fait observer au Siriniri qu'un tapir ne se laissait pas approcher à portée de lance et qu'on ne l'atteignait que de loin avec une flèche ou la balle d'un tasa-tasa, il lui tourna le dos d'un air de mépris en le traitant d'espion. Le sauvage qui, en effet, ne nous avait suivis que pour savoir où nous allions et où nous camperions, comprit que sa ruse était découverte, et, nous saluant de la main, se dirigea vers la rivière, qu'il traversa à la nage. Arrivé sur l'autre bord, il se retourna pour nous adresser de nouveau un geste d'adieu, et entra dans la forêt où nous le perdîmes de vue.

Pendant la nuit, nous fûmes surpris, suivant l'usage, par une de ces averses diluviennes comme il n'en tombe que sous ces latitudes à l'époque de l'hivernage. Le vent bouleversa nos ajoupas, le poids de l'eau défonça notre toit de feuilles, et le jour nous trouva pelotonnés sur nous-mêmes et les genoux ramenés au niveau du menton. La première chose que nous aperçûmes en jetant les yeux sur la rive droite, fut notre sauvage de la veille, assis sur un tronc d'arbre et occupé à nous examiner. Trois femmes étaient avec lui. Galimathias lui ayant fait, en plaisantant, un signe de menace, le Chuncho le prit pour un geste d'appel, quitta ses compagnes, se jeta dans la rivière et vint nous rejoindre. Le pauvre diable tremblait comme une feuille en sortant de ce bain matinal; mais malgré le froid qui faisait claquer ses dents, ses regards se portaient sur les ballots qui contenaient nos couteaux et nos haches, plutôt que sur le feu que nos gens venaient d'allumer.

Nous séchâmes d'abord nos vêtements et nos paquets, puis nous cherchâmes ensuite quelque chose à cuire, car l'inondation de la nuit nous avait creusé l'estomac, et nous nous sentions merveilleusement disposés à déjeuner. Comme la forêt ruisselait encore, et que Galimathias hésitait à y faire une battue, nous envoyâmes nos porteurs pêcher au bord de la rivière. La Panthère les y suivit. Accoutumé à prendre le poisson à coup de flèches, il parut très-surpris qu'on pût le prendre à l'hameçon. Un moment après, les Indiens nous rapportaient quelques sabalos. En venant relever leurs lignes, qu'ils avaient laissées dans l'eau, ils n'en retrouvèrent que les ficelles. Les hameçons avaient disparu. Nous pensâmes naturellement que le Siriniri les avait volés; mais comme il n'avait ni goussets, ni poches où nous pussions fouiller et que, par cela même, il était assez difficile de le convaincre de cette soustraction, nous n'en dîmes rien, et le Chuncho put croire que nous ne nous en étions pas aperçus. Un incident sur lequel nous ne comptions pas nous permit de le prendre au piége. Perez, à l'exemple de Nausicaa, étant allé laver son linge sale à la rivière, et l'ayant étendu sur un buisson pour le faire sécher, ne tarda pas à constater la disparition d'une paire de chaussettes. Comme le Siriniri avait été vu rôdant autour du buisson, Galimathias l'invita à s'approcher de lui, et la démarche du sauvage lui paraissant embarrassée, il le prit amicalement par les épaules et lui fit faire un tour sur lui-même. L'homme, qui n'était pas préparé à cette pirouette, trébucha, et les chaussettes qu'il avait roulées et tenait cachées en certain endroit, tombèrent à terre et nous permirent de juger à quel adroit filou nous avions affaire. Aux reproches sanglants que lui adressa l'interprète, il ne répondit que par un gros rire, et comme, en qualité d'enfant de la nature, la honte et le remords ne pouvaient l'atteindre, il alla s'asseoir près du feu, prit ses pieds dans ses mains et se chauffa aussi paisiblement que si rien ne se fût passé.

Les péons nous servirent à déjeuner sur un plateau de feuilles vertes. Nous appelâmes le sauvage pour qu'il en prît sa part. Il s'assit près de nous et goûta, de fort bonne grâce, aux poissons grillés et aux yuccas bouillies que nous lui servîmes. Mais le sel, dont ces aliments étaient saupoudrés, l'empêcha de poursuivre ; il fit même à ce sujet une grimace assez laide pour nous prouver que le condiment minéral était peu de son goût. S'il n'aimait pas le sel, en revanche il devait adorer le poivre, car de douze ou quinze piments *orocoto*, cueillis à Sausipata, et dont la seule odeur faisait pleurer, tousser, éternuer, il ne nous laissa que les queues.

Quand nous le crûmes repu et satisfait, nous l'invitâmes poliment à reprendre le chemin par lequel il était venu, en lui annonçant en même temps que nous allions suivre le nôtre. Il comprit à merveille notre envie de nous débarrasser de lui, et, après un salut gracieux adressé à nos personnes et une dernière œillade lancée à nos couteaux, il alla se jeter dans la rivière et rejoignit les femmes qui l'attendaient toujours sur l'autre rive.

Nous marchâmes sans encombre jusqu'à trois heures de l'après-midi, où nous atteignîmes la rivière d'Ayapata, sortie de la vallée de ce nom, et formée à dix lieues dans l'intérieur par la jonction des deux rivières Ccori et Mahuayani. A cinq heures, je calculai que nous devions être à vingt lieues environ de la confluence du Ccoñi et de l'Ollachea. En supposant que ce calcul fût inexact, la vallée d'Ayapata, que nous avions dépassée, suffisait à le rectifier. Elle était, en même temps qu'un point de repère placé sur notre route, le poteau indicateur qui nous avertissait que le moment était venu de traverser l'Ollachea et de laisser le sud pour prendre l'est. Comme la journée tirait à sa fin, nous nous arrêtâmes pour bivaquer, après avoir décidé que le lendemain, de bonne heure, nous chercherions un gué, et, si ce gué n'existait pas, que nous construirions un radeau pour passer d'une rive à l'autre.

Une pluie fine et pénétrante qui commença de tomber un peu avant l'aurore, nous refroidit singulièrement, mais ne changea rien à nos résolutions. Dès six heures, nous suivions à la file le bord de l'Ollachea, cherchant à juger de sa profondeur à la nuance de ses eaux. Aux endroits où se montraient des roches, ces eaux étaient blanches d'écume ; partout ailleurs, elles étaient d'un vert d'aigue marine, deux nuances qui ne présageaient rien d'heureux. Midi nous surprit au milieu de nos études hydroscopiques. Brisés de lassitude, nous nous assîmes sur la berge, et nous pêchâmes pour déjeuner. Pendant ce temps, les péons allaient chercher dans la forêt des drupes de palmier yuyu[1], et Galimathias, en remontant la plage, tuait un héron gris. Son gibier, quoique haut sur pattes, ne valait pas la nouvelle qu'il apporta, qu'à peu de distance, l'Ollachea était divisé en deux bras, circonstance qui lui faisait croire que nous trouverions là le gué que nous cherchions vainement depuis le matin. A l'instant nous fîmes flamber le feu pour hâter la cuisson des sabalos, puis nous mîmes les morceaux doubles et nous allâmes reconnaître le passage en question.

Un groupe de rochers, les uns à fleur d'eau, les autres élevés de quelques pieds, divisaient effectivement la rivière, comme l'avait dit l'interprète, mais opposaient en même temps une digue à ses eaux, qui, furieuses de cet obstacle qu'elles ne pouvaient surmonter, clapotaient, écumaient et formaient le long des rivages une suite de rapides d'un aspect très-peu rassurant. En outre, chaque bras avait une

1. *Acrocomia dulcis.*

largeur de trente-six à quarante pieds, sur une profondeur inappréciable, ce qui ne laissait pas que d'ajouter aux hasards de la traversée. Aussi, avant de la tenter, discutâmes-nous tous les différents moyens de passage que l'imagination et l'égoïsme personnel purent nous suggérer. Cependant le temps s'écoulait, et nous n'avions rien trouvé encore, lorsqu'un des péons, se frappant le front, s'écria à l'instar d'Archimède : « He hallado. » Sans s'expliquer davantage, l'homme prit une hache, fit signe à un de ses camarades de le suivre, et tous deux se dirigèrent vers un groupe de *toroh* ou d'arbres-trompette[1] qui s'élevaient à l'entrée du bois. Un de ces arbres fut abattu, et son tronc poreux et léger comme du liége, détaillé en deux morceaux que le péon apporta sur la plage, pendant que son camarade coupait dans la forêt quelques brassées de la liane *tamsi*[2]. Les rouleaux de bois, destinés à faire l'office de bouées, furent attachés aux deux bouts de la liane, puis le péon, à qui revenait l'honneur de cette invention, voulut le premier en faire l'essai. Il prit sous son bras une des bouées, remonta la plage, et, après s'être déshabillé, enfourcha son morceau de bois, et, se lançant intrépidement dans la rivière, chercha, à l'aide d'un bâton transformé en pagaie, à atteindre l'îlot pierreux placé au milieu

1. *Cecropia peltata.*
2. *Clitoria scandens.*

du courant. Deux fois il échoua dans sa tentative; à la troisième, il réussit à se cramponner aux rochers et s'y établit de son mieux. En voyant se tendre comme un câble, la liane sur laquelle pesèrent simultanément les deux péons, nous comprîmes ce que nous avions à faire. Nous commençâmes par dépouiller nos vêtements, puis nous les attachâmes sur notre tête, et enfin nous nous mîmes à l'eau. Alors, saisissant la corde végétale, et nous escrimant des poignets, nous parvînmes à effectuer notre traversée, sans autre inconvénient qu'une absorption de quelques pintes d'eau pour les plus lourdauds de la bande. Le péon resté sur le rivage, fut halé par son camarade, le second bras de la rivière franchi de la même façon que le premier, et nous prîmes possession de la rive droite de l'Ollachea. Là, tandis que les uns rendaient grâces au Seigneur de les avoir préservés du danger, les autres débarrassaient leur estomac de l'eau qu'ils avaient avalée en route.

La plage où nous venions d'aborder offrait la figure d'un arc dont la rivière formait la corde. La ligne des forêts en bordait la courbe, et un hymœnea touffu s'élevait au centre, pareil à un chou-fleur énorme. Comme le temps s'était rasséréné, l'idée nous vint, avant de continuer notre marche, d'ouvrir nos ballots et d'étaler pour les sécher nos hardes, nos hamacs et nos couvertures. Galimathias lui-même dépouilla sa tunique, les péons ôtèrent leurs vestes,

Les Indiens, leurs justaucorps à basques, et la plage prit en un moment l'aspect d'une vaste friperie.

Pendant que nous étions occupés de ces soins, les croassements d'un ara se firent entendre sur la rive opposée. Comme il était trois heures de l'après-midi, que le ciel était pur et le soleil brillant, ce bruit me parut assez insolite. Mes études à l'endroit des psyttacules, m'avaient appris depuis longtemps, qu'à moins de pressentir l'approche d'un orage, aras, perroquets et perruches n'élèvent la voix qu'au lever et au coucher du soleil. Le reste du jour ils recherchent l'ombre où ils se tiennent cois, tantôt sur une patte et tantôt sur une autre, rongeant une noix d'andirobe ou grignotant un drupe de palmier pour s'aiguiser le bec. J'étais en train de communiquer mes observations à Galimathias, qui, en qualité de chasseur, en reconnaissait toute la justesse, quand l'ara surnaturel nous apparut sous les traits de notre voleur de la matinée. Il s'avançait avec précaution, sur la rive gauche de l'Ollachea, examinant une à une les traces que nous avions laissées. Arrivé à l'endroit où nous avions effectué notre embarquement, les éclats de bois, les tronçons de lianes et le sol piétiné, lui révélèrent probablement ce qui s'était passé, car il jeta aussitôt les yeux sur l'autre rive, où il nous aperçut entourés de notre défroque. Aux cris qu'il poussa, une nuée de sauvages, hommes, femmes, enfants, sortirent des halliers. Nous en comptâmes trente-neuf. D'abord, ils s'assirent au bord de l'eau et se consultèrent entre eux, car ils avaient vu Perez prendre son fusil et en examiner la batterie, puis, comme ils comprirent qu'aucun danger ne les menaçait, la Panthère se détacha de la troupe, et nous adressant un geste suppliant, prononça distinctement le mot : Siruta.

Je pris par la lame l'objet demandé, et le présentant au Chuncho d'une main, je lui montrai de l'autre quelques peaux d'oiseaux, lui déclarant de la sorte mon intention de faire des échanges. Ce geste fut compris à l'instant par toute la troupe. Les sauvages se levèrent en désordre et se mirent à tourner sur eux-mêmes, la chevelure au vent, en criant : Siruta, siruta! puis, cet accès calmé, ils réunirent à la hâte tout ce qu'ils possédaient, simbos tissés, panissas de plumes, colliers de graines, peaux d'oiseaux, et me les montrant à leur tour avec des cris et des bonds prodigieux, pour me donner à entendre que mon désir était aussi le leur, ils remontèrent la berge en courant, jusqu'à ce qu'ils eussent dépassé le groupe de rochers qui divisait l'Ollachea en deux bras. Là, ils entrèrent dans l'eau, munis de leurs objets d'échange, qu'ils tenaient élevés au-dessus de leur tête pour ne pas les mouiller, et s'aidant pour nager de leur seul bras droit, commencèrent à couper la rivière en diagonale. L'agitation des vagues et le remou de l'écume, nous cachaient en partie leurs têtes et leurs épaules; nous n'apercevions que leur bras gauche, roide et immobile comme une tige de bronze, qui, soutenant les peaux d'oiseaux et les plumes multicolores, tranchait vivement sur la nappe blanche et produisait le plus piquant contraste.

Nous admirions encore l'audace, la grâce et la vigueur de ces hommes, que déjà ils avaient pris pied sur la rive droite, et, tout ruisselants, venaient nous presser dans leurs bras. En un instant, la pacotille dont ils s'étaient munis devint notre propriété. Quand leurs mains furent vides, nous leurs proposâmes de troquer leurs arcs et leurs flèches contre de nouveaux articles de quincaillerie. D'abord, ils hésitèrent, puis, après avoir pris conseil à cet égard d'un ancien de la troupe, ils se décidèrent à nous les livrer, mais non sans un certain regret. La possession de ces armes, à part certain mérite d'exécution que nous appréciions en amateurs, avait encore pour nous un autre avantage, celui d'ôter à l'ennemi les moyens de nous nuire, à supposer qu'il en eût l'intention.

Cependant, leur convoitise n'était pas encore satisfaite, et bien que chacun d'eux possédât un couteau et bon nombre de boutons, de grelots et autres bagatelles, ils continuaient de rôder autour des ballots, se montrant l'un l'autre, avec des gestes de ravissement, la ferraille qu'ils contenaient. Craignant qu'à l'exemple de la Panthère, ils ne succombassent à la tentation de voler quelque chose, je fis refermer les quépés, pratiquer de doubles nœuds aux cordes, et je priai les péons de s'asseoir dessus. Force fut aux sauvages de tourner leurs regards ailleurs. Nos vêtements, épars sur la plage, devinrent alors de leur part l'objet d'un examen approfondi ; ils en examinèrent tour à tour l'étoffe et la coupe, cherchant à s'expliquer leur utilité ; l'un d'eux ramassa un pantalon, et le comparant du regard avec les vestes que Perez et moi nous portions, il se mit en devoir d'y fourrer ses bras. La partie postérieure de ce vêtement, dont le Chuncho ne savait que faire, l'embarrassait énormément. Après bien des essais, voyant qu'aucune issue n'était offerte à sa tête, il rejeta le pantalon pour prendre un gilet de flanelle qui appartenait à Perez, et dans les manches duquel il se disposait à passer les jambes, quand notre ami, très-susceptible à l'endroit de sa garderobe, courut sus au Chuncho et lui arracha son gilet des mains d'un air courroucé.

Pendant cette scène, dont nos gens s'étaient amusés, une idée m'était venue, et, désirant la mettre sans retard à exécution, je fis réunir et empaqueter nos hardes, puis je priai Galimathias de réunir les Chunchos et de tâcher d'obtenir d'eux, qu'au lieu de bavarder, de rire et de gesticuler comme ils n'avaient cessé de le faire depuis leur arrivée, ils écoutassent attentivement ce que j'avais à leur communiquer. Quand je fus certain que nos sauvages étaient tout yeux et tout oreilles, je dis à l'interprète de s'adresser de préférence aux anciens de la troupe et de leur demander si leurs pères ne leur avaient jamais parlé d'une ville bâtie autrefois dans les environs par des Huayris espagnols, et que les Suchimanis et les Carangas de la rivière Inambari avaient incendiée. Cette question produisit l'effet d'une pierre lancée dans une mare à grenouilles. Tous les sauvages se démenaient, s'interrogeaient et se répondaient à la fois, et les mots : *Sacapa huayris Ipaños*, prononcés par eux avec un feu et une volubilité extrêmes, témoignaient clairement que l'histoire de San-Gavan et des chefs espagnols, transmise par les pères aux enfants, était connue de toutes les nations de ce territoire. Après m'être enquis des Suchimanis et des Carangas, qui, depuis un nombre d'années que les Chunchos ne pouvaient préciser , avaient quitté le pays compris entre l'Ollachea et l'Inambari pour aller s'établir sur la rive gauche du rio Guaporé, un des bras du Beni, où ils se trouvaient encore, je demandai à nos Siriniris, par l'intermédiaire de l'interprète, si l'emplacement de l'ancienne ville était bien éloigné, et dans quelle direction nous devions marcher pour l'atteindre. Tous les bras me désignèrent l'est-sud-est au lieu de l'est plein que je comptais suivre. La Panthère, en qualité de vieille connaissance, s'offrit sur-le-champ à nous y conduire; mais comme tous ses compagnons parlèrent de l'accompagner, l'idée de voyager avec cette bande de loups à nos trousses, me porta tout d'abord à refuser sa proposition. Cependant en réfléchissant aux avantages que je pouvais en retirer, et surtout à l'économie de temps et de fatigue, qui devait résulter pour nous de ce voyage fait en ligne directe, j'entrepris de renouer les négociations que mon refus avait interrompues. Après une discussion des plus animées, j'obtins des sauvages, que, sur vingt-six qu'ils étaient, vingt-deux retourneraient vers les femmes et les enfants qui les attendaient de l'autre côté de la rivière, et que trois de leurs anciens seulement, auxquels se joindrait la Panthère, resteraient avec nous pour nous accompagner. Chacun de ces guides devait recevoir une hache à titre de payement, et, à notre retour, une nouvelle distribution de couteaux serait faite à ceux de leurs amis que nous n'emmenions pas. Au moment de s'exécuter, quelques Chunchos, malgré l'adhésion de la majorité, tentèrent de protester contre l'ostracisme qui les frappait; mais les vieillards, séduits par l'appât d'une hache, trésor inestimable aux yeux d'un sauvage, usèrent de leur influence morale et de l'autorité que leur donnait leur âge, pour engager les opposants à accepter nos conditions. Après des adieux et des pourparlers, entre ceux qui allaient partir et ceux qui devaient les attendre, le gros de la troupe siriniri retourna du côté de la rivière, et nous entrâmes dans la forêt, escortés par nos nouveaux guides. Deux d'entre eux, avaient déjà passé leur bras sous celui de Galimathias, et le troisième cherchait à capter la bienveillance de nos porteurs, qui l'envoyaient au diable et l'accablaient d'injures dans leur langue, que le sauvage ne comprenait pas. Quant à la Panthère, rebuté par Perez, qui avait sur le cœur la tentative de vol faite sur ses chaussettes, il s'était rapproché de moi d'un air souriant, et, pour répondre à la sympathie qu'il me témoignait, je lui avais placé sur le dos mes sacoches de voyage et mis mon carton à dessin sous le bras.

Aucun sentier n'était tracé dans la forêt, où les péons nous frayaient un passage à l'aide de leurs couteaux. Les sauvages, habitués à cheminer dans ce dédale inextricable, s'étonnaient de nous voir abattre les lianes et les branchages, quand eux se contentaient de les écarter de la main et de les laisser retomber derrière eux. Leur marche, contrariée à chaque pas par ces obstacles végétaux, n'en était pas moins d'une rectitude parfaite, et l'aiguille de la boussole, que je consultais quelquefois au grand ébahissement de la Panthère, que sa mobilité intriguait fort, ne s'était pas écartée de l'est-sud-est, depuis que nous avions quitté la plage.

Les teintes des fourrés qui allaient s'assombrissant, nous avertirent que le soleil baissait à l'horizon, et que la nuit ne tarderait pas à nous surprendre. Camper dans la forêt au lieu de bivaquer sur la plage, n'était qu'un incident vulgaire auquel je ne m'arrêtais pas, mais ne pas souper me semblait un cas d'autant plus sérieux que la digestion des sabalos du déjeuner était faite à cette heure, et que les émotions de la traversée, le bain froid pris dans la rivière et mes pourparlers avec les Chunchos, m'avaient singulièrement ouvert l'appétit. Avant que la nuit fût venue, j'appelai Galimathias, et, après lui avoir exposé notre détresse, je l'engageai à s'en ouvrir sans fausse honte à nos sauvages, qui, habitués à vivre au milieu des bois, devaient avoir, pour se procurer des aliments, des expédients à nous inconnus.

Les Chunchos n'eurent pas plutôt su que nous avions le ventre creux, et que nous serions charmés de le remplir, qu'ils nous donnèrent pour conseil de ne pas passer outre et d'établir le campement à l'endroit où nous nous trouvions. Pendant que nous nous mettions en devoir d'obéir, en débarrassant le site de ses broussailles, chacun de nos conseillers prit aux mains des porteurs un arc et quelques flèches, et comme Galimathias manifestait l'intention de les accompagner, la Panthère lui fit signe de venir avec lui, pendant que ses compagnons prenaient une direction opposée. Notre premier soin, après avoir suspendu nos hamacs, fut de nous approvisionner de combustible et d'allumer un grand feu, dans le double but de combattre l'humidité et d'éloigner les tigres. Cinq coups de feu, qui retentirent successivement dans la forêt, nous apprirent que la Providence veillait sur nous, et, comme aux petits oiseaux, nous préparait une pâture. Notre attente ne fut pas trompée ; au moment où le crépuscule allait faire place à la nuit, nos cinq pourvoyeurs reparurent, chargés de viande, de gibier et de fruits. La viande était représentée par un singe hurleur, au pelage roux et à la figure satanique, comme l'indiquait son nom de *Simia Belzébuth;* le gibier consistait en huit hoccos à caroncules rouges, et en cinq perdrix du genre *Inambu*, et les fruits se composaient d'anones, de grenadilles et des prunes visqueuses, mais exquises, du *Paulinia sorbilis.* Ce menu, friand et instructif à la fois, fut préparé en toute hâte et dévoré avec le même empressement. Le souper fini, chacun s'arrangea de son mieux pour passer la nuit. Seuls, les sauvages, accroupis près du feu qu'ils alimentaient, causèrent entre eux au lieu de dormir.

L'aurore nous trouva sur pied et prêts à nous mettre en marche. Nous prîmes la même direction que la veille, et tout en suçant des drupes de palmier ou des fruits sylvestres, que nos guides savaient découvrir là où je n'apercevais pas seulement l'arbre qui les portait, nous atteignîmes, entre onze heures et midi, un endroit où les arbres, tout aussi corpulents que ceux que nous avions vus jusqu'alors, mais beaucoup plus espacés entre eux, formaient comme une clairière d'à peu près une demilieue de circuit, au delà de laquelle recommençait la forêt primitive. Les rayons du soleil, traversant par places le feuillage de ces arbres, composés pour la plupart de laurinées, de mimoses à longues siliques et de césalpinas, dessinaient çà et là de grands trapèzes lumineux. Ce qui donnait au site une physionomie particulière, c'était l'étrange inégalité des terrains, qu'on eût crus bouleversés par quelque commotion volcanique. Nous en fûmes d'autant plus frappés, que depuis notre entrée dans la forêt, le sol, recouvert de mousse et de détritus, ne nous avait offert qu'une surface à peu près plane.

Aussitôt arrivés, les sauvages avaient fait choix d'une place à leur convenance et s'étaient assis, sans s'enquérir si notre intention était de faire halte. En me rappelant qu'ils avaient passé la nuit à parler au lieu de dormir, je compris qu'ils devaient être fatigués, et je les laissai prendre un moment de repos. Au bout d'une demi-heure, les voyant toujours immobiles, je leur fis demander par Galimathias s'ils s'étaient suffisamment délassés ou s'ils comptaient se délasser longtemps encore. Ils répondirent en souriant, à l'interprète, qu'ils n'avaient jamais été plus dispos, mais que, ne sachant pas si mon intention était de m'arrêter à San-Gavan, que nous venions d'atteindre, ou de pousser plus loin, ils avaient pris le parti de s'asseoir pour attendre plus commodédément ce que je déciderais à cet égard. D'abord, je crus que la traduction de Galimathias était inexacte ou que j'avais mal compris ce qu'il me disait; mais quand il eut de nouveau interrogé les sauvages et que ceux-ci lui eurent répété que nous étions sur l'emplacement même de San-Gavan, il n'y eut plus moyen de douter, quelque envie que j'en eusse encore. Machinalement, je jetai les yeux autour de moi pour trouver une attestation du passé, une ruine, un débris, une pierre; je ne vis que de la mousse et du détritus, et de grands arbres dont le feuillage tamisait la lumière. Rien n'existait plus du travail de l'homme; le temps et la destruction avaient fait leur œuvre, et l'alluvion, comme une marée montante, avait tout recouvert sous son niveau. J'avoue qu'à ce moment je maudis de tout mon cœur la sotte curiosité qui m'avait poussé à traverser monts et vallées, rivières et forêts, à souffrir du chaud, de la fatigue et de la faim, et cela sur la foi de je ne sais quel récit apocryphe. En me rappelant avec amertume ma chambre si close et mon jardin planté de capulis, et mes vieux livres et mes amis, qui probablement riaient, à cette heure, de ma simplicité, je me demandai quelle folie m'avait entraîné loin d'eux et dans quel but j'étais venu ici; heureusement, au moment où je m'adressais cette question, je levai la tête, et mes yeux se portèrent sur ce désert immense et cet horizon embrasé, sur ces troncs séculaires brodés de plantes et de lianes, sur ces profondeurs lumineuses au delà desquelles recommençait la forêt vierge et ses mille surprises; je regard notre troupe à l'allure si pittoresque, et les Chunchos nus et bronzés, et toute cette nature étrange et primitive qu'on ne voit qu'en rêve et qui donne aux descriptions que font d'elle les voyageurs, l'attrait merveilleux d'un conte de fées, et je trouvai qu'au bout du compte tout cela valait bien la peine de quitter son fauteuil et d'interrompre sa lecture, et compensait suffisamment la perte de quelques moellons ou de pieux charbonnés que j'avais cru trouver à San-Gavan.

Désireux d'examiner l'emplacement *ubi Troja fuit* et d'explorer ses alentours, je priai Galimathias d'annoncer à nos guides que j'y passerais la journée. Ils ne trouvèrent rien à redire à cette décision, sinon qu'ils seraient charmés d'être en possession de la hache qu'on leur avait promise à titre de salaire, demande qui, de leur part, me parut trop juste pour que je n'y satisfisse pas sur-le-champ. Comme ils paraissaient enchantés du morceau de fer de Biscaye que je venais de leur remettre, je tirai parti de

la circonstance pour les prier de pourvoir à notre
déjeuner et de faire en sorte qu'il ne fût pas inférieur au souper de la veille, ce à quoi ils souscrivi-
rent de très-bonne grâce. Seulement, comme Galimathias se disposait à les accompagner, la Panthère
lui fit observer que son tasa-tasa (fusil), pour un
oiseau qu'il tuait, effrayait tous les autres; qu'en
conséquence il valait mieux qu'il chassât seul de
son côté, pendant que lui et ses amis chasseraient
du leur. Galimathias consentit sans peine à cet arrangement, et Perez, s'étant mis dans l'idée de le
suivre, tous deux, allongeant le pas, disparurent
bientôt sous bois.

Resté seul avec nos gens, je pris un crayon et une
feuille blanche, et les laissant allumer du feu et
préparer les broches, je m'avançai à travers la
clairière, examinant le sol, arrachant les mousses,
fouillant le détritus, interrogeant un à un les accidents du site, et cherchant à y lire les secrets du
passé; mais je me rebutai bientôt de cette tâche; le
palimpseste était indéchiffrable et le travail de la
nature déguisait si bien celui de l'homme, qu'on
n'eût jamais pu croire qu'une ville eût existé là, et
qu'une population nombreuse l'eût habitée pendant
deux siècles.

Si je ne constatai la présence d'aucun débris qui
rappelât l'homme ou son œuvre, en revanche je découvris entre les deux branches d'un *cardiospermum,*

et comme un memento placé sur les ruines et les
tombes que le sol recouvrait, la plus admirable
fleur que le ciel eût jamais créée. C'était un orchis
épyphite de la tribu des *vandex* et du genre *oncidium*. Sa tige florale, mince, brune et luisante, haute
de sept pieds et ramifiée à son extrémité, s'élançait
d'une touffe de feuilles circinées, d'un beau vert
sombre, tacheté de rouille. Cinq fleurs, en figure de
papillon posé sur trois sépales carminés, tremblaient
à l'extrémité des rameaux qu'elles semblaient toucher à peine. Le périanthe de la fleur, qui formait la
tête de l'insecte, était d'un orange vif, strié de pourpre brun; son labelle, d'un blanc d'ivoire zébré de
jaune, en figurait le corps; les ailes étaient re-
présentées par deux pétales latéraux d'un azur céleste, tiqueté de blanc et de bleu foncé avec une
large macule pourpre à la base. Le pétale inférieur
disparaissait sous le prolongement du labelle, qui,
s'effilant en deux lanières d'un bleu sombre, frangé
de blanc, donnait à cette fleur l'apparence fourchue
du *lepidopterus aciculus* ou papillon aiguille. Puis,
comme si le splendide orchis, large de trois pouces,
n'eût pas eu assez de sa beauté hors ligne, il exhalait
encore une forte odeur de jonquille. Comme je ne
l'avais jamais aperçu derrière le vitrage d'une serre,
ni vu figurer parmi les six cents variétés d'orchis
déjà cataloguées, j'usai de mon droit de conquête
pour lui imposer le nom d'*oncidium sangabaneum*,

en souvenir du lieu où je l'avais trouvé et de la catastrophe qu'il était censé rappeler.

Après avoir détaché la plante de son arbre natal, en mettant à cette opération tous les soins possibles, j'enveloppai ses bulbes et ses racines dans de la mousse, espérant la conserver à la science, et je retournai vers le campement où nos gens, en attendant le déjeuner, bâillaient à se démonter la mâchoire. Perez et Galimathias ne tardèrent pas à nous y rejoindre, rapportant pour tout butin un écureuil gris et deux ramphastos, que nous nous mîmes en devoir d'apprêter. Je comptais sur l'adresse de nos Chunchos pour augmenter cette maigre provende, mais deux heures se passèrent, et nos pourvoyeurs n'ayant pas encore reparu, je donnai le signal de l'attaque en écartelant l'écureuil que nous étions trois à manger, pendant que les péons et les porteurs se partageaient les deux toucans.

La dernière patte du rongeur venait de disparaître, broyée sous la dent de Galimathias, lorsqu'un de ces cris collectifs, comme on n'en entend que dans les romans de Cooper et qui n'ont d'orthographe dans aucune langue humaine, retentit sous bois à cent pas de là. Toutes les têtes se tournèrent simultanément dans la direction d'où venait le bruit; un détachement de sauvages, l'arc en main, la panissa au front, accompagnés de femmes et d'enfants, accouraient vers nous au pas gymnastique. A peine eûmes-nous le temps de les examiner que déjà nous étions serrés dans leurs bras, secoués, ballottés, au milieu des cris, des rires et des interpellations les plus véhémentes. Je cherchai parmi ces inconnus la Panthère et ses compagnons, pensant avec raison que c'étaient eux qui nous avaient ménagé cette agréable surprise, mais je ne les aperçus pas. Toute mon attention d'ailleurs était sollicitée par les réclamations des survenants et la phrase *siruta inta menea* (donne-moi un couteau) hurlée à nos oreilles. Chacun de nous avait au moins six Chunchos à ses trousses, sans compter les femmes et les enfants qui, cette fois, s'étaient mis de la partie et nous tiraient par nos vêtements, tandis que leurs chiens aboyaient après nous. Assourdis par ces clameurs, palpés, tiraillés de tous les côtés, nous nous vîmes obligés de jouer des poings pour nous dégager des étreintes de cette cohue. Nos gestes un peu brusques et l'expression de nos physionomies durent révéler aux sauvages que leurs façons d'agir ne nous convenaient pas, car ils s'écartèrent un peu pour nous laisser reprendre haleine; mais pendant qu'une vingtaine d'entre eux nous entouraient, d'autres s'acharnaient après les Indiens et tentaient de leur enlever leurs ballots. Un coup d'œil nous révéla la gravité du péril et l'urgence d'un prompt secours. Rompant la chaîne vivante qui nous entourait, nous courûmes prêter

main-forte à nos porteurs, que la peur avait para-
lysés. Cette brusque sortie occasionna un moment
de tumulte et de confusion dont quelques sauvages
profitèrent pour s'emparer de ce qui leur tomba
sous la main. Une paire de bottines appartenant à
Perez et la couverture de laine de l'interprète, disparurent dans la bagarre, ainsi que deux haches et
quelques couteaux. Aux cris que nous poussâmes
en feignant d'armer nos fusils et de mettre en joue
ces voleurs, ils s'enfuirent à l'autre bout de la clairière, mais moins par la frayeur de nos armes que
pour juger de la valeur des objets qu'ils venaient de
s'approprier et qu'ils nous montraient de loin en
riant, comme pour nous narguer.

Je profitai du moment de répit que nous donnaient les Chunchos pour rétablir l'ordre dans nos
bagages. Une douleur aiguë m'atteignit au cœur en
retrouvant à l'état de litière mon splendide oncidium, que ces misérables avaient écrasé sous leurs
pieds. Je ramassai, les yeux pleins de larmes, cet
échantillon unique en son genre, peut-être, de la
flore de San-Gavan, et le montrant à Perez, j'essayai de lui faire comprendre la gravité de cette
perte. Quand j'eus fini, il me répondit d'un air dégagé, qu'en fait de goûts et de couleurs il était difficile de disputer et plus difficile encore de s'entendre, mais que lui, Perez, donnerait tous les oncidium
du monde pour la paire de bottines presque neuves

qu'on lui avait volée. L'indifférence de notre ami en matière de botanique me blessa vivement, et je le quittai pour faire sangler nos ballots. Comme les porteurs les chargeaient sur leur dos, je m'aperçus que plusieurs de ces malheureux n'avaient plus de casaques ni de montera ; au même instant, Galima-thias constatait avec une imprécation de rage la disparition de son briquet, qu'une main agile avait retiré du fourreau. Point ne fut besoin de s'enquérir où ces objets étaient passés. Désagréablement ému par cette scène de pillage, je donnai sur-le-champ le signal du départ, et, pour éviter de passer devant nos voleurs, nous laissâmes le nord et prîmes au sud pour gagner les plages de l'Ollachea. En nous voyant battre en retraite, les Chunchos renvoyèrent les femmes et les enfants et se mirent à nous suivre à distance. Cette manœuvre ne laissa pas que de m'inquiéter. Mais, résolu à faire bonne contenance, j'eus l'air de ne pas m'en apercevoir ; seulement, j'engageai nos gens à presser le pas. Deux ou trois fois il m'arriva de tourner la tête pour observer les mouvements des sauvages, et chaque fois ils m'adressèrent spontanément un geste d'amitié accompagné d'éclats de rire.

Toujours escortés par les Siriniris, nous atteignîmes, après une demi-heure de marche, un endroit de la forêt où de grands arbres, déracinés par la dernière tempête, étaient couchés comme des épis mûrs. Cet obstacle, qui nous arrêta un moment, donna à l'ennemi le temps de nous rejoindre. Comme je ne voulais pas avoir l'air de fuir, je donnai l'ordre de faire halte ; nous nous assîmes, et feignant une grande liberté d'esprit, nous nous mîmes à parler entre nous en affectant de ne pas regarder du côté des Chunchos, qui se rapprochèrent insensiblement, et finirent par faire cercle autour de nous. Bientôt, une voix prononça le mot siruta, puis toute la troupe le répéta en chœur. Le tumulte et l'animation allèrent croissant. Dix minutes n'étaient pas écoulées, que de nouveau nous étions assiégés, débordés, culbutés. Les sauvages, criant à qui plus fort et s'excitant l'un l'autre, se jetaient sur nos ballots comme des tigres sur une proie, en défaisaient les cordes et s'emparaient immédiatement de leur contenu. Nos porteurs, épouvantés, avaient pris la fuite et étaient allés se poster à cent pas de là, d'où ils regardaient les Chunchos accomplir leur œuvre. Les péons tremblaient de tous leurs membres. Perez baissait la tête, et Galimathias semblait consterné. A ce moment, j'aperçus, se retirant de la mêlée, notre ex-guide la Panthère, reconnaissable à son corps moucheté. Le misérable, au mépris de la foi jurée, emportait un hamac et quelques chemises. L'idée de lui envoyer une balle à travers le corps me passa par l'esprit, mais outre que depuis trois jours mon fusil était déchargé, cet acte de violence, si je l'eusse accompli, eût eu pour nous les plus terribles conséquences. Je laissai donc le voleur fuir tranquillement avec son butin.

Ce qui donnait à cette scène de pillage un cachet tout particulier, c'est qu'elle n'était accompagnée d'aucune des voies de fait ou manifestations brutales qui caractérisent d'habitude les scènes de ce genre. Les Chunchos riaient autant qu'ils criaient en tirant à eux, et nous dévalisaient pour ainsi dire en plaisantant. Leur razzia faite, ils s'enfuyaient à toutes jambes dans la forêt.

Nous fûmes quelques minutes à reprendre nos sens. Un silence si profond avait succédé à tant de vacarme, que nous eussions pu croire que ce qui venait de se passer n'était qu'un rêve, si nos ballots, ouverts et vides, ne nous eussent attesté le contraire. L'interprète fut le premier qui recouvra l'usage de la parole. « Les canailles! » s'écria-t-il en montrant le poing à l'endroit par où les sauvages s'étaient enfuis. La situation était triste ; mais comme après tout nous ne comptions ni mort ni blessés, que le voyage était terminé, et que pour nous procurer les vivres nécessaires au retour, il nous restait encore des hameçons, nos fusils et nos couteaux de chasse, nous nous dîmes, comme Gringoire, qu'au lieu d'être tombé sur le dos nous aurions pu tomber sur la tête, ce qui eût été pis, et cette considération philosophique, posée comme un premier appareil

sur nos blessures, nous soulagea un peu. Nous hélâmes nos porteurs, qui se tenaient toujours à distance, et joignant à notre batterie de cuisine, que
les sauvages avaient dédaignée, le peu d'effets qu'ils
avaient oublié de nous voler, nous prîmes notre
course dans une direction diamétralement opposée
à celle qu'ils avaient suivie. Perez, dont l'émotion
semblait avoir figé le sang et qui ne revint à lui
qu'après une heure de marche, m'avoua qu'il avait
cru toucher à sa dernière heure et s'était imaginé
que les Chunchos allaient l'immoler sur les lieux
mêmes où, jadis, avaient été massacrés ses compatriotes.

Durant tout le jour, nous allâmes au pas de
charge, indifférents à la fatigue et à la faim, et
n'ayant qu'une idée, celle de mettre entre nous et
l'ennemi le plus grand espace possible. Du sud, nous
étions passés insensiblement au sud-ouest, puis
enfin à l'ouest plein, qui devait nous ramener sur
les plages de l'Ollachea, à quelques lieues en amont
de l'endroit où nous l'avions traversé deux jours
auparavant. Son approche nous fut révélée par certain mouvement des terrains. Bientôt nous atteignîmes une de ces lomas ou coteaux bas, dans le
genre de ceux que nous avions relevés en longeant
les rives du Ccoñi. Comme le jour allait finir, nous
convînmes de nous y arrêter pour passer la nuit. A
l'aide de nos couteaux, nous nous frayâmes un passage

au travers des buissons et des plantes grimpantes, dont les versants de la loma étaient tapissés. Parvenus à son sommet, nous nous trouvâmes au milieu d'une étroite clairière, entourée d'arbres de moyenne hauteur. Assis sur la mousse et le détritus, dont l'humidité froide ne tarda pas à nous pénétrer, n'ayant absolument rien à mettre sous la dent, et n'osant pas allumer de feu dans la crainte de révéler à l'ennemi le lieu de notre retraite, nous essayâmes de tromper le froid et la faim, en nous rappelant mutuellement les divers épisodes de la journée. Cette conversation à voix basse dura jusqu'à ce que, la fatigue venant à l'emporter, nous nous appuyâmes les uns contre les autres, et, enveloppés tant bien que mal dans les chiffons qui nous restaient, nous tombâmes dans un engourdissement profond.

La nuit allait finir, et nous dormions encore, quand une de ces clameurs qui commençaient à nous devenir familières, bien qu'elles nous fissent toujours tressaillir, retentit si brusquement à nos oreilles, que chacun de nous fit un bond qui le remit sur son séant. Aux lueurs grisâtres de l'aube apparaissait, entre les arbres, une double rangée de têtes railleuses et grimaçantes; nous ne pouvions voir les corps auxquels elles appartenaient, cachés qu'ils étaient par la pente brusque de la loma. Nous reconnûmes les démons acharnés à notre poursuite.

D'un saut, ils furent près de nous. Bientôt leurs chuchotements étouffés et le mot *siruta* prononcé par l'un d'eux, nous apprirent que l'action était engagée. Dans la troupe se trouvaient quelques inconnus, qui, n'ayant pas pris part au pillage de la veille, n'avaient ni haches ni couteaux, et criaient à nous rendre sourds. Pour les obliger à se taire, Galimathias déroula la toile des ballots, et, la leur montrant vide et flasque, leur dit qu'il ne nous restait rien qui pût leur être offert; qu'en conséquence, ils n'insistassent plus et nous laissassent le champ libre. Ces paroles de l'interprète furent accueillies par des hurlements et des soubresauts tels, que je crus à mon tour, comme Perez l'avait cru la veille, que notre dernière heure était venue. Un de ces inconnus, jeune gars de vingt ans, taillé en athlète, zébré de rouge et de noir de la tête aux pieds, et qui, à lui seul, hurlait plus fort que dix des autres, se détourna d'un air colère, prit des mains d'un de ses camarades une brassée de lianes fraîches et les jeta à nos pieds d'un air d'arrogance et de mépris singuliers. Galimathias ramassa un de ces tronçons et se mit à l'examiner, sans trop savoir de quoi il s'agissait. Quant à moi, je l'avais déjà deviné; ces lianes étaient celles que nous avions abattues la veille au soir pour nous frayer un passage au sommet de la loma, et comme l'interprète venait d'affirmer que nous n'avions plus de couteaux, les sauvages qui nous tenaient sur la sellette, nous prouvaient le contraire en mettant sous nos yeux ces lianes coupées, comme pièces de conviction. En trois mots, j'expliquai la chose à Galimathias, et, me souciant peu de laisser aux mains des Chunchos le couteau tolédan à manche de nacre que je portais à ma ceinture, je le retirai adroitement de sa gaîne et je parvins à le glisser sous moi, sans avoir éveillé leur attention. Comme je m'y attendais, nous fûmes fouillés l'un après l'autre, et mes compagnons, pris au dépourvu, se virent immédiatement débarrassés de leurs couteaux, à la grande joie des Chunchos, dont les rires se changèrent alors en huées.

Bien persuadés à cette heure que nous ne possédions plus rien dont ils pussent faire leur profit, et nos fusils leur paraissant des instruments aussi dangereux qu'inutiles, ils passèrent de la visite de nos bagages à l'examen de nos personnes, et le jugement qu'ils en portèrent fut accompagné de prodigieux éclats de rire. Je ne doutai pas un instant qu'après nous avoir dépouillés ils ne se moquassent de nous, et bien que la chose fût profondément humiliante en soi, mieux valait, à tout prendre, être l'objet des railleries de ces coquins, que de servir de but à leurs flèches. Comme ils parlaient tous à la fois, et avec une volubilité extrême, Galimathias ne pouvait saisir que des lambeaux de phrases, qu'il me traduisait à voix basse, et qui me permettaient de juger, jusqu'à certain point, de l'esprit naturel dont leurs saillies étaient assaisonnées. Perez, avec sa barbe et ses cheveux déjà gris, était, suivant eux, le *Huatini Huayri* ou vieux chef de notre troupe. Ils le comparaient irrévérencieusement à un *Incli Makana*, grand singe à fourrure grise du genre des alouates. Galimathias, avec ses vêtements de laine et son visage rougi par le hâle, était un *Ouatimi*, espèce de sapajou à face colorée; et ma qualité de *Huahua Huayri*, ou de jeune chef, ne m'empêchait pas d'être traité de *Lulu* (écureuil), à cause de ma pétulance, et de *Maki Sapa* (singe du genre ouistiti), en raison du développement de ma barbe et de mes cheveux. Quant aux péons et aux porteurs, que les Chunchos qualifiaient dédaigneusement de *Hiandamba* (la plèbe), s'ils avaient pu pousser la condescendance jusqu'à les débarrasser de leurs habits, ils ne les jugeaient pas dignes d'être caractérisés par une épithète.

Excités par les plaisanteries qu'ils nous prodiguaient à l'envi, et que nous supportions, au reste, avec un sang-froid tout philosophique, les sauvages ne s'en tinrent pas aux paroles, et, trouvant nos visages pâles comparativement aux leurs, ils imaginèrent de nous les peindre. Cette proposition, émise par le jeune drôle à qui nous devions la perte de nos derniers couteaux, obtint l'assentiment de toute la bande. Il se fit donner une amande de rocou, en retira les graines qu'il mit dans le creux de sa main et cracha dessus pour les délayer. Cela fait, il s'approcha de Galimathias, qui, devinant son intention, allongea le cou d'un air résigné. A l'aide de son doigt, qu'il trempa dans le cosmétique et dont il se servit comme d'un pinceau, le Chuncho dessina sur le visage de l'interprète les plus folâtres arabesques ; puis vint le tour de Perez, dont les yeux furent cerclés de lunettes rouges, sans préjudice de deux volutes aux commissures des lèvres. Grâce à ma barbe, qui contrariait le jeu du pinceau, j'en fus quitte pour un double V sur le front et une balafre sur chaque tempe. Après nous avoir ri au nez tout à leur aise, nos mystificateurs, voyant qu'ils perdaient leur temps avec nous, prirent le parti de se retirer; mais auparavant ils grappillèrent çà et là quelques menus objets, s'emparèrent d'une baguette de fusil et d'un paquet de cordes, et descendirent enfin la loma à reculons, en nous saluant de la main et nous criant plusieurs fois *eminiki* (je pars). Nous restâmes immobiles pendant près d'un quart d'heure, n'osant croire encore que nous fussions débarrassés de ces mécréants, que nous nous attendions toujours à voir reparaître. Galimathias, s'étant avancé au bord de la loma, nous annonça qu'ils s'étaient enfin retirés. D'un bond, nous fûmes sur pied, et, nous laissant glisser au bas de l'éminence, nous nous enfonçâmes dans la forêt. Là, notre marche prit le caractère d'une déroute; ce fut

un sauve-qui-peut général ; nous nous précipitions
en aveugles à travers les halliers et les broussailles,
sans nous embarrasser de laisser après leurs épines
des lambeaux de nos vêtements ou de notre chair.
Cette course effarée dura jusqu'à midi, où nous débouchâmes sur une plage de l'Ollachea. Cachés sous
un couvert de plantes grimpantes, où nous nous
étions glissés comme des lézards, nous tînmes conseil avec l'interprète, pendant que nos braves péons,
marchant à quatre pattes pour n'être pas vus de
l'ennemi que nous nous figurions avoir toujours
derrière nous, allaient recueillir quelques fruits
sauvages et les racines tuberculeuses d'un oxalis,
que nous mangions faute de mieux. Après une
heure de repos, nous reprenions notre course, et,
pour dépister les sauvages, trois fois dans la journée nous passions de la plage dans la forêt. A quatre heures, un tronc de bois flotté, trouvé sur une
plage, et que les péons attachèrent à une liane, nous
permit de passer de la rive droite de l'Ollachea sur
sa rive gauche, que nous quittâmes pour prendre la
forêt. Aux approches du soir, nous nous arrêtions à
demi-morts de lassitude, cherchant sous la futaie
un endroit pour camper. Notre malheur, quoique
grand, eût encore été supportable, sans un maudit
orage qui se forma dans le ciel vers la fin de l'après-
midi et éclata sur nos têtes après le soleil couché.
La pluie tomba jusqu'à dix heures. Transis et pelo-

tonnés sur nous-mêmes, sans abri, sans feu, le ventre vide et l'esprit obsédé de visions funèbres, il ne nous fut pas possible de fermer l'œil, quelque envie que nous en eussions. Nous passâmes la nuit à gémir et à chuchoter.

Le lendemain, au moment de partir, Galimathias s'aperçut que sa poire à poudre était débouchée et la provision qu'elle contenait, réduite à l'état de bouillie. Chacun de nous, rappelé par cette perte au sentiment de sa propre détresse, jeta les yeux sur soi. Perez constata que ses jambes étaient enflées jusqu'au genou. De mon côté, je m'aperçus que j'avais le corps littéralement labouré par les épines, que mes coudes et mes rotules se faisaient jour par les déchirures de mes vêtements, et qu'un de mes souliers était resté dans la rivière. Les péons avaient les mains ensanglantées et les pieds dans un état déplorable. Quant aux Indiens, les uns étaient sans justaucorps et les autres sans monteras. Leurs longues tresses s'étaient dénouées et éparpillées dans le trajet, et ce malheureux ornement de leur chef, comme dit Racine, gardait la trace de tous les buissons auxquels il s'était accroché.

Ce jour-là, comme le suivant, nous vécûmes de baies sauvages et de racines d'oxalis, récoltées en marchant et digérées aussitôt qu'absorbées. Les halliers nous offrirent quelques grenadilles et des karatas, petits ananas sauvages, dont l'acidité corro-

sive nous mettait en sang la bouche et les gencives.
Les bords de la rivière d'Ayapata, que nous traversâmes assez avant dans l'intérieur de sa vallée,
abondaient en mûres et en goyaves, dont nous rem-
plîmes nos poches et nos mouchoirs. Le surlende-
main, nous passions à gué la rivière d'Asaroma, qui
nous remit en mémoire la première traversée que
nous en avions faite sur le dos des Siriniris, et vers
le soir nous atteignions le côté sud des Camantis
dont nous avions relevé le double sommet dans la
matinée. Là, nous commençâmes à nous croire en
sûreté, et, comme une manifestation de la joie que
nous éprouvions, nous nous empressâmes d'allumer
du feu, dont nous étions privés depuis trois jours.
Nous cherchâmes ensuite quelque chose à cuire. Les
porteurs ramassèrent des limaçons, les péons dé-
couvrirent un groupe de palmiers ; malheureusement nous n'avions plus de haches pour les abattre,
et, comme le renard de La Fontaine, nous en aurions été réduits à les trouver trop verts, si un des
péons ne se fût avisé de fabriquer un cerceau avec
une liane, d'en entourer le stipe d'un des palmiers
et de monter sur l'arbre à la façon des nègres. Mon
couteau, le seul qui fût resté, servit à en couper le
bourgeon terminal, et comme l'opération nous avait
réussi, nous la répétâmes sur plusieurs arbres, et
nous eûmes de quoi souper.

Le lendemain, en continuant notre marche dans

la direction du rio Garote, célèbre par la fin tragique
de Goïcuro, un des porteurs aperçut dans l'ombre du
fourré un objet bizarre qu'il prit pour un rouleau
de câbles, mais que l'interprète reconnut sur-le-
champ pour un constrictor de la grande espèce, qui,
lové sur lui-même, dormait paisiblement. J'opinai
pour qu'on laissât la bête en repos, ne me souciant
pas d'avoir maille à partir avec elle; mais Galimathias prétendit que la chair du reptile était excellente, et que sa peau squammeuse lui servirait à fabriquer des gaînes de couteaux. Ce disant, il prit à deux
mains un arc de sauvage en bois de palmier, qui lui
servait à assurer sa marche, et le brandissant comme
une massue, il en asséna un coup terrible au mons-
tre, qui se déroula brusquement. D'un bond, nous
sautâmes à trente pas. Sans s'effrayer des démons-
trations hostiles de l'animal qui le menaçait de sa
gueule béante en cherchant à s'assurer sur sa colonne vertébrale brisée, Galimathias-Apollon redou-
bla la furie de ses coups. Bientôt le serpent ne bougea
plus. Nous nous rapprochâmes alors pour l'examiner. C'était un python molure particulier à ces latitudes, d'une nuance marron clair, sans taches ni
zébrures, et dont les écailles avaient une grandeur
inusitée. L'animal mesurait un peu plus de dix-neuf
pieds, et sa circonférence au milieu du corps donnait
quatorze pouces. Une pareille capture était un bien-
fait de la Providence. Nous nous décidâmes à faire

halte pour allumer du feu. Python fut écorché comme une simple anguille, sa tête abandonnée comme un morceau de rebut, et son corps, détaillé en tronçons, cuisit bientôt dans la marmite. Je recommande en passant aux gourmets ce court-bouillon d'ophidien, qui ne me parut ni meilleur ni pire que la couleuvre à collier que mangent les paysans du midi de la France, et le congre, dit anguille de mer, qu'on vend sur nos marchés.

Ce jour-là nous allâmes camper, quand le soir fut venu, sous l'ajoupa d'où les Indiens s'étaient enfuis pour échapper à la dent des tigres. Aguerris contre la crainte, par les dangers qu'ils avaient courus depuis, ils ne purent s'empêcher de sourire de leur pusillanimité passée à l'endroit des félins, avec lesquels ils pariaient à cette heure de jouer à la main chaude. Nous n'eûmes, pour posséder un excellent abri, qu'à rétablir nos toits de feuilles, un peu endommagés par le vent et la pluie, et nous pêchâmes trois poissons, dont nous fîmes dix-sept parts égales, ignorant le secret de leur multiplication, qu'avait possédé le Sauveur.

Le lendemain, nous saluâmes Maniri, témoin de l'infernale douche que nous avions subie et des coups de crosse de fusil que les porteurs avaient reçus. Des marches forcées, entrecoupées de tiraillements d'estomac, nous conduisirent à Sausipata, où nous dévorâmes en passant les fruits verts du go-

bernador, puis à Miraflores, proprieté de l'interprète, où nous nous reposâmes pendant tout un
jour. Entre Miraflores et Corrégidor, nous entrâmes
de nouveau dans la région fangeuse où le souvenir
de nos chutes sans nombre était inscrit à chaque pas.
Cette fois, nous la parcourûmes sans faire une seule
glissade et sans nous plaindre de la chaleur, de la
pluie ou du vent. L'habitude de la marche et des
privations nous avait aguerris contre la fatigue. Nos
yeux, familiarisés avec les distances, plongeaient au
fond des gouffres sans crainte du vertige, et les
casse-cou et les échelles suspendues n'étaient plus
pour nous que des jeux d'enfants. C'est dans ces dispositions que nous atteignîmes l'escarpolette de
San-Pedro, que nous avions traversée à la façon des
limaces, et que nos porteurs franchirent comme
nous, en véritables acrobates, la tête haute et le jar-
ret tendu. Nous passâmes la nuit sous le hangar de
San-Pedro, où tout gardait encore la trace de la
cuisson du pécari, et, partis avec l'aurore, nous arrivâmes à Thyo au coucher du soleil. Notre premier
soin fut de dépêcher un courrier à Marcapata, et
pendant un jour entier, que nos muletiers et nos
mules mirent à nous rejoindre, nous vécûmes de
maïs grillé et de passiflores.

Au moment de quitter Thyo pour toujours, je
m'aperçus que l'ara centenaire n'était plus sur son
goyavier. Un indigène, à qui je demandai de ses

nouvelles, m'apprit qu'en notre absence la parque, sous forme d'un zorrino (renard), avait tranché ses jours. Après un déjeuner copieux fait à Chile-Chile, chez l'interprète, nous prîmes le chemin de Marca-pata. Le curé et le gouverneur avaient placé sur la colline des sentinelles chargées de les avertir par leurs cris de l'arrivée de notre troupe. A peine fûmes-nous entrés sur la place qu'ils accoururent pour nous féliciter; mais en nous voyant la parole expira sur leurs lèvres et fut remplacée par une exclamation de pitié. Au lieu des voyageurs pimpants et enthousiastes qui prenaient congé d'eux trois semaines auparavant, ils retrouvaient deux malheureux en haillons, hâves, flétris, exténués par le jeûne et la souffrance, et plus tatoués par les insectes et les épines des buissons que des naturels de la Nouvelle-Zemble. Le cher curé ne put retenir une larme. « Ah! mon enfant, me dit-il en me tenant l'étrier pour descendre, pendant que de son côté le gouverneur rendait à Perez le même service, voilà ce qu'on gagne à aller courir chez les infidèles! »

Nous prîmes à Marcapata un repos de trois jours; puis, nos comptes réglés avec Galimathias et les péons, nous songeâmes à retourner à Cuzco. Les Indiens qui avaient accompagné l'expédition, héritèrent de ses casserolles et reçurent des habits neufs en échange des vieux qu'ils avaient laissés aux mains de l'ennemi. Après de tendres adieux échangés avec le curé, et un conseil tout amical glissé à l'oreille du gouverneur au sujet de son préside de Sausipata, nous quittâmes Marcapata, emportant les regrets de sa population. Deux jours après, nous saluions nos chers pénates. Perez, enflé jusqu'à la ceinture, se mit au lit en arrivant et fit une maladie de trois mois. Pendant que cet ami, déplorant la fantaisie qu'il avait eue de me suivre en pays lointain, m'envoyait secrètement à tous les diables, je passais mes journées à l'exhorter à la patience, et mes nuits à mettre en lumière les notes et les documents recueillis dans notre voyage. Quand j'eus vu mon malade au régime de l'aile de volaille et du vin de Bordeaux, je le quittai à peu près rassuré sur sa santé future, et, après lui avoir souhaité une prompte convalescence, je repartais pour le val de Santa-Ana, dans le but de tenter l'ascension de la montagne Urusayhua, au sommet de laquelle, suivant la tradition, je devais trouver un grand lac entouré de bananiers à fruits d'or, et gardé par quatre lions sans crinière.

LA PREMIÈRE ASCENSION

DE L'URUSAYHUA.

Par une belle après-midi du mois de décembre,
je quittai le village de Huancaro, où j'avais passé la
saison des bains, et, monté sur une mule de louage,
je me dirigeai vers les rampes de Picchu en compagnie d'un jeune Indien d'une quizaine d'années, que
le propriétaire de l'animal m'avait donné pour porter mon almofrez et me servir de guide. Mon intention, en me rendant à Santa-Ana, la seule vallée du
Pérou que je n'eusse pas visitée, était de tenter l'ascension de l'Urusayhua, un de ses hauts sommets,
et d'éclaircir en même temps quelques doutes géographiques que je conservais sur la direction véri-

table de la rivière Huilcamayo-Ucayali, un des principaux affluents de l'Amazone.

Huancaro, qui ne figure sur aucune carte de l'Amérique méridionale, est un groupe de fermes situé au nord-ouest de la ville du Soleil, à un quart de lieue de son faubourg de l'Almudena. Le site, planté de luzerne, de fèves et de pommes de terre, n'a rien qui le recommande à l'attention des paysagistes, mais les archéologues peuvent admirer dans ses environs, les murs cyclopéens du palais de la Ñusta Ancahuara, fille naturelle de l'empereur Huayna-Ccapac, et les curieux, le lavoir moderne où les deux sexes de Cuzco, séparés par une cloison, viennent, du 15 octobre au 15 novembre, se laver le visage et les mains, ablutions que l'abaissement de la température leur interdit pendant le reste de l'année.

Après trois quarts d'heure de marche j'avais atteint l'extrémité d'un défilé formé par le rapprochement des rampes de Picchu et des hauteurs de Sapi. De cet endroit, qui domine la plaine de quelque huit cents mètres, on embrasse un horizon circulaire de trente lieues. La ville de Cuzco, avec ses carrés de maisons ou manzanas, qui rappellent l'*insula* des Romains, les tours et les dômes de ses couvents, les clochers et les coupoles de ses églises, s'étend au bas de la montagne, où elle fait l'effet d'un gigantesque échiquier de pierre. Je venais d'arrêter ma mule, autant pour jouir de ce spectacle que pour saluer d'un regard d'adieu les lieux et les personnes que je quittais pour quelque temps, lorsque mon guide, qui depuis notre départ de Huancaro n'avait pas ouvert la bouche, rompit le silence pour me demander l'autorisation d'aller embrasser les auteurs de ses jours qui habitaient à mi-chemin de la montée, dans le quartier de San-Juan-de-Dios. Son absence, ajouta-t-il, ne durerait qu'une heure ; des chemins de traverse qu'il comptait prendre ensuite pour regagner le temps perdu, lui permettraient de me rejoindre en route ou d'arriver presque aussitôt que moi à Mara, où nous devions nous arrêter pour passer la nuit. D'abord j'eus envie de refuser net ; puis, en songeant aux quinze ans du mozito, à cette saison des lilas qu'il atteignait à peine, je me dis qu'il y aurait cruauté véritable à le priver des baisers d'une mère. Je le laissai donc suivre l'impulsion de son cœur, et après lui avoir recommandé de ne pas s'enivrer dans quelque chicheria, et de ne rien perdre de mes bagages, je lui tournai le dos et poursuivis ma marche. Arrivé au sommet de la rampe, je passai sous l'arche d'un aqueduc dont la construction, qui remonte au milieu du quatorzième siècle, est attribuée à Pacha-cutec, l'empereur philosophe, et l'aqueduc franchi, je me trouvai à l'entrée de la pampa d'Anta.

Cette puna ou plateau andéen, d'environ vingt

lieues de circuit, est bornée à l'ouest par un groupe
de montagnes au sommet arrondi et aux pentes
douces. Au nord, à l'est, au sud, elle a pour limites
les versants de la chaîne neigeuse de Huilcanota,
au pied de laquelle coule du sud au nord la rivière
Huilcamayo, sortie d'un petit lac aux environs du
village d'Aguas-Calientes, dans la province de
Tinta.

Déjà une fois, il m'était arrivé de m'égarer en
traversant cette plaine, où, surpris par la nuit, je
n'avais trouvé d'autre abri que la voûte démantelée
d'une chacara. Instruit par l'expérience, je fis halte
un moment sur la lisière du désert pour examiner
les divers sommets de la chaîne qui se dressaient à
l'horizon, et reconnaître, d'après leur position, le
chemin que je devais suivre. Quand j'eus relevé,
parmi ces géants, les pics du Malaga et de l'Illahua-
man, reconnaissables, le premier, à son cône tronqué, le second, à sa forme pyramidale, je fus à peu
près sûr de mon affaire, et excitant ma monture de
la voix et de l'éperon, je la poussai résolûment à
travers l'étendue. J'arrivai à Mara comme le jour
allait finir.

Mara est un village que les Annuaires péruviens,
avec leur manie de tout anoblir, nomment une cité.
Il n'a d'autres ressources que les salines qui l'entourent et que ses habitants exploitent de leur
mieux, ce qui ne les empêche pas d'être assez mi-

sérables. Les huttes de ces indigènes, au nombre de
deux cents, sont construites en terre, coiffées d'un
toit de branchages et de boue, et ressemblent de
loin à des taupinières. Aucune végétation ne recouvre le sol; l'eau potable y est inconnue, et des tem-
pêtes effroyables assiégent journellement ce morne
pueblo, où le spleen le plus noir semble avoir élu
domicile.

Une femme que je trouvai sur le pas de sa porte,
et à qui je demandai des nouvelles de mon guide, ne
put me renseigner sur son compte. En revanche,
elle m'indiqua la demeure de l'alcade, vers laquelle,
à défaut d'auberge, je dirigeai mes pas. Ce fonctionnaire, qui devait être instrumentiste et maître
d'école, à en juger par une guitare, un abécédaire et
un martinet qui décoraient son intérieur, me reçut
d'un air rechigné. Le don immédiat de quelques
réaux eut le pouvoir de dérider sa physionomie et
de communiquer à ses gestes une certaine activité.
Il s'empressa de desseller ma mule, et quand je l'eus
prié de la conduire à l'écurie et de lui donner à souper, il ne trouva rien à m'objecter, sinon que,
n'ayant chez lui ni écurie, ni cour, ni basse-cour, où
il pût loger l'animal, il allait le conduire chez un
voisin. Après avoir allumé un suif qu'il plaça sur la
table, il sortit et je restai seul au logis. Mon premier
soin fut de chercher un endroit à ma convenance, et,
quand je l'eus trouvé, d'étendre sur le sol mes tapis

et ma selle. Ces préparatifs terminés, je tirai de mes sacoches du pain et du fromage, et je satisfis aux exigences de la nature. L'alcade rentra comme j'achevais de m'étendre sur mon grabat. Son absence avait duré deux heures. En voyant sa mine effarée et son pas indécis, je compris que l'argent destiné au souper de ma mule, avait été dépensé en eau-de-vie dans quelque bodegon de la localité. Aux interpellations qu'il m'adressa, je ne répondis que par des ronflements sonores. Ennuyé de ne trouver à qui parler, il décrocha du mur la vihuela et se mit à chanter un refrain du pays, où la femme était comparée à un chasseur à la pipée, son amour à une glu perfide, et l'homme, au pauvre oiseau qui s'y prend par les pattes et ne peut plus s'en dépêtrer. Dans la bouche d'un pédagogue chargé d'instruire et de régenter la jeunesse, ce refrain me parut un peu leste; mais comme l'Académie de Cuzco ne m'avait pas délégué pour examiner sa moralité ni m'enquérir de la méthode d'enseignement en usage dans son école, je le laissai racler son instrument et chanter la femme et l'amour à sa manière. Un sommeil réel et profond, qui ne tarda pas à remplacer mon sommeil factice, m'empêcha d'entendre la fin de sa chanson.

Le lendemain, en me levant, je trouvai ma mule attachée devant la porte. Mon hôte, par une attention délicate, était allé la chercher sans attendre que je l'en priasse. Peut-être ne se souciait-il pas que je visse, en y allant moi-même, l'endroit où elle avait passé la nuit. L'œil de la bête me parut bien éteint et son ventre si flasque, que je demandai si elle n'avait pas déjeuné. Il me fut répondu qu'au contraire, elle avait déjeuné deux fois, mais qu'étant de race *piurana*, et, comme telle, douée d'un estomac plus chaud que celui des mules de la sierra, elle avalait et digérait en même temps. Je remerciai l'alcade de son explication. Seulement, quand, après m'avoir aidé à me mettre en selle, il ôta son chapeau en se recommandant à ma générosité, au lieu de le gratifier de quelques réaux, je me contentai de l'assurer de ma parfaite estime.

A deux lieues de Mara, la plaine d'Anta, de plus en plus inclinée vers le nord, se termina par une suite d'assises de grès quartzeux, entre lesquelles le chemin, profondément encaissé, serpentait à perte de vue. Bien qu'il fût à peine huit heures, et que le soleil n'éclairât pas encore le fond de cette gorge, il y régnait déjà une chaleur étrange. En outre, le sol, singulièrement montueux, était couvert à la hauteur d'un pied, d'une poussière tamisée que le vent du matin roulait en tourbillons épais. Au bout d'un instant, mes yeux, ma bouche et mes poches en étaient remplis. De son côté, ma mule en paraissait fort incommodée et éternuait à rompre ses sangles. La matinée s'écoula sans que nous eussions

atteint l'extrémité de ce défilé ; l'ombre s'en était
retirée, un soleil de plomb tombait sur nos têtes et
l'air semblait chargé d'atomes embrasés. Une soif
ardente vint bientôt empirer la situation. Malgré la
souffrance de corps et d'esprit que je ressentais, je
n'osai maudire mon étoile, ni prendre le ciel à témoin du martyre que j'endurais ; j'eusse craint que
ma mule, en m'entendant me plaindre, ne prît une
voix comme l'ânesse de Balaam pour me répondre :
« Et moi suis-je donc sur des roses ! »

Ce supplice eut enfin un terme. Une imperceptible
teinte verte, pareille à une moisissure, recouvrit çà
et là les parois du grès. Quelques cierges épineux se
montrèrent dans les crevasses ; puis, à mesure que
le chemin allait s'élargissant, la double muraille qui
le bordait, s'abaissait et rentrait en terre ; bientôt le
dernier bloc disparut, recouvert par le sol végétal ;
et, de la région pétrée où nous avions failli laisser
nos os, nous entrâmes presque sans transition dans
la région fertile. A peu de distance, la rivière Huilcamayo, qu'on ne pouvait voir, cachée qu'elle était
par un rideau de saules, de chilcas et de peupliers,
bruissait et clapotait en se heurtant contre les roches. J'y conduisis ma mule, et, l'ayant débridée, je
la laissai étancher sa soif pendant que j'apaisais la
mienne. Après avoir bu de copieuses gorgées, je
plongeai dans l'eau ma tête et mes mains, et, suffisamment rafraîchi, je pus me remettre en chemin.

Les bords de la rivière que je côtoyai étaient verts et fleuris comme ceux où Mme Deshoulières mène ses chers moutons. Les saules pyramidaux qui y croissaient en abondance, l'herbe fine et lustrée qui recouvrait le sol et jusqu'aux radiées acaules qui simulaient des pâquerettes, leur donnaient une ressemblance étonnante avec certains sites parisiens arrosés par la Seine ou la Marne. Tantôt je me figurais être à Saint-Maur-la-Varenne, tantôt à Bougival. Pour aider à l'illusion et prolonger autant que possible le rêve de patrie que je faisais tout éveillé, j'avais fermé l'œil droit et n'ouvrais que l'œil gauche. De cette façon je ne pouvais voir sur la rive opposée du Huilcamayo, les maisons roses, jaunes, bleues, d'Urubamba, la cité méritante, et les dentelures de la sierra, qui eussent fait évanouir ma douce chimère.

A l'extrémité de ce tapis vert que ma monture foulait avec délices, je trouvai une large allée de peupliers dont les troncs séculaires au lieu d'être placés en regard l'un de l'autre, sur une double ligne, formaient des groupes de sept à huit individus, comme dans la chanson d'Aranjuez. Cette magnifique avenue, la seule de ce genre que j'aie trouvée dans le nouveau monde, aboutissait à l'hacienda de Paucar, une des plus riches du département. Ce jour-là on y célébrait je ne sais quelle fête. Une foule bariolée, encombrait le chemin et les abords

du logis. Des jeux de *monte* ou pharaon, étaient éta-
blis sous la feuillée ; des marchands de comestibles,
accroupis à l'ombre de bannes rayées, et des danseurs se trémoussaient dans tous les coins, au son
des clairons de fer-blanc et des guitares à trois cordes. Une odeur de friture, qui embaumait l'air à
vingt pas à la ronde, me rappela que je n'avais pas
déjeuné. Comme je me disposais à faire emplette de
quelques victuailles, je vis l'industriel sur l'éven-
taire duquel j'avais les yeux fixés, — muse, viens à
mon aide ! — cracher dans un plat, l'essuyer avec un
pan de sa chemise et y déposer des grillades de porc
qu'il retira du feu. Je n'eus que le temps de mettre
mon mouchoir sur ma bouche, et je passai outre.

Arrivé devant l'hacienda dont le porche et les
murs de façade bordaient le chemin, je me vis enveloppé par la cohue et dans l'impossibilité d'avancer
ni de reculer. D'abord je criai *Cuidado !* un mot espagnol qui équivaut au *gare* de nos cochers de fiacre,
puis, voyant que personne ne se dérangeait, je saisis
mes rênes tressées et frappai devant et derrière, à
droite et à gauche, sur les têtes et les épaules qui
m'entouraient. Ce moyen fit merveille. La foule s'é-
carta précipitamment, mais au lieu de m'ouvrir un
passage, elle se contenta de décrire un cercle dans
lequel elle m'enferma. A la vue de tous ces Quechuas
qui me regardaient d'un air ébahi, comme si j'eusse
été quelque Dulcamara vendeur d'orviétan, l'impa-

tience me prit, et pour mettre un terme à leur examen, je jouai du lazo et de l'éperon. Mais ma mule,
séduite par l'étrangeté de la situation, ne bougea pas
plus que le chien de Céphale. Une lutte s'établit
entre la bête et moi au grand amusement de la galerie. Cette lutte dura près d'un quart d'heure et durerait probablement encore au moment où j'écris
ces lignes, si deux hommes d'un âge mûr, qu'à leur
mante flottante, à leur gilet ponceau et à leur canne
de tambour-major, je reconnus pour deux alcades
de la Sierra en costume de cérémonie, ne me fussent venus en aide. L'un d'eux prit la mule par les
oreilles et la tira par devant, pendant que l'autre la
poussait par derrière. Grâce à cette manœuvre, je
pus sortir du cercle et me dérober aux plaisanteries
des badauds.

Au delà de Paucar, le paysage redevint aride et
montueux. Des massifs de roseaux, des agaves, des
cierges, remplacèrent les saules et les pâquerettes.
Au gazon succéda la poussière. Par compensation,
la flore locale, caractérisée par des liliacées, m'offrit quelques fleurs à cueillir. Ce fut comme un calmant à l'irritation que me causaient l'absence pro-
longée de mon guide et l'allure de plus en plus
saccadée de ma monture, dont la fatigue se trahis-
sait à chaque pas. En supposant que la faim eût
abattu ses forces, je n'avais malheureusement ni
trèfle, ni luzerne à lui offrir. Les sites que nous

traversions en étaient dépourvus. A leur stérilité naturelle s'ajoutait une solitude complète. On n'y voyait ni chaume, ni maisons. Toute la civilisation de la contrée s'était réfugiée sur la rive droite du Huilcamayo, où elle était représentée par des cottages peints de rose et de bleu, des champs ensemencés et des vergers touffus.

Les latomies d'Ollantaytampu, si bizarrement creusées dans le flanc des montagnes, se montrèrent bientôt au-dessus de la ligne des verdures. Des blocs quadrangulaires, des portiques, des stèles, des pylones, apparurent dans les escarpements. Ces masses étagées par assises, ou formant des groupes isolés, ressemblaient si parfaitement aux débris d'une Memphis américaine, que je compris l'erreur dans laquelle des voyageurs étaient tombés à leur sujet. Les serros qui servaient de supports à ces semblants d'édifices, étaient disposés en amphithéâtre et couronnés comme d'un diadème par les dentelures neigeuses de la Sierra. Un torrent, sorti des hauteurs, bondissait d'étage en étage et venait mêler ses eaux troubles à celles du Huilcamayo. De l'endroit où j'étais, le coup d'œil était admirable et le tableau tout composé. Restait à tailler ses crayons et à se mettre à l'œuvre. Mais en ce moment ma paresse était supérieure à mon enthousiasme, et je vis sans regret le charmant décor décroître et s'évanouir dans la perspective.

Une découverte que je fis à peu de distance, gal-
vanisa pendant un instant l'engourdissement de
corps et d'esprit dans lequel j'étais plongé. Au pied
d'une colline entourée d'un de ces carisales ou
champs de roseaux, hantés par les couleuvres,
j'aperçus un édifice de figure rectangulaire auquel
se rattachaient deux tours carrées qui formaient
ailes à ses extrémités. Sa longueur, que je mesurai
de l'œil, me parut être de quarante mètres, et sa
hauteur, à part celle des tours, plus élevées de quelques pieds, d'environ six mètres. Huit meurtrières
inégalement espacées, étaient pratiquées dans le
corps de l'édifice à douze pieds du sol, et chaque
tour en avait deux, une supérieure, l'autre inférieure.

L'emploi de tapias [1] ou briques de terre végétale
posées à plat, sans le secours d'aucun ciment, donnaient pour date à cette construction, le règne des
derniers Incas. Malgré la faiblesse apparente de ces
murailles, quatre siècles de vent, de pluie et de so-

---

1. Ces tapias sont fabriquées indifféremment avec toute espèce de terre. En général elles ont deux pieds de long, un pied
de large et huit pouces de haut. Pour les façonner, l'ouvrier se
sert de planchettes mobiles de la grandeur de la tapia, qu'il
relie entre elles au moyen d'une lanière de cuir de bœuf. Il remplit ensuite ce moule de terre un peu humide, serre fortement
la courroie et la détache presque aussitôt. Puis il enlève les
planchettes et met la tapia à découvert. Habituellement on n'at-
tend pas pour l'employer que le soleil l'ait durcie, et des mains
du *tapialero* elle passe sur-le-champ aux mains du maçon.

leil, sans compter les tremblements de terre, avaient
passé sur elles sans les lézarder. Leur sommet offrait à peine çà et là quelque légère brèche. Seul,
le toit de poutrelles et de joncs qui le recouvrait autrefois avait disparu. Du premier coup d'œil j'avais
reconnu une de ces pucaras ou forteresses que les
aborigènes élevaient sur leur territoire, autant pour
en fixer les limites que pour le défendre contre
l'empiétement de leurs voisins. Les andanerias ou
gradins qui cerclaient la colline au pied de laquelle
l'édifice était situé, prouvaient suffisamment le fait.
Ces gradins, hauts de trois pieds, larges de quatre,
formés d'éclats de pierre superposés et qui servaient
à prévenir l'éboulement des terres, servaient aussi
en temps de guerre de vigie aux sentinelles et de
rempart aux frondeurs et aux archers.

En me trouvant au nord d'Ollantaytampu, dans
cette partie du pays jadis occupée par les nations
Ayqui et *Pirahua*, je pensai, à tort ou à raison, que
la forteresse que j'avais sous les yeux avait été bâtie
par l'une d'elles, peut-être par les deux ensemble.
Comme aucun archéologue ne l'avait signalée,
qu'aucun voyageur n'en avait parlé, pas même celui
qui, en 1842, avait pris les carrières du village
d'Ollantay pour les débris d'une ville antique, l'idée
me vint d'attirer sur moi l'attention publique en
écrivant à ce sujet un long mémoire ethnographique
et en l'adressant franc de port à notre Académie des

inscriptions et belles-lettres. Malheureusement, ce beau projet était inexécutable. Il eût fallu, pour rédiger le susdit mémoire, des documents qui n'existent pas. Tout ce que je savais sur le passé des *Ayquis* et des *Pirahuas*, dont le nom n'apparaît qu'une seule fois dans l'histoire, c'est qu'en 1463 ils avaient, en qualité d'amis et de voisins, prêté leur appui au cacique Ollantay dans sa révolte contre Tupac Yupanqui, onzième empereur de la dynastie du Soleil. On comprend la difficulté d'écrire un volume avec ce renseignement d'une ligne. Pour me consoler de la perte de mon rêve de gloire, j'emportai une vue au crayon de la forteresse, afin de comparer plus tard cette œuvre *originale* au dessin fantastique que ne pouvait manquer d'en faire quelque voyageur officiel.

La rive gauche du Huilcamayo étant devenue impraticable, je passai sur sa rive droite au moyen d'un de ces ponts de mimbres ou baguettes d'osier tressées, dont l'invention est attribuée à l'Inca Mayta Ccapac, qui vivait au milieu du treizième siècle. Pour plus de sûreté, j'avais mis pied à terre et je tirais ma mule par la bride. Parvenu à l'extrémité du plancher mouvant, une vieille Indienne, qui me parut sortir de dessous terre, allongea vers moi sa main décharnée en réclamant un réal d'argent pour le péage. C'était la première fois qu'une pareille contribution m'était imposée, et comme je manifestais quelque étonnement, la vieille m'apprit que ce côté du pont se trouvant sur les terres du gouverneur d'Ollantaytampu, ce fonctionnaire avait cru devoir, dans l'intérêt de la commune, frapper d'un impôt la bourse des piétons étrangers et des voyageurs à cheval. Les habitants du village en étaient exempts, mais à la condition de fournir chaque année un certain nombre de gaules d'osier neuves et de réparer à leurs frais le pont suspendu. Je ne voulus rien dire de désobligeant à la pauvre ilote, qui ne faisait qu'obéir aux ordres d'un maître, mais si ce dernier eût été présent, je l'eusse infailliblement traité de filou et vu pâlir de peur à la menace d'une destitution.

En quittant le pont, j'entrai dans une zone de rochers, de plantes et d'arbustes, que la nature s'était plu à disposer en jardin paysager, mais en mettant à cet arrangement tout le sans-façon pittoresque qui la caractérise. Plates-bandes, massifs et corbeilles, affectaient des formes bizarres et inusitées; c'était un mélange d'anglais, de chinois et de sauvage dont on ne saurait donner une idée. Dans ce fouillis, dont l'étrange désordre n'était rien moins qu'un effet de l'art, la pierre pesait sur la plante, la sarmenteuse grimpait sur le rocher, l'arbuste tentait d'étouffer celui-ci dans ses serres noueuses, le *loranthus* et le *tropæolum*, ce gui et ce lierre du nouveau monde, brochaient sur le tout, et venant à se rencontrer, se

saisissaient et se mordaient l'un l'autre comme
deux aspics en fureur. Partout éclataient une ardeur
rageuse, une âpreté d'envahissement, une opiniâ-
treté de résistance singulières. Chaque chose vou-
lant être parce qu'elle devait être, luttait désespérément pour se procurer l'air et la lumière qui lui
étaient nécessaires et remplir l'espace autant que sa
puissance d'extension le comportait. Il n'était pas
jusqu'au chemin, qui, en s'insurgeant contre la ligne
droite, ne témoignât par des détours multipliés, de
ce besoin de développement que la nécessité inflige
à tous les êtres.

Près d'une heure s'était écoulée depuis que j'er-
rais dans ce labyrinthe, et je commençais à désespérer d'en sortir, lorsque la végétation qui m'entourait de toutes parts, s'interrompit et me permit
de jeter un coup d'œil sur les environs. Le pano-
rama me parut immense, mais le voisinage de quelques chaumières éparpillées dans les verdures,
m'intéressa plus vivement. Je marchai vers la plus
rapprochée, devant laquelle un couple indien prenait
le frais. Je priai l'homme d'aller couper une botte
d'herbes pour ma monture, et la femme de me
préparer quelques aliments. Tous deux obéirent
avec un empressement dont je leur sus gré. Un moment après, l'Indien reparut avec une charge d'al-
falfa, qu'il déposa devant la mule, que j'avais des-
sellée en arrivant. Pendant qu'elle mangeait,

l'homme l'examinait et hochait la tête ; je lui demandai ce qu'il en pensait. « Elle est *asorochada*,
me répondit-il ; celui qui te l'a vendue t'a volé ton
argent. Regarde ses naseaux et son poitrail ; cette
bête n'a pas de souffle, et si j'ai un conseil à te donner, c'est de t'en défaire au plus vite. » Je remerciai l'Indien de son avis, et lui appris que la mule
n'était pas à moi, que je l'avais louée pour faire le
voyage de Santa-Ana, aller et retour, et que ses
étouffements ou ses palpitations de cœur ne me regardaient pas. Toutefois, je désirai savoir si l'animal aurait assez de force pour accomplir le trajet
projeté, ou si je devais m'attendre à le voir trépas-
ser en route. Après examen et auscultation du sujet,
l'homme me dit qu'en le ménageant, il pourrait
vivre encore un an. Comme je ne pensais rester
qu'un mois en voyage, je fus pleinement rassuré.
On me servit une collation, composée de maïs
bouilli et de piment moulu, que j'expédiai moitié
pleurant, moitié éternuant ; puis, quand j'eus soldé
ma dépense et pris congé de l'Indien et de sa com-
pagne par le souhait accoutumé : « Allez avec
Dieu ! » je me dirigeai vers Habaspampa, où je
comptais terminer la journée.

Les sites que je traversai étaient cultivés avec
soin. La pomme de terre, la citrouille et le chou
cabus recouvraient de vastes espaces et donnaient à
la contrée une physionomie des plus agrestes. Cette

nature honnête et calme, ces tubercules et ces lé-
gumes, espoir du laboureur, pénétraient mon cœur
d'une douce joie ; à la vue de ces richesses natu-
relles, de riantes images me venaient en foule à
l'esprit, et je me sentais prêt à chanter sur le pipeau
rustique la poésie et le bonheur des champs. Bercé
par ces idées, j'atteignis sans m'en apercevoir l'endroit où finissait la plaine et où commençait la montagne. Une série non interrompue de croupes, de
sommets, d'escarpements, me conduisit au bord
d'un plateau, qui forme le soubassement de la rampe
au tiers de laquelle est situé Habaspampa. Bien que
le soleil fût près de disparaître lorsque j'y arrivai,
je ne pus me refuser au plaisir de m'arrêter un
moment pour regarder la vallée étendue à mes
pieds dans une brume dorée, et le Huilcamayo, qui
se déroulait au milieu des verdures. Je le voyais à
ma gauche, arroser tour à tour les plaines que
j'avais traversées dans la journée, depuis Paucar
jusqu'à Ollantaytampu, baigner le pied de la montagne qui me servait d'observatoire, et, passant à
ma droite, toucher barres à Rumira, côtoyer l'hacienda de Piri et s'avancer jusqu'à Silcay, où je le
perdais de vue. J'aurais désiré pouvoir l'accompagner dans sa fuite, afin de juger si le trajet de
trente-cinq à quarante lieues qu'il accomplit à travers des punas solitaires avant d'entrer dans la
vallée de Santa-Ana, est conforme au tracé des

cartes, mais le chemin que je devais prendre était diamétralement opposé à celui qu'il suivait, et nous ne tardâmes pas à nous tourner le dos.

La rampe d'Habaspampa, que je trouvai à l'extrémité du plateau, était un sentier très-étroit, presque vertical, et dont j'apercevais si peu la fin, que je le comparai à cette échelle que Jacob vit en rêve, et qui conduisait de la terre au ciel. Quelques arbres tortus et rabougris, à demi effeuillés par le vent des hauteurs, se montraient au bord des talus, auxquels cette route aérienne était adossée. L'élévation de ceux-ci était telle, que trois ou quatre flèches de Strasbourg superposées, eussent à peine atteint à la moitié de leurs flancs. A l'idée que ma mule pouvait prendre le mors aux dents, s'écarter du chemin, et qu'alors je serais lancé dans l'espace comme Phaëto, Icarus et autres infortunés de mythologique mémoire, je sentis l'épouvante me prendre aux entrailles et mes cheveux se dresser sur mon front. Heureusement pour moi, la bête était trop essoufflée pour songer à mal, et, au lieu de s'emporter, comme je l'avais craint, elle marcha d'un pas si lent que la nuit nous surprit en route.

Combien de temps dura cette ascension dans les ténèbres, c'est ce que je ne saurais dire aujourd'hui. Une lumière que je vis briller devant moi m'annonça que mes maux touchaient à leur fin. En effet, un moment après, j'arrivais à Habaspampa.

Quatre chaumières, adossées à l'abîme et bordant le chemin qui continuait à monter, composaient le village. Une seule était ouverte et éclairée. Des individus à tournure de muletiers s'y trouvaient réunis et procédaient à leur toilette nocturne. Les bannes, les toisons, les ponchos étendus à terre, annonçaient qu'ils se disposaient à goûter les douceurs du sommeil. Pendant que j'examinais à distance ce tableau d'intérieur, un homme que je n'avais pas entendu venir, se produisit brusquement devant moi et me demanda d'un ton obséquieux s'il pouvait m'être utile à quelque chose. Je lui répondis qu'il comblerait tous mes vœux en m'indiquant un endroit où je pusse passer la nuit. Il me montra de la main la chambre éclairée. A ce geste, je répliquai que, la trouvant suffisamment pourvue de locataires, j'aimerais autant en avoir une à moi seul. Malheureusement je demandais une chose impossible. Habaspampa n'était pas un village comme je l'avais cru, mais un poste établi pour la perception des droits d'*alcabala*, que payent en traversant la Cordillère, la coca, le café, le sucre et le cacao de la vallée de Santa-Ana. Sur quatre chaumières que possédait l'établissement fiscal, une était affectée aux bêtes de somme, deux servaient d'entrepôts provisoires aux marchandises, et la quatrième de caravansérail, de tampu ou d'auberge aux muletiers, mozos, courriers, et en général à toute espèce de gens que leurs plaisirs ou leurs affaires conduisaient au delà de la chaîne des Andes. En achevant de me donner ces détails, l'homme me demanda si je comptais passer la nuit avec le simple poncho de cotonnade anglaise que j'avais sur le dos, ou si je désirais qu'il me louât des couvertures, l'air d'Habaspampa étant vif et même un peu froid. Sa proposition me rappela mon guide et le coucher complet dont je l'avais chargé. Naturellement je m'informai du drôle à l'alcabalero ou préposé d'octroi, car telle était la condition de mon interlocuteur; mais il me dit qu'il ne l'avait pas vu passer. Seulement il ajouta, pour me consoler, que le guide en question avait pu tromper sa vigilance en traversant de nuit Habaspampa, et qu'en ce cas je le retrouverais dans une des premières fermes de la vallée. Cette assurance était trop vague pour que je m'y arrêtasse; mais pour remercier l'alcabalero de la sympathie qu'il me témoignait, je ne vis rien de mieux que d'accepter les couvertures qu'il offrait de me louer à un prix modique. En effet, pour douze réaux, environ huit francs, j'eus trois mantes de Bayeta, un peu courtes, il est vrai, un peu trouées, c'est vrai encore, mais que mon logeur en garni voulut bien disposer lui-même dans un coin de la chambre banale où le groupe des muletiers ronflait déjà à l'unisson. Cela fait, et comme il vit que je n'avais plus besoin de ses services, il me sourit d'un air agréable et sortit en me souhaitant

une bonne nuit. Soit que j'éprouvasse un besoin
réel de sommeil, soit que son souhait m'eût porté
bonheur, je ne me réveillai que le lendemain assez
tard. Mes compagnons de chambre avaient disparu. Je trouvai l'alcabalero assis au soleil et grif-
fonnant sur un livret crasseux qui lui servait de
registre. Pendant qu'il harnachait ma monture,
je lui demandai pourquoi Habaspampa, situé sur le
revers d'une montagne, et n'offrant aucune légu-
mineuse papillonacée, s'appelait *la plaine des fèves.*
« Parce que c'est son nom, » me répondit-il. Je fus
si satisfait de l'explication, que je me promis de
l'appliquer à beaucoup d'étymologies péruviennes,
que rien ne m'avait paru justifier. Au moment de
me séparer de l'alcabalero, qui, fidèle à son système de bon marché, ne me prit, soit dit en passant,
que cinq francs pour le fourrage et l'eau donnés à
ma mule, je le priai de me tracer mon itinéraire
pour arriver au port de la Cordillère, qui conduit à
la vallée de Santa-Ana. Cet itinéraire était des plus
simples; il consistait, me dit l'homme, à prendre le
chemin qui passait devant moi et à ne pas le quitter que je n'eusse atteint le but désiré. Quand je
lui parlai des neiges, des abîmes, des précipices,
qui m'attendaient au delà d'Habaspampa, il se mit
à rire en me disant que le port de Santa-Ana, par
une faveur spéciale de la Providence, était débar-
rassé de ces obstacles qui rendent la traversée des

Andes sinon dangereuse, du moins extrêmement pénible.

L'alcabalero ne m'avait pas trompé. Parvenu au sommet de la rampe, j'entrai de plain-pied dans une région de collines basses, à travers lesquelles serpentait un chemin si nettement tracé, qu'on eût pu le suivre les yeux fermés. Le sol était couvert, au lieu de neige, d'un gazon court et dru dont la couleur, d'un blond verdâtre, s'harmoniait à merveille avec le bleu foncé du ciel. Une solitude complète, un silence profond, donnaient à cette puna ou plateau andéen de quelques lieues de circuit, un caractère grandiose et presque solennel. Après deux heures de marche, son inclinaison au nord, d'abord insensible, puis plus prononcée d'instant en instant, me révéla les approches du passage de la Cordillère, dont les sommets neigeux restaient à ma droite et à ma gauche. La puna s'acheva et le chemin aboutit à une large chaussée, à l'entrée de laquelle se dressait une de ces *apachectas* qu'on trouve fréquemment dans les défilés de la sierra, entre la Bolivie et le bas Pérou.

Le mot *apachecta*, que je ne saurais décomposer, mais que je puis traduire, signifie en quechua *lieu de repos*. Les cimetières, que les Espagnols appellent tantôt *panthéon* et tantôt *campo-santo*, portent chez les Indiens le nom d'apachecta. Quant à la chose, elle se compose au principe d'une poignée de cail-

loux qu'un chasqui, arriero ou conducteur de lamas,
qui passe et s'arrête un moment pour reprendre
haleine, dépose au bord du chemin, non pour perpétuer le souvenir de la halte qu'il vient de faire,
mais comme un tribut de gratitude qu'il paye os-
tensiblement à Pachacamac, le maître invisible de
l'univers. Quelques jours, quelques mois s'écou-
lent; un second Indien passe par hasard dans le
même endroit, aperçoit les cailloux réunis par son
devancier et s'empresse d'en ajouter d'autres au
tas. Avec le temps, la poignée de cailloux devient
une pyramide de huit à dix pieds de hauteur, que
les passants, à mesure qu'elle s'élevait, ont cimen-
tée avec un peu de terre détrempée par un jour de
pluie. Quand l'œuvre est achevée, une main inconnue place à son sommet le signe du salut. Une autre
main y attache un bouquet de fleurs. Ces fleurs se
fanent, se dessèchent et sont renouvelées par d'autres mains pieuses. Le plus ou moins de fraîcheur
de l'offrande, indique que la route où s'élève l'apachecta est plus ou moins fréquentée par les cara-
vanes.

Ces monuments, qu'un savant d'Europe prendrait
volontiers pour des tumulus et un employé du ca-
dastre pour des bornes miliaires, se recommandent
moins à l'attention par leur caractère architectural
que par le cachet indéfinissable qu'ils doivent aux
éclaboussures verdâtres dont ils sont littéralement

couverts de la base au faîte. Ces éclaboussures n'ont
d'autre cause que le passage successif des Indiens et
l'acte religieux que chacun d'eux croit accomplir, en
retirant de sa bouche la coca qu'il mâchait et en la
lançant contre les parois de la pyramide.

En arrivant près de l'apachecta que j'ai décrit
comme prototype du genre, j'aperçus un monceau
de vêtements et la moitié d'un corps qui dépassait la
largeur de sa base. Curieux de savoir à quel sexe
appartenait cette fraction d'individu, j'allongeai le
cou et reconnus mon guide. Au cri de rage que je
poussai, le drôle tourna la tête, me reconnut aussi
et accourut au-devant de moi. Comme entrée en matière, j'eus quelque envie de lui cingler le visage
d'un coup de bride, mais il souriait d'un air si confiant et semblait si joyeux de me revoir, que je me
contentai de l'accabler d'injures dans le doux idiome
des enfants du Soleil. Quand l'haleine vint à me
manquer, le mozito prit la parole pour me repré-
senter que j'avais tort de l'apostropher de la sorte,
que le retard apporté à notre réunion n'était pas
causé par sa négligence, mais bien par quelque erreur topographique que j'avais commise ; qu'au lieu
de prendre à droite comme lui, j'avais dû prendre
à gauche, etc. — Bref, le vaurien s'y prit de telle
façon, que son innocence et ma culpabilité ressorti-
rent clairement du débat. Dépité d'être descendu du
rôle d'accusateur à celui d'accusé, je tournai ma co-

lère contre la mule et celui qui me l'avait louée, et je dis au guide que son maître était un homme sans foi ni loi, qui m'avait donné une bête usée et moribonde, au lieu de l'animal jeune et vigoureux qu'il m'avait promis ; qu'en conséquence je ne comptais lui payer que le quart de la somme dont nous étions convenus en partant, dût l'affaire, à mon retour à Cuzco, être portée devant les tribunaux. Cette menace, que j'aurais cru devoir terrifier le mozo, n'éveilla chez lui ni crainte ni surprise ; il me répliqua seulement que sa qualité d'employé du patron lui faisait un devoir de prévenir entre celui-ci et moi toute contestation ultérieure, et que, pour y parvenir, il ne voyait rien de mieux que d'obliger la mule à satisfaire, bon gré mal gré, aux clauses de notre contrat. Sans s'expliquer davantage, il retira de sa casaque une de ces longues aiguilles dont les muletiers se servent pour coudre leurs ballots, et l'enfonça, en manière de suppositoire, dans les parties anales de la mule. Au contact du fer, la bête à moitié endormie fit un écart terrible qui faillit me désarçonner, et, sans attendre que je lui rendisse la bride, partit comme une flèche en lançant de folles ruades. Le mozo ramassa mes bagages et courut derrière elle, en me criant d'user de l'éperon pour entretenir son allure. Chatouillée par mes larges molettes et harcelée par l'aiguille du guide, la mule, tout en protestant par ses ruades et ses hennissements con-

tre le traitement indigne qu'on lui faisait subir, joua
si bien des jambes, qu'à cinq heures nous arrivions
au pied de la Cordillère, qu'un rideau de vapeurs
voilait entièrement. Un chemin creux, espèce de
rainure pratiquée dans le grès carbonifère de la
montagne, nous conduisit au port. Deux pyramides
d'ossements d'animaux, bœufs, chevaux, mules,
moutons, lamas, morts de faim, de soif ou d'épuise-
ment, en atteignant à ces hauteurs, marquaient l'entrée du passage. A peine l'eûmes-nous franchi, que
nous nous trouvâmes au milieu d'un épais brouillard. A l'inconvénient de ne rien distinguer à deux
pas de soi, s'ajoutaient les difficultés du chemin jonché de grès mouvants, et d'une pente si roide que
ma monture, arcboutée sur ses jambes de devant
pour se préserver d'une chute, marchait à la façon
des écrevisses. Parfois, un pavé qu'elle déplaçait,
roulait avec fracas au bas de la montagne et me
causait un tressaillement voisin de la peur. Tout
ruisselait autour de nous ; mes vêtements, pénétrés
par la vapeur glaciale, avaient triplé de poids, et
mes cheveux mouillés se collaient à mes joues. Nous
passâmes sans le voir, près de l'endroit où la rivière
du Port prend naissance. Le murmure de quelques
gouttes d'eau nous révéla seul sa présence. Cinquante pieds plus bas, la petite source était déjà
une cascade, qui, plus bas encore, devenait un torrent.

A mesure que nous approchions de la base de la montagne, sa pente s'adoucissait, et le brouillard, de roux qu'il était, devenait blanchâtre et de plus en plus diaphane. Bientôt il se dissipa complétement, et je pus jeter les yeux autour de moi. Un sol couleur d'ocre jaune, quelques pâles verdures, des arbustes rabougris, de hautes montagnes au sommet pelé, s'élevant à droite et à gauche, m'apparurent comme un spécimen de la vallée. J'avoue que ma première impression fut toute à son désavantage.

A une demi-lieue du port, le mozo me montra à la gauche du chemin que nous suivions, une longue et étroite chaumière qu'il appela Panticalla. Je trouvai ce nom euphonique ; mais la baraque, isolée au milieu de hautes broussailles, avait un air suspect, et j'allais passer outre, lorsque mon guide me fit observer qu'à moins de pousser jusqu'à Yanamanchi, distant de trois lieues, nous ne trouverions aucun gîte sur notre route. Comme la nuit s'avançait, force me fut, malgré certaine répugnance dont je n'étais pas maître, d'élire domicile à Panticalla. Mes pressentiments ne m'avaient pas trompé. La chaumière était encombrée d'Indiens des deux sexes, voyageurs comme moi, mais plus sales que moi, lesquels, au moment où j'entrai, faisaient leurs préparatifs pour passer la nuit le plus commodément possible. Un feu de bois vert, allumé au centre de la pièce, voilait discrètement de sa fumée certains détails intimes de ce tableau. J'obtins avec assez de peine une petite place près de la porte, où le guide dressa mon almofrez. Par convenance, je me jetai dessus tout habillé. De très-désagréables démangeaisons interrompirent plusieurs fois mon sommeil. Dès que le jour parut, je quittai ce bouge à l'odeur fétide, et j'allai humer l'air pur du dehors. La découverte de quelques insectes parasites, qui se détachaient en gris clair sur le bleu sombre de mon poncho, éleva mon horreur à la dixième puissance. J'appelai le mozo à grands cris, et à l'aide d'une poignée d'herbes que je lui fis cueillir, il me bouchonna sur toutes les coutures. Dix minutes après, je fuyais l'odieuse posada et ses hôtes immondes.

Nous marchâmes au nord-ouest par un chemin uni et spacieux. La vallée, large à peine de deux cents mètres, était bordée dans toute son étendue apparente par un double plan de montagnes dont le ton roux et jaune n'avait rien de bien récréatif. Le rio du Port coulait à notre droite, mais si profondément encaissé entre ses deux rives que nous ne pouvions voir ses eaux. En revanche, nous découvrions, en tournant la tête, le versant de la sierra, que nous avions descendu la veille, et par quelques déchirures de la montagne, les neiges inférieures du Malaga, lourde masse dont le sommet se dérobait dans les nuages. Pris isolément, chaque détail de ce paysage ne manquait pas d'un certain charme, mais l'ensemble n'avait ni le caractère grandiose, ni le cachet pittoresque que présentent les vallées limitrophes.

De Panticalla à Cedrobamba, où nous arrivâmes vers les onze heures, je relevai six groupes de chaumières affublées de noms ambitieux ou grotesques, tels que l'*Aire du vautour*, la *Culotte noire*, etc. Leurs portes fermées au loquet témoignaient de l'absence des propriétaires. Cette solitude, jointe à la physionomie peu accentuée du paysage, me rendait le voyage extrêmement maussade. Ma seule ressource contre l'ennui était le bâillement et le monologue. A Cedrobamba, nous trouvâmes une Indienne nonagénaire, que les habitants avaient commise à la garde des huit cahutes dont se composait leur hameau. Après bien des pourparlers, elle consentit à me vendre un morceau de mouton étique ; mais en voyant que mon guide se disposait à le faire cuire dans sa demeure, elle le repoussa du geste et lui ferma la porte au nez. Le mozo, en vrai loustic, imagina, pour faire pièce à la vieille, de retirer quelques lattes de sa baraque et d'en allumer, à trois pas du seuil, le feu nécessaire à notre cuisine. Pendant que la vieille femme maugréait, que le mozito riait et que le mouton cuisait sur les braises, j'allai rechercher aux environs quelqu'un de ces faux acajous (*cedrela odorata*), qui avaient valu à

l'endroit le nom de Cedrobamba, — la plaine du
Cèdre ; — mais il en était de ces arbres comme des
fèves d'Habaspampa, et en me rappelant à propos
la définition de l'alcabalero, je me dis, pour me consoler de ma recherche infructueuse, que Cedrobamba s'appelait ainsi parce que c'était son nom.

Nous déjeunâmes du mouton grillé, convenablement arrosé d'eau pure, et nous reprîmes notre
marche. A chaque demi-lieue, nous enregistrions
un site quelconque, pourvu de sa chaumière plus
ou moins délabrée, mais toujours close : ici, *Tunki-
mayo* ; là, *Pisti* ; plus loin, *Ccapacana*, ou bien *Rosasmayo*, tous noms d'une étymologie aussi fantastique que ceux que nous laissions derrière nous. La
seule particularité que je notai à Rosasmayo, — la
rivière des Roses, — c'est que cette rivière, qui
n'était autre que celle du Port, avait un pont de
bois, au moyen duquel nous passâmes de la rive
droite sur la rive gauche.

Malgré ce changement de rive, rien d'intéressant
ou même de passable ne s'offrit à moi dans les différents endroits que nous traversâmes. Leurs noms,
que je relève à cette heure sur un tracé chorogra-
phique de la vallée, provoquent chez moi des bâillements rétrospectifs. Dans le narré descriptif qui
accompagne cette carte manuscrite, je trouve les
lignes suivantes écrites au crayon, et que, faute de
mieux, j'intercale ici comme à leur véritable place :

« L'aridité observée jusqu'à présent dans la vallée de Santa-Ana, n'a d'autre cause que sa direction naturelle. Au lieu de se séparer brusquement de la Cordillère et de se dérouler à l'est, comme les autres vallées du Pérou, elle se prolonge obstinément à l'ouest-nord-ouest, côtoyant de la sorte les versants orientaux de la chaîne de Vilcanota, dont les profils restent toujours en vue. A vingt lieues dans l'intérieur, où la moyenne de la température est déjà de 16 degrés, la végétation n'est encore représentée que par les liliacées de l'Entre-Sierra, des sarmenteuses et des bambusacées. Cette absence totale de grands arbres peut s'expliquer par le voisinage de l'écorce minérale, à peine recouverte d'un peu d'humus, etc. »

Dans l'après-midi, nous fîmes une courte halte à l'entrée d'une gorge ou plutôt d'une crevasse de la montagne, d'où s'échappait un filet d'eau courante ; de jolies plantes grimpantes y formaient une voûte d'ombre que le soleil avait peine à percer. La merveille végétale de cette petite oasis était une fougère arborescente du genre *Alsophila*, haute de dix à douze pieds. Tout en admirant, comme il convenait, cet échantillon de la cryptogamie antédiluvienne, je me rappelai que beaucoup de voyageurs, et l'illustre Humboldt le premier, qui comparent ce genre de fougère au palmier, pour l'habitus, la grâce et l'élégance, n'ont pas été frappés, comme je le fus alors, du rapport plus immédiat encore qu'il a avec le cycas, cet autre monocotylédone du monde primitif.

Yana-Yacu, où nous arrivâmes au coucher du soleil, me fit l'effet d'un Louvre à côté des chaumières sordides que nous avions côtoyées pendant tout le jour. Ce n'était pourtant qu'une simple hacienda, composée d'un corps de logis et d'un grand hangar ; mais le badigeon blanc qui recouvrait ses murs, les bâts, les harnais, les instruments aratoires amoncelés sous le hangar, lui donnaient un air de splendeur rurale qui me charma si fort, que je ne songeai pas à m'enquérir de la source d'*eau noire* à laquelle Yana-Yacu devait son nom. Un cholo me reçut au milieu d'une cour d'entrée, et en réponse à l'hospitalité d'une nuit que je lui demandai, me pria civilement de le suivre dans la maison. En longeant un étroit corridor, mes nerfs olfactifs furent agréablement chatouillés par une odeur d'oignons frits, qui semblait annoncer les préparatifs d'un souper. La salle où je fus introduit était meublée d'un lit de camp, d'une table et de bancs de bois. Sur un des bancs, dans un angle de la muraille, était assis un homme hâve, pâle, jeune encore, dont la tête rejetée en arrière et les bras pendants indiquaient une grande souffrance physique ou un accablement d'esprit singulier. Près de lui se tenait un cholo de l'âge, de la tournure et de la

mise de mon introducteur, et qui paraissait exercer sur le personnage en question une espèce de
surveillance. Après un moment de silence, pendant
lequel le premier cholo avait disparu, je me hasardai à demander à son ménechme de quelle douleur
était atteint l'inconnu. Il me répondit en souriant
qu'il n'était nullement malade, mais seulement un
peu ivre, particularité qui allait me permettre de
souper à mon aise et de dormir toute la nuit, deux
choses que je n'eusse pu faire à l'hacienda de Yana-
Yacu, si cet inconnu, qui n'était autre que le propriétaire, avait été à jeun. Je regardai le cholo d'un
air qui dut lui prouver que je n'avais rien compris
à ses paroles, aussi s'empressa-t-il d'ajouter, mais
sans baisser la voix, et comme si celui dont il parlait n'eût pu l'entendre :

« C'est le señor don Pedro Ampuero, frère cadet
de Symphorose Ampuero et fils de Ventura Ampuero, ancien préfet de Paucartampu. »

En me rappelant tout à coup certaine histoire de
sauvages qui m'avait été racontée dans la vallée de
Paucartampu, et où ce nom d'Ampuero figurait
d'une façon tragique, je demandai au cholo si la
famille dont il parlait, n'avait pas possédé autrefois
la belle hacienda de Chaupimayo, aujourd'hui propriété du señor José Maria Alacuesta.

« Oui, monsieur, me répondit-il ; don Ventura
la vendit au señor Alacuesta par suite du chagrin

que lui causa la mort de son fils Symphorose et la
folie de celui-ci.

— Il est donc fou ? fis-je à voix basse en regardant le malheureux, dont l'ivresse avait quelque
chose d'extatique.

— Pis que cela, me dit le cholo, il a le diable au
corps, et si nous le laissions faire il mettrait tout ici
sens dessus dessous ; mais nous avons trouvé un
moyen de l'en empêcher ; c'est de le faire boire du
matin au soir. Quand il est plein comme une outre,
il reste tranquille dans un coin comme vous le
voyez, et ne songe pas à nous tourmenter. »

Je crus devoir avertir le cholo que le traitement
alcoolique auquel il soumettait le pauvre aliéné
était de nature à empirer sa folie plutôt qu'à l'atténuer ; mais il paraît que la chose lui était indifférente ou qu'il avait à cet égard des idées arrêtées à
l'avance, car il me répliqua que l'exploitation du
domaine accaparant tout son temps et celui de son
frère, ils ne pourraient guère s'en occuper s'il leur
fallait exercer sur le propriétaire une surveillance
continuelle, tandis qu'en l'enivrant dès le matin ils
avaient la faculté d'aller à leurs affaires et de travailler à la prospérité de la maison.

« Vous êtes donc les régisseurs du señor Ampuero ? lui demandai-je.

— Oui, monsieur, me dit le cholo, et le pauvre
homme est bien heureux d'avoir affaire à d'honnê-

tes gens comme nous. Combien, à notre place, profiteraient de sa folie pour faire leur pelote et s'assurer un avenir! Mais Jésus et moi, — Jésus, c'est le nom de mon frère, monsieur, moi, je me nomme Climaco, — nous nous couperions les doigts d'une main plutôt que de détourner un centado des revenus de l'hacienda. L'honnêteté, comme le répétait sans cesse feu notre père, est le premier des biens. »

Je ne voulus pas dire au régisseur qu'il me faisait l'effet d'un tartufe et d'un franc coquin, deux qualifications qui l'eussent désobligé sans doute et m'eussent probablement fait retrancher le vivre et le couvert, dont j'avais le plus grand besoin. En voyage, il faut savoir temporiser avec sa conscience, si on se décide à l'emmener avec soi; mais le mieux est de la laisser, comme Gusman d'Alfarache, dans son endroit natal. J'accueillis donc l'axiome du cholo sur l'honnêteté par un signe de tête approbatif, et pour couper court au panégyrique qu'il me semblait disposé à faire de lui-même, je le priai de me donner sur l'événement qui avait troublé la raison de son maître, des renseignements plus précis que ceux que j'avais recueillis par la voix publique.

Comme il se mettait en devoir de me satisfaire, son frère reparut, suivi d'une Indienne qui portait les deux ou trois plats du souper. On rapprocha la table du banc sur lequel j'étais assis, et les deux frères se placèrent à mes côtés. Pendant le repas,

auquel le fou ne fut pas invité, je demandai quelle
était sa nourriture habituelle ; Climaco me répondit
qu'il mangeait de tout indifféremment, mais qu'il
avait une prédilection secrète pour les mouches, qu'il
prenait avec beaucoup d'adresse.

« Au reste, ajouta le cholo, l'heure de son repas
est passée depuis longtemps et celle de son coucher
approche. »

Et pour me donner la preuve de ce qu'il avançait,
il alla crier dans l'oreille du fou, qui tressaillit
comme quelqu'un qu'on réveille en sursaut :

« Pedrito, je crois qu'il est temps d'aller dormir. »

Celui que son valet appelait Pedrito tout court,
essaya de se tenir debout et retomba lourdement
sur le banc.

« Conduis-le donc, dit Climaco à Jésus, tu vois
bien qu'il ne peut pas mettre un pied devant
l'autre. »

Jésus se leva, prit le malheureux Ampuero par-
dessous les aisselles et l'emmena hors de la salle.

« Il a bu plus que de coutume, me dit Climaco
d'un ton confidentiel, et il est un peu étourdi ; mais
quand il aura dormi quelques heures, il se réveil-
lera plus ingambe et plus malicieux que jamais. »

Désireux d'abréger ces détails d'intérieur, je rappelai au cholo les renseignements qu'il allait me
donner quand le souper était venu l'interrompre.
Il ne prit que le temps d'allumer une cigarette.

« En 1842, me dit-il, don Ventura Ampuero avait cédé à ses deux fils, Symphorose et Pedro, son hacienda de Chaupimayo, et était allé s'établir dans la bourgade de Paucartampu. Il se sentait vieillir, il avait besoin de repos, et comptait sur l'activité des jeunes gens pour le remplacer dans l'exploitation de sa ferme. Mais ceux-ci avaient bien autre chose en tête. Une fois à Chaupimayo, au lieu de cultiver le sucre, le café et le cacao, comme avait fait leur père, ils ne songèrent qu'à passer joyeusement le temps. Un de leurs plaisirs était de chasser dans les grandes forêts qui bordent la rivière Mano. Ces forêts, où le gibier abonde, sont habitées par deux tribus de Chunchos, les Tuyneris et les Huatchipayris, toujours en guerre avec les habitants de la vallée. Nos deux chasseurs se rencontrèrent un beau jour avec ces sauvages. On ne sait ce qui se passa dans cette rencontre ni quel pacte diabolique fut conclu de part et d'autre, mais, à partir de ce moment, chrétiens et infidèles s'unirent d'une étroite amitié et vécurent ensemble. Tantôt c'étaient les sauvages qui venaient à Chaupimayo, où ils restaient des semaines entières, tantôt c'étaient les fils de don Ventura qui rendaient visite aux sauvages et les accompagnaient dans leurs courses, chassant, pêchant, maraudant avec eux, et cela, le croirez-vous, monsieur? dans une nudité complète. Je tiens le fait d'un mozito de l'hacienda, qu'ils avaient attaché à

leur service. Tous les voisins de Chaupimayo s'indi-
gnaient de la vie scandaleuse que menaient les deux
frères, mais aucun d'eux n'osait en aviser leur père,
dans la crainte de porter au vieillard un coup funeste.
Un jour on sut que don Symphorose avait installé
dans sa maison une fille chuncha, avec laquelle il
vivait en concubinage. La chose était si monstrueuse,
que bien des gens refusèrent d'y croire ; mais lorsqu'on eut vu la diablesse, dont la face était trouée
comme une écumoire et ornée d'affiquets de plumes, à la mode de sa tribu, le doute ne fut plus permis. La fille devint grosse et accoucha d'un enfant
que don Symphorose fut obligé de baptiser lui-
même, aucun prêtre des environs n'ayant voulu se
charger de ce soin , à moins que le père ne renonçât
à son genre de vie, et celui-ci avait refusé net. Cette
pratique chrétienne déplut à la Chuncha. Elle crut
que Symphorose, en versant de l'eau sur la tête du
nouveau-né et en y traçant le signe de la croix, avait
voulu lui jeter quelque sort. Sans rien dire elle
quitta l'hacienda et, abandonnant l'enfant et le père,
s'en retourna dans sa tribu. Don Symphorose attendit quelques jours. Ne la voyant pas reparaître, il
alla la réclamer à ses parents. C'était son droit. Il
l'avait achetée et payée comptant, comme on peut
faire d'une mule. Les parents, qui ne se souciaient
pas de rendre la hache ou les couteaux qu'ils avaient
reçus en payement de leur fille, obligèrent celle-ci

à retourner à Chaupimayo; mais le temps que la diablesse avait passé près d'eux lui avait suffi pour contracter des relations avec un vagabond de son espèce, qui la suivit à l'hacienda. Là, sans que personne en eût soupçon, leurs relations continuèrent. Pendant le jour, le Chuncho se cachait dans les bois et n'en sortait que la nuit pour venir rejoindre sa belle et faire provision de vivres. Don Symphorose ayant surpris les deux amants en tête-à-tête, les fit attacher au même poteau et fouetter d'importance, puis il renvoya le Chuncho chez les siens, en lui enjoignant de ne plus remettre les pieds à l'hacienda, sous peine d'être écorché vif et frotté de vinaigre. Le Chuncho se le tint pour dit et ne reparut plus. Quelques mois se passèrent. Le châtiment infligé par Symphorose aux deux coupables n'avait troublé en rien la bonne harmonie qui régnait entre l'hacienda et la tribu. On continuait à se voir comme par le passé. Sur ces entrefaites, les jeunes gens reçurent un message de l'Atun-Huayri ou chef des païens, par lequel il les invitait à se rendre à Mano pour y pêcher le sabalo dans la grande rivière. Les deux frères partirent, emmenant la Chuncha avec eux pour faire leur cuisine. Le mozito dont je vous ai parlé les suivait, portant leur bagage. En arrivant à Mano, où toute la tribu était réunie, ils furent accueillis, embrassés, fêtés comme d'habitude. Pendant qu'on préparait le barbasco pour enivrer le poisson, l'Atun-Huayri proposa aux jeunes gens de se baigner avec lui dans une petite anse que formait la rivière. Tous les Chunchos voulurent être de la partie. Le mozito, resté seul, se mit à chercher des goyaves dans les halliers. En levant le nez, il aperçut, pendant à l'extrémité d'une branche, un de ces nids de pustis en forme de courge que le vent balançait. L'idée lui vint de s'en emparer, et pour ce faire il monta sur l'arbre. Comme il allait l'atteindre, d'horribles clameurs retentirent du côté de la Poza, où les baigneurs étaient réunis. Il regarda, et vit don Symphorose le corps percé de flèches et se débattant dans la rivière, dont le courant l'entraînait déjà. A quelques pas de là, son frère Pedro, debout sur la rive, achevait de se déshabiller pour entrer dans l'eau. Une douzaine de flèches sifflèrent autour de lui. Une d'elles l'atteignit à la cuisse. Le jeune homme poussa un grand cri et tomba à la renverse. Les Chunchos, croyant l'avoir tué, s'enfuirent précipitamment. Le mozito, qui n'avait perdu aucun détail de cette scène, savait qu'il n'était que blessé. Toutefois, il n'osait abandonner son poste. Les sauvages pouvaient revenir et lui faire un mauvais parti. Au bout d'un moment, ne les voyant pas reparaître, il se hasarda à descendre de l'arbre et courut à son maître pour l'avertir que les Chunchos n'étaient plus là et qu'il fallait fuir au plus vite. Don Pedro ne répondit pas. Il était évanoui. L'enfant lui jeta de l'eau au visage, le fit revenir et, après avoir lavé et bandé sa blessure, le ramena à Chaupimayo. La fièvre le prit en arrivant. Huit jours après, quand elle le quitta, il n'avait plus sa raison. C'est peu de temps après ces événements, que don Ventura vendit au señor Alacuesta son hacienda de Chaupimayo. D'abord il avait emmené son fils Pedro à Paucartampu pour essayer de le guérir de sa folie, puis il l'avait fait voyager pour le distraire; mais rien n'y fit. Don Pedro resta fou, et son père vint mourir de chagrin sur cette hacienda de Yana-Yacu qu'il tenait de sa femme. A cette époque, mon frère et moi nous habitions dans le voisinage. En songeant aux bontés que don Ventura et son épouse avaient eues de tout temps pour notre famille, nous résolûmes de nous dévouer corps et âme à leur pauvre fils. Nous vendîmes ce que nous possédions, et nous vînmes nous établir ici. Ah! monsieur, quel mal il nous donna en commençant! c'était à jeter le manche après la cognée. Vingt fois nous fûmes sur le point de le quitter; mais l'idée que d'autres ne manqueraient pas de faire par intérêt ce que nous faisions par dévouement, nous retint à l'hacienda. A force de patience et de bons procédés, et en le faisant boire comme je vous l'ai dit, nous sommes enfin parvenus à le rendre traitable. »

Ici le cholo s'arrêta pour allumer une seconde cigarette. Je compris que son histoire était finie, et, désirant borner là l'entretien, je le priai de m'indiquer un endroit où je pusse dormir. Il me montra sur le lit de camp mon almofrez, que mon guide avait apporté sans que j'y prisse garde, et se retira en me recommandant à sainte Marie l'Égyptienne, patronne de Yana-Yacu. Je passai une nuit assez agitée. Le récit du cholo, ou peut-être l'étrangeté de la méthode curative employée par lui à l'égard d'Ampuero, m'avait porté sur les nerfs. Mon sommeil fut entrecoupé de songes bizarres où la face blême du fou m'apparut, escortée de Chunchos de toutes couleurs.

En me levant, je trouvai les frères Climaco et Jésus, attablés devant une immense jatte de chocolat dans lequel ils trempaient en commun des tartines beurrées. Ils m'offrirent de partager leur déjeuner, mais je n'acceptai pas. Leur maître, dont je demandai des nouvelles, était rétabli de son indisposition de la veille et vaguait déjà dans les champs. Avant de partir, je gratifiai les régisseurs modèles de quelques pièces de monnaie qu'ils empochèrent lestement, bien qu'ils me jurassent, la bouche pleine, que ce qu'ils en faisaient, était uniquement pour ne pas me désobliger. Quelques minutes après, j'avais quitté l'hacienda. En passant près d'une clôture qui bordait le *naranjal* [1] de la propriété, du côté

1. Toutes les fermes de la vallée de Santa-Ana, à partir de Yana-Yacu, possèdent un de ces naranjales ou quinconces d'oran-

du chemin, je vis rouler devant moi, dans la poussière, deux ou trois fruits d'or détachés de l'arbre des Hespérides. Comme Atalante, je m'arrêtai séduit par leur éclat. Mon guide les ramassa et les mit dans ses poches. Au moment où je me retournais pour voir d'où venaient ces oranges, une d'elles m'atteignit à la tête et fit sauter mon feutre à quatre pas. L'attaque était sérieuse. Pour m'en garantir, je poussai ma mule de l'autre côté du chemin. « *El loco! el loco!* » (le fou), me cria le mozito en me montrant, assis à califourchon sur la grosse branche d'un oranger, le fou Ampuero, qui nous faisait coup sur coup les plus laides grimaces. Tout autre à ma place eût essayé de le vaincre en laideur, mais en me rappelant le procédé qu'emploient les nègres mozambiques pour se procurer des cocos par l'entremise des singes, je songeai à tirer parti de la position que mon macaque humain occupait sur l'arbre. En conséquence, je sautai à bas de ma mule, et ramassant une pierre, je fis mine de la jeter au fou. Il s'alarma de ce geste agressif, et, pour repousser la force par la force, se mit à cueillir des oranges, choisissant à dessein les plus grosses et me les lançant avec une fureur réelle. A me-

gers. La moitié de leurs produits est envoyée au marché de Cuzco, l'autre moitié sert à faire une liqueur qu'on mélange avec de l'eau-de-vie et du sucre, et qui, au Pérou comme dans les Antilles, porte le nom de vin d'oranges.

sure que ces projectiles d'un nouveau genre nous arrivaient, mon guide les recueillait et les mettait dans son quêpé. Quand la provision me parut suffisante, nous abandonnâmes le théâtre de l'engagement, le mozito riant aux éclats de mon moyen de me procurer des oranges sans bourse délier, moi, songeant gravement aux divers caractères de la folie, ce mal étrange, mystérieux, terrible, qui, d'après les savants, ravale l'homme au niveau de la brute, et selon les sauvages, idéalise sa nature et le met en rapport direct avec Dieu.

De Yana-Yacu au village de Huiro, que nous atteignîmes vers midi, je ne vis rien qui me parût mériter quelques lignes de prose descriptive. La vallée s'était relativement élargie, mais son aridité était toujours la même. Quelques fermes, quelques cultures, apparaissant de loin en loin, rompaient seules l'uniformité du paysage, dont la teinte locale, d'un jaune roussâtre, fatiguait le regard et attristait l'esprit. Par compensation, il faisait le plus beau temps du monde, et la température était d'une douceur charmante. A Huiro, que j'appelle un village, faute de savoir comment qualifier le groupe de sept à huit cahutes éparpillées dans un pli du terrain, je saluai pour la première fois un platanal ou champ de bananiers. Les larges feuilles de cette musacée d'un port si noble et d'un vert si satiné, portaient à leurs aisselles des régimes de fruits dorés que leur poids

inclinait vers la terre. L'eau m'en vint à la bouche
comme à notre mère Ève; — car la pomme symbo-
lique de la Genèse devient, selon les latitudes, figue,
orange ou banane. — Malheureusement je ne vis
personne à qui je pusse m'adresser pour acheter
une patte[1] de ces fruits à défaut d'un régime, et je
regrettai que le fou Ampuero ne fût pas là pour
m'en jeter quelques-uns à la tête.

A trois lieues de Huiro, en face d'un hameau du
nom de Chahuillay, un pont de bois était placé sur
la rivière. Je fis halte un moment, non pour l'amour
du pont grossièrement construit et dont le seul mérite était d'établir une communication entre les deux
rives, mais pour sourire à la rivière Huilcamayo,
que j'avais perdue de vue à Habaspampa, et que je
revoyais après deux jours d'absence. A cet endroit
où, s'ouvrant un passage entre les serros, elle entre
dans la vallée de Santa-Ana et reçoit en passant les
trois rivières du Port, d'Alcusama et de Mesacanchi,
elle répudie son nom de Huilcamayo pour prendre
celui de Santa-Ana, qu'elle conserve pendant un trajet de deux cents lieues à travers le territoire montueux des Indiens Antis [2] ou Campas. Là, la rivière

1. C'est une des divisions du régime. Chaque patte se compose de trois à six fruits. Elle est au régime ce que le ramuscule
est au rameau, le grappillon à la grappe.

2. Ce territoire est borné au sud et à l'est par la rivière de
Santa-Ana jusqu'à sa jonction avec l'Apurimac, au nord par cette
dernière rivière, à l'ouest par la région du *Pajonal.*

Apurimac, à laquelle elle disputa longtemps l'honneur d'être le véritable tronc de l'Amazone, l'engloutit au passage.

Aux approches du soir, je vis poindre à l'horizon la tour carrée d'un clocher et les murs blanchis à la chaux d'un grand édifice. Mon guide, à qui je les montrai, me dit que l'un était l'église de Maranura, un village de onze feux, et l'autre l'hacienda de Béatrix, jadis une des plus riches de la vallée. Par respect pour le poëte florentin que ce nom rappelait, je me promis de faire halte à Béatrix et, si la chose était possible, d'y souper de mon mieux et d'y passer la nuit. Comme une distance assez grande nous en séparait encore et que depuis midi ma mule, insensible aux piqûres de l'éperon, ne marchait plus qu'au pas, je priai le mozito de la bâtonner un peu pour activer son allure. Le drôle, jugeant le bâton insuffisant, recourut à sa longue aiguille et larda si bien l'animal, qu'il obtint de lui un trot assez rapide. En vingt minutes nous eûmes atteint et dépassé le clocher de Maranura et nous arrivâmes devant Béatrix. Comme nous longions le mur extérieur de cette hacienda, une cloche fêlée se mit à tinter. Des cris, des guitares et des chocs métalliques, s'unirent aussitôt aux sons de la cloche, de façon à produire un épouvantable charivari. Presque scandalisé par ce vacarme qui contrastait avec l'honnêteté du site et le calme de la soirée, je mis pied à terre, et après avoir traversé une grande cour jonchée d'herbe où je ne trouvai personne, j'arrivai dans une seconde cour à arceaux, au fond de laquelle, par une porte ouverte à deux battants, j'entrevis un spectacle qui modifia sur-le-champ la mauvaise opinion que j'avais conçue des habitants de ce logis.

Sur une manière d'estrade entourée de cierges, une petite fille morte était étendue, la face livide et convulsée. Un rayon de lumière frappant sur sa bouche entr'ouverte, faisait étinceler l'émail des dents et donnait à la pauvre enfant je ne sais quel sourire lugubre et rechigné. Selon l'usage du pays, on l'avait parée comme pour une fête. Sa jupe à falbalas était de soie bleu tendre, brochée d'argent, et son corsage ou *spencer*, en velours rouge brodé d'or et de perles; mais ces vêtements somptueux, taillés sur le patron d'une adulte, et qu'on avait dû louer ou emprunter pour la circonstance, au lieu de se modeler sur son corps, l'entouraient de plis flasques et abondants comme ceux d'un suaire. Un diadème de clinquant, de plumes et de fleurs, échafaudé comme les coiffures du dernier siècle, complétait cette étrange toilette. Deux enfants en haillons, aux jambes crottées et aux cheveux ébouriffés, mais pourvus d'une paire d'ailes qui spiritualisait leur nature, montaient la garde au chevet de la trépassée. A leurs bâillements réitérés et à la posture de héron qu'ils avaient adoptée, en se tenant tantôt sur une jambe et tantôt sur une autre, on devinait sans peine que cette faction mortuaire leur avait été imposée par les grands parents et que la peur du fouet les retenait seule à leur poste. Aux pieds du cadavre, sur une table recouverte d'un linge, étaient placés un crucifix surmonté d'une palme, un pot de grès, une bouteille et une tasse. Le pot contenait de la chicha, la bouteille, de l'eau-de-vie; la tasse servait de verre à boire aux Indiens des deux sexes réunis dans la chambre.

En me voyant paraître, hommes et femmes avaient poussé des cris aigus et fait le simulacre de s'arracher les cheveux à poignées. — C'est la manière habituelle des Quechuas d'apprendre à l'étranger que la vue d'un cadavre n'instruirait pas suffisamment du fait, que la mort est entrée dans leur maison.— Pour répondre à cet avertissement douloureux, selon l'usage du pays, j'avais ôté mon feutre et mon poncho, fait le signe de la croix, baisé dévotement mon pouce, et, debout au seuil de la chambre, j'avais pris une attitude grave et recueillie en rapport avec la circonstance. Bientôt une femme que je n'avais pas vue, accroupie qu'elle était dans l'ombre, se souleva péniblement, et désignant aux spectateurs la morte étendue sur le lit, s'écria : « *Ay de mi, se ha ido!* » (Malheur à moi, elle s'en est allée). Cela dit, elle jeta un cri et s'affaissa sur elle-même. Cinq minutes après, elle se relevait de nouveau

pour répéter la même phrase, qui fut accompagnée
du même cri et suivie de la même chute; seulement
au passé indéfini : *se ha ido*, elle substitua, comme
variante, le passé défini : *se fué*. A ces deux temps de
verbe employés tour à tour, et surtout à l'expression
déchirante qu'elle mettait à les formuler, je reconnus la mère de l'enfant. Chaque fois qu'elle sur-
gissait ainsi de l'ombre pour donner cours à sa
douleur, une matrone se levait, prenait la tasse,
l'emplissait de chicha ou d'eau-de-vie, selon le temps
simple ou composé du verbe employé par la mère,
et lui présentait la liqueur, que celle-ci buvait avec
ses larmes, suivant l'expression du Psalmiste. La
tasse circulait ensuite à la ronde avec accompagnement de lamentations, de guitares et de cymbales
en fer-blanc. En qualité d'étranger, la coupe banale
me fut présentée par la matrone qui faisait l'office
d'échanson et, pour m'honorer, la digne femme y
trempa préalablement ses lèvres ; mais je lui fis
comprendre que j'avais le cœur trop serré pour avaler quoi que ce fût. Toutefois, pour que mon refus
de prendre part à cette thrénodie bachique ne bles-
sât personne, je déposai dans la tasse encore pleine
une pièce de quatre réaux, que la matrone retira du
liquide et remit à la mère éplorée. Celle-ci, pour répondre à la sympathie que je lui témoignais, but à ma
santé l'eau-de-vie que j'avais dédaignée, et comme
elle accompagnait cette politesse de cris assourdis-

sants, je profitai de l'incident pour aller rejoindre mon guide.

Dans l'impossibilité de passer la nuit sous ce toit funèbre, nous profitâmes des dernières clartés du jour pour pousser jusqu'à Pintobamba, une hacienda renommée pour l'excellence de son cacao, et dont le propriétaire, préfet d'Urubamba, m'était particulièrement connu. Son nom, que je tais ici, mais que je déclinai en mettant pied à terre, fut comme le *sésame, ouvre-toi* des contes arabes : la porte du logis me fut ouverte à deux battants par le majordome ; mais là se borna l'accueil de ce salarié. En l'absence du maître, il dînait à quatre heures, et, sa faim apaisée, me dit-il en riant, un passereau n'eût rien trouvé à glaner après lui. Dans la disposition d'esprit où j'étais, le rire et les paroles de cet homme me semblèrent stupides. Par égard pour moi-même, je n'en témoignai rien. A force de frapper aux portes des Indiens du domaine, de m'enquérir de leurs ressources alimentaires et d'offrir un prix fabuleux des vivres qu'ils me procureraient, on réussit à me trouver quelques œufs de pintade.

L'idée me vint d'en faire une omelette. Le majordome s'offrit à m'aider dans cette opération culinaire. Je ne lui répondis pas, mais je le laissai faire. Pendant que je battais les œufs, il alluma du feu et dressa sur un bout de table un semblant de couvert. Tout en agitant la queue de la poêle, je remarquai que son couvert avait deux verres, deux assiettes et deux chaises. Cette disposition me parut bizarre, mais je ne m'y arrêtai pas; l'omelette était là qui réclamait toute mon attention. Quand elle fut cuite à point, je la roulai sur elle-même, la renversai sur un plat et me la servis chaude. Mon aide de cuisine attendit un instant que je l'invitasse à en prendre sa part, mais me voyant résolu à la manger seul, il sortit brusquement pour ne pas succomber à la tentation de s'inviter lui-même. Lorsqu'il revint, tout était consommé. Je lui demandai une chambre et un lit. Ma demande, à laquelle il s'attendait probablement, amena sur ses lèvres un méchant sourire. Il me répondit en regardant la poële à frire, où s'étaient attachés quelques lambeaux de l'omelette, qu'il n'y avait dans la maison d'autre chambre à coucher que la sienne, le patron ayant l'habitude d'emporter les clefs avec lui. A cet aveu, je jetai les hauts cris, j'appelai le propriétaire olibrius et Caraïbe, je déclarai que la première fois que je rencontrerais la belle doña Julia, archimaîtresse de l'hacienda, je me plaindrais amèrement à elle de la ridicule manie de son époux, etc. En m'entendant parler de la sorte, le majordome, surpris et effrayé, revint adroitement sur la décision qu'il semblait avoir prise de m'envoyer coucher dehors pour me punir d'avoir mangé sans lui une omelette de cinq œufs. Il lui restait bien une chambre, me dit-il, mais si laide,

si sale, si démeublée, qu'il n'avait pas eu le courage
de me l'offrir. Je demandai d'un ton bref à voir
cette chambre. L'homme m'y conduisit après quelques façons. La chambre était non-seulement convenable, mais confortable, avec sa tenture de cuir
fauve, ses vieux fauteuils en chêne sculpté, son
grand bahut et son grand lit du temps de la conquête. A l'observation que j'en fis assez sèchement,
le majordome ne sut trop que répondre ; ce que
voyant, je lui tournai le dos et me mis à siffler un
air du pays. L'aplomb de mes manières acheva de
le déconcerter. Il resta planté sur ses jambes, l'o-
reille basse et la tête inclinée, pendant que je procé-
dais à ma toilette nocturne. Songeait-il à la bévue
qu'il avait commise et aux conséquences d'une plainte
portée contre lui à son altière et charmante maîtresse ? Redoutait-il l'éclair de cet œil noir et la smor-
fia de cette bouche rose, se voyait-il en idée traité
comme un nègre et chassé comme un chien par celle
que de nombreux adorateurs avaient surnommée *la
Diosa de Pintobamba?* Je ne sais ; mais il considérait
le plancher d'une façon singulière. Tout à coup, je le
vis aller et venir, ouvrir une fenêtre pour renouveler l'air, épousseter les meubles avec sa manche
et écraser sous son pied quelques araignées. Évidemment mon homme reconnaissait ses torts et
cherchait à les réparer. Toutefois la réparation ne
me parut pas suffisante. Mon front ne se dérida pas

d'un pli devant ses prévenances. Je le laissai faire
sans l'interrompre, et lorsqu'il eut fini, j'oubliai
volontairement de le remercier. Il sortit visiblement
inquiet du peu de succès de sa manœuvre. Quand
il ne fut plus là, je me mis à rire. Après tout n'é-
tait-il pas juste qu'ayant conçu l'idée malsaine de
me faire coucher dehors, il passât lui-même une
mauvaise nuit, partagé entre le remords de sa pensée coupable et la crainte de perdre son emploi?

Le lendemain j'avais complétement oublié cet
épisode de la veille; mais le majordome s'en souve-
nait. Dès que je parus, il vint à moi en se frottant
les mains d'un air joyeux et me dit qu'il pensait bien
que je ne mettrais pas en route sans lui faire l'honneur de déjeuner avec lui. Je récusai l'honneur, mais
j'acceptai l'offre. Je crois même qu'il m'arriva de lui
dire à ce sujet quelque chose d'aimable, que je ne
me rappelle plus à cette heure, mais qui parut le
flatter beaucoup. Nous déjeunâmes dans une galerie
à arceaux cintrés, d'où l'on embrassait d'un coup
d'œil les cacaoyers du domaine. Ce déjeuner ne se
composait que d'un potage aux œufs, assaisonné de
rue et de safran; mais le majordome m'en fit les
honneurs avec tant de bonhomie, que j'y revins trois
fois. Une tasse de chocolat, dont le cacao avait été
récolté sur l'hacienda, nous fut servie ensuite, cou-
ronnée de son flot d'écume et accompagnée du verre
d'eau limpide et du cure-dent végétal de rigueur.

Une cigarette de tabac de Bracamoras, fumée en commun, termina la séance. Alors je n'eus plus qu'à prendre congé de mon homme. Comme j'allais me séparer de lui, il me pria tout bas, puisque je connaissais la señora Julia, sa maîtresse, d'user de mon crédit auprès d'elle pour lui faire obtenir une petite augmentation de gages, qu'il méritait à plus d'un titre, et que mainte fois il avait demandée à son maître, mais que celui-ci, soit qu'il ne s'en souciât pas, soit qu'il ne pût rien par lui-même, ajournait sans cesse. Je promis au suppliant de faire droit à sa requête, et comme témoignage anticipé de sa reconnaissance, il emplit mes sacoches de bananes, de citrons doux et de tronçons de canne à sucre.

En quittant Pintobamba, je convins avec le mozito de brûler le chemin pour arriver n'importe à quelle heure à la mission de Cocabambilla, où j'avais l'intention de m'établir pendant la durée de mon séjour dans la vallée. Cocabambilla, outre son voisinage immédiat de la montagne Urusayhua, que je comptais gravir en dépit des lions sans crinière qui la gardaient depuis des siècles, avait encore plus d'un attrait pour moi. Fondée autrefois par les jésuites, accaparée plus tard par des moines franciscains, non pas au profit de leur ordre et pour y chanter laudes et matines, mais pour servir de comptoir à leurs spéculations, et d'entrepôt aux diverses denrées qu'ils cultivaient, récoltaient, expédiaient à cent lieues à la ronde, Cocabambilla, comme on voit, devait offrir un intérêt réel, non-seulement au touriste et au voyageur désœuvré, ces admirateurs superficiels de la forme, mais à l'économiste, au physiologiste, et même au psychologue, ces graves appréciateurs du fond. Muni de lettres de recommandation qui m'accréditaient près des négociants tonsurés, je m'étais promis de visiter en détail leurs magasins, leurs séchoirs et leurs officines, de prendre force notes sur leurs opérations commerciales, leurs achats à vil prix, leurs ventes au plus haut taux possible, et, chose bien autrement intéressante, d'étudier de près l'âme de ces moines, qui avaient jeté le froc aux orties et abjuré le culte du vrai Dieu pour sacrifier à Plutus et à Mercurius, ces abominables idoles. Malheureusement je ne pus donner suite à ce beau projet. A deux lieues de Pintobamba ma mule se mit à boiter des quatre jambes, et sans que l'éperon ni la lardoire pussent la contraindre à changer d'allure. Force me fut de la laisser aller clopin-clopant, cahin-caha, et de renoncer à voir ce jour-là le comptoir franciscain que je m'étais flatté d'atteindre.

Vers le soir, une ferme d'assez belle apparence, appelée Empalizada, se dessina devant nous au sommet d'une colline. Le chemin que nous suivions y aboutissait directement, et nous n'eûmes pas à changer notre itinéraire. En arrivant devant la mai-

son, un bruit singulier frappa mon oreille. J'arrêtai ma mule pour écouter. Une voix de basse-taille,
tonnante et irritée, dialoguait dans l'intérieur avec
une voix aigrelette et pleureuse. Aux épithètes ca-
ractéristiques, mais peu parlementaires, que prodiguait la grosse voix, la petite voix répondait par des
dénégations véhémentes et des serments sans fin.
Pendant que j'écoutais, le bruit cessa. Je crus que
la dispute était finie, et je m'en réjouis intérieurement. Mais ce n'était qu'un calme trompeur. Après
quelques minutes de silence, les voix reprirent de
plus belle. « *Alcoruna*, *Supaypa-Huahua* (femelle
de chien, enfant du diable), cria cette fois la basse-
taille, mais avoue donc qu'il a passé la nuit ici ! —
Je n'avoue rien, riposta le soprano, je ne l'ai pas vu,
j'en atteste le Père, le Fils et le Saint-Esprit, et la
Vierge de Bethléem conçue sans péché ! — Tiens,
atteste ceci.... » fit la grosse voix. Un tutti de claques et de gourmades, accompagné de cris aigus,
m'empêcha d'entendre la fin de la phrase. Je pensai
qu'il s'agissait d'une altercation conjugale, et bien
qu'il y eût quelque indiscrétion de ma part à inter-
venir dans une semblable querelle, l'idée d'une lutte
inégale où les poings de l'homme devaient indubi-
tablement l'emporter sur les ongles de la femme,
imposa silence à mes scrupules. Je poussai vivement ma mule vers la porte d'entrée en criant de
toutes mes forces : « Arrête, lâche, arrête! » Mais

l'affreuse bête, qui ne comprenait pas l'indignation dont j'étais animé, trébucha, s'abattit et m'envoya tomber par-dessus ses oreilles sur les marches du seuil. Au bruit de ma chute, soufflets et coups de poing cessèrent tout à coup. Je me relevai plus confus que meurtri, et, tout en retirant de la paume de mes mains quelques petits cailloux qui s'y étaient incrustés, je me produisis devant le couple batailleur. La femme, dont le costume était des plus succincts et la chevelure fort mêlée, jeta un cri de frayeur en m'apercevant et disparut par une porte dérobée. L'homme, après m'avoir toisé de la tête aux pieds, me demanda d'un ton bourru qui j'étais et ce que je voulais. La chute que je venais de faire, avait un peu refroidi mon ardeur chevaleresque. La lutte d'ailleurs était terminée, et mon apostrophe eût manqué d'à-propos. Donc, au lieu de dire à celui qui m'interrogeait qu'il était d'un maroufle et d'un palefrenier d'assommer une femme, l'eût-elle mérité cent fois, ce qui s'était vu, je satisfis à ses questions de manière à me captiver sa bienveillance; j'ajoutai que, la journée ayant été pénible et la nuit s'approchant, il me serait doux, las et affamé comme je l'étais, de trouver sous son toit le vivre et le couvert.

A ce discours, que je résume ici en une seule phrase, mais que j'avais développé convenablement en assez beau style et prononcé d'un ton pathétique, l'homme répliqua, sans la moindre précaution oratoire, qu'il

n'avait ni pain ni vin à m'offrir, et que pour ce qui
était de me laisser coucher chez lui, il n'y consenti-
rait jamais ; que si j'étais trop fatigué pour pousser
jusqu'à Siete-Vueltas, l'hacienda voisine, je pouvais
mettre ma mule dans son corral avec les siennes et
passer la nuit sur une barbacoa qui se trouvait devant sa maison. Je ne crus pas devoir remercier
pour si peu l'incivil hacendero, et, lui tournant le
dos, je rejoignis mon guide, à qui j'ordonnai de desseller ma bête et de la conduire à l'écurie. Tandis
qu'il était occupé de ces soins, j'examinai la barbacoa qui devait me servir de chambre et de lit. C'é-
tait une façon de niche carrée, pratiquée dans
l'épaisseur du mur, avec un cube en maçonnerie
sur lequel, à la rigueur, on pouvait s'étendre. La
peur des animaux féroces me talonnait bien un peu,
car je n'ignorais pas que, sous ces latitudes, le petit
ours noir à ventre fauve, le *felis discolor* et le puma,
ce roi des jaguars péruviens, si improprement appelé lion d'Amérique, ont l'habitude de rôder la
nuit autour des fermes, en quête du miel ou des
fruits, du chien ou du porc, de la génisse ou de la
mule, dont ils font leur pâture. Mais en y réfléchissant, je trouvai un moyen de me préserver
de leurs griffes. D'abord je dressai mon lit dans la
niche, puis, quand le mozito revint, je l'envoyai
couper force branchages, que je fichai en terre le
long de la barbacoa, de manière à en dissimuler

l'aspect. Le mozito, qui crut que j'ornais ainsi ma couche de feuillage pour combattre l'ardeur nocturne ou tempérer l'éclat des rayons lunaires, m'objecta que dans la vallée les nuits étaient très-froides, et que Quilla, sœur d'Apollon, ne paraîtrait que dans huit jours. Mais je le laissai dire. Quand j'eus achevé mes préparatifs, je me glissai derrière la cloison végétale, et, m'étant enveloppé dans mes couvertures, j'ordonnai au mozito de dérouler ses bannes et de se coucher au pied de la barbacoa. Comme prétexte à ce caprice, j'alléguai que sa vue m'était chère et que j'en pourrais jouir plus longtemps. Il obéit sans répliquer. Quelques minutes après, en le voyant étendu sur le sol et ronflant déjà, je pensai que si nous étions destinés à recevoir pendant la nuit la visite d'un tigre, c'est mon guide qu'il mangerait et non pas moi. Pénétré d'un bien-être égoïste à cette idée, je sentis mes paupières se clore, ma raison m'échapper, et j'allais probablement voyager en esprit dans l'empire des songes, lorsque j'entendis ouvrir la porte du logis. Une voix, que je reconnus pour celle de l'hacendero, demanda : « Dormez-vous, monsieur? — Pas encore, fis-je. — En ce cas, mangez et buvez ceci. » Je passai la main à travers les branchages et je reçus une tasse de lait où trempait, en guise de pain, une banane chaude. « *Dios pagarasunki* » (Que Dieu vous le rende), dis-je à l'hacendero en me mettant sur mon séant pour expédier ce mets frugal. Il referma sa porte, et ma collation achevée, je fus bientôt endormi.

Aucun incident fâcheux ne troubla mon sommeil. En ouvrant les yeux, la première chose que je vis fut mon guide occupé à ployer ses bannes. Je le félicitai intérieurement d'avoir échappé à la dent des tigres, et d'un coup de main écartant mon rideau de feuillage, je n'eus d'autre toilette à faire qu'à secouer mes vêtements un peu fripés. En ramenant ma mule du corral, le mozito m'apporta un vase de lait qu'on venait, me dit-il, de traire à mon intention. J'en bus quelques gorgées et lui donnai le reste. Pendant qu'il sellait ma monture, l'hacendero entr'ouvrit sa porte et se montra coiffé d'un serre-tête d'indienne et vêtu d'un caleçon très-court. Après m'avoir présenté ses civilités matinales, il me pria, dans cette phraséologie castillane qui fait d'un sou de cuivre un écu d'or, d'excuser la maigre hospitalité qu'il m'avait donnée. Je lui rendis aussitôt la monnaie de sa pièce en déclarant sa modestie exagérée et l'assurant que ses bonnes manières m'avaient gagné le cœur. Comme nous étions en train d'échanger ces gracieusetés, dont probablement nous ne pensions un mot ni l'un ni l'autre, *l'hacendera* en personne, *incessu patuit dea*, se montra derrière son époux, et, avec le geste élégant et mignard d'une chatte, lui passa un de ses bras autour du cou. La pauvre femme, qui n'était ni laide,

ni vieille, ni mal faite, avait un œil de la grosseur
d'un œuf de poule, verrue éclose sous le poing ma-
rital, et où la combinaison du rouge brique et du
bleu pers, produisait le violâtre. L'autre œil était
noir, coupé en amande, frangé de longs cils, et
d'une expression ravissante. Malgré la douleur qui
la contraignait de tenir fermé son œil nuancé de
couleurs bizarres, elle avait l'air si souriant, si heureux, si complétement satisfait, que je pensai qu'un
armistice avait été conclu pendant la nuit entre les
parties belligérantes, et que, pour le moment, le
baromètre conjugal était fixé au beau.

D'Empalizada à l'hacienda de Siete-Vueltas, ainsi
nommée de la spirale de sept anneaux que le chemin décrit autour d'une montagne au bas de laquelle
elle est située, je ne vis de remarquable que le soleil levant, qui dépassait un peu le sommet des
serros et dont les rayons, s'allongeant au fond de
la vallée, coupaient de hachures lumineuses les
plantations de cannes à sucre et de coca. On eût dit
une étoffe verte à larges bandes d'or. Ce tableau
valait bien un regard sans doute, mais je trouvai
que, sans s'appauvrir, la nature eût pu donner
mieux. Depuis Panticalla jusqu'à Siete-Vueltas, près
de quarante lieues de pays, elle s'était montrée si
avare des beaux effets qu'elle prodigue à chaque pas
dans les vallées voisines, que, malgré ma vieille affection pour elle et mon besoin réel de l'admirer

quand même, je me sentais mal disposé à son endroit et tout près de lui chercher noise. Cependant,
au delà de Siete-Vueltas et comme nous venions de
passer à gué la petite rivière d'Alcusama, il me
sembla remarquer quelque amélioration dans le
paysage. Une lieue plus loin, cette amélioration était
devenue un progrès sensible. La végétation dépassa
bientôt le pied des montagnes, envahit leurs flancs
et finit par cacher leur sommet. Des touffes de ma-
guey (agave) donnèrent aux terrains, de plus en
plus accidentés, un aspect tropical. De grands arbres, érithrines, cédrèles, bignoniées, formèrent çà
et là de belles masses ; la liane ahuar-cencca (paquet de nez), le *dolichos splendens* des botanistes, en-
toura leurs troncs et leurs basses branches de guirlandes de fleurs ; des taillis d'actinophylles, de
rhexias et de mélastomes, couvrirent les endroits
incultes ; des ipomæas d'une pourpre ardente, des
liserons multiflores d'un jaune vif, des convolvulus
à la large corolle blanche striée de vert, rampèrent
sur le sol ou s'enlacèrent aux rameaux des arbustes :
l'*amaryllis fulgida*, pareil à une flamme, brilla dans
l'ombre des buissons ; bref, la flore locale se mit à
déployer un tel luxe de coquetterie, qu'étonné, ravi
et un peu intrigué aussi, je me demandai tout bas à
quel sylphe de l'air, à quel faune des bois, à quel
immortel aquatique tapi dans ses roseaux, la déesse
faisait de pareilles avances. Pauvre déesse ! C'était

bien à tort que je suspectais sa vertu. Un regard
jeté sur ma boussole me donna le mot de l'énigme.
La vallée, qui, depuis sa naissance jusqu'au village
de Chaco, en deçà de la rivière d'Alcusama, s'était
obstinément développée à l'ouest-nord-ouest, côtoyant dans sa marche les versants neigeux de la Cordillère, avait, à partir de cet endroit, changé de
direction; de l'ouest-nord-ouest, elle était passée au
nord, puis au nord-est et enfin à l'est-nord-est,
qu'elle suivait maintenant. Ainsi, quelques pas,
quelques lieues faites à l'est, au-devant du soleil,—
âme et flambeau du monde, comme dit un poëte,—
avaient suffi pour opérer ce changement. Dans le
transport subit dont je me sentis animé à cette découverte, peu s'en fallut que je n'apostasiasse, et de
catholique apostolique et romain, je ne devinsse
guèbre et sectateur d'Hélios-Churi. Un bruit de clo-
ches apporté par le vent changea la nature de mes
idées. Devant nous, au fond de la perspective, une
tour carrée s'élevait au-dessus d'un groupe de chaumières. Mon guide, à qui je les montrai, me dit que
cette tour était le clocher d'une église, et ces chaumières celles d'Echarati, un village voisin de la
mission de Cocabambilla. A cet endroit la vallée
avait à peine un quart de lieue de largeur. Le chemin, un vrai chemin d'idylle, plane, sablé, sinueux,
bordé d'herbe fraîche et d'alstroëmeres de plusieurs
sortes, passait entre deux montagnes de figure co-

nique, couvertes de la base au sommet de ces taillis épais que les habitants du pays nomment *Monte-Réal*. Ces deux bornes jumelles, détachées de la chaîne mère, pouvaient avoir trois mille pieds d'élévation. Leur configuration, l'inclinaison de leurs versants et jusqu'à leur hauteur, étaient tellement identiques, qu'il eût été difficile de décider laquelle des deux sœurs était l'aînée. La seule distinction qu'on pût établir entre elles, c'est que l'une, celle de droite, entièrement couverte de sombres et luxuriantes verdures, semblait brune, et que l'autre, celle de gauche, avec son sommet de grès rouge, un peu dénudé et coupé à pic du côté de la vallée, pouvait passer pour blonde. Du reste, ainsi placées en avant de la chaîne et dominant sa lourde masse de toute leur hauteur, elles faisaient une admirable figure dans le paysage et formaient un repoussoir vigoureux au village d'Echarati et au fond d'azur doux et vague sur lequel il se détachait. Subitement épris de ce beau site, le seul que j'eusse vu depuis Panticalla, mes yeux erraient avec ravissement de la montagne brune à la montagne blonde, et dans l'impossibilité de choisir entre elles, tant je les trouvais charmantes et désirables toutes deux, j'allais me décider à passer outre, emportant, gravé dans mon esprit, leur double profil géologique, lorsque le mozito, en me disant leur nom, mit un terme à mon irrésolution et fixa définitivement mon choix.

La brune s'appelait Aputinhia, un nom vulgaire que j'entendais pour la première fois; la blonde était l'Urusayhua, cette montagne magique et inexplorée à la recherche de laquelle j'étais parti. J'ôtai mon feutre à l'imposante vierge, plus résolu que jamais à tenter sa conquête. La cloche tintait encore quand nous débouchâmes sur la place d'Echarati. Des groupes d'Indiens stationnaient devant l'église, attendant l'heure de la messe, car ce jour était un dimanche, ce dont je ne me doutais pas, mes jours et mes nuits, depuis ma sortie de Cuzco, ayant été de la même couleur, comme ceux du chantre d'Elvire. Un coup d'œil me suffit pour juger de la localité ; n'y voyant rien que de très-ordinaire, j'allais enfiler le chemin de Cocabambilla, que je voyais s'ouvrir en face de moi à l'extrémité de la place, lorsqu'il prit fantaisie à ma mule de s'arrêter au beau milieu. Comme à Paucar, une lutte dans les règles s'engagea entre moi et la bête, et, comme à Paucar, j'eus le dessous et me vis entouré d'un cercle de curieux. Des paris s'établirent sur l'issue de la lutte. « *Mulata andaracanqui* (la mule marchera!) disaient les uns. — *Manandaracanqui* (elle ne marchera pas!) disaient les autres. Tout cela était accompagné de tels éclats de rire, qu'Homère, s'il eût passé par là, eût pris Echarati pour un Olympe, et tous ces manants pour des dieux. Voisins et voisines attirés par le bruit, se

montraient sur leurs portes, et le sonneur de clo-
ches avait interrompu son carillon pour regarder.
Inutile d'ajouter que je rageais et suais à grosses
gouttes, appelant un secours qui n'arrivait pas.
Tout à coup, un individu traversa la place, et, d'un
geste brusque écartant les badauds qui m'entouraient, vint me regarder sous le nez. Un cri de surprise lui échappa ainsi qu'à moi-même, puis nos
deux visages s'épanouirent en même temps. Nous
venions de nous reconnaître pour compatriotes. En
nous entendant parler avec volubité dans un idiome
à elle inconnu, la foule s'écarta avec empressement.
Le Français prit ma monture par la bride, et, lui
ayant tourné la tête au nord, lui administra aussitôt quelques coups de pied; j'y joignis des coups
d'éperon, le mozito des coups d'aiguille, et la bête
récalcitrante se vit enfin contrainte de céder. Comme
nous tournions le dos au chemin de Cocabambilla,
j'en fis la remarque au compatriote, en l'instruisant
en même temps des motifs de mon voyage. « Bon,
fit-il, nous causerons de tout cela pendant le déjeuner. » Je me laissai conduire. Cinq minutes après
nous entrions dans une longue et large allée, bordée d'un triple rang d'agaves, qui menait à l'hacienda de Bellavista, où mon homme achevait de
me dire qu'il était régisseur.

Ici, je me vois forcé d'ouvrir une parenthèse pour

apprendre à ceux qui l'ignorent, ce qu'était ce Français que la Providence venait de m'envoyer à propos, puis en quel lieu et de quelle façon j'avais fait sa connaissance.

D'abord, il s'appelait Gaspard et touchait à la cinquantaine ; ensuite il était né à Paris, dans cette partie du faubourg Saint-Marceau renommée pour ses tanneries. Des malheurs qu'il avait *écus*, disait-il, mais sur lesquels il gardait le silence, l'avaient conduit en Amérique. Il avait été tonnelier à Montevideo, pédicure au Chili, maître d'armes en Bolivie et jardinier-fleuriste au Pérou. C'est tout ce que je savais de lui. Quand un compatriote me l'amena à Cuzco, il venait de se faire naturaliste et cherchait à rassembler quelques échantillons zoologiques dans le but d'en tirer parti. Seulement, comme il n'avait jamais manié un scalpel de sa vie et ne savait qu'écorcher une anguille à la façon des dames de la Halle et des mariniers de Bercy, il se trouvait assez embarrassé. La personne qui me le présentait, et à laquelle il avait confié son embarras, touchée de sa candeur et de son ignorance, m'avait prié de lui donner les premières leçons. J'avais donc ouvert à l'usage de mons Gaspard un cours d'histoire naturelle appliquée à la taxidermie, et, joignant l'exemple au précepte, la pratique à la théorie, dépouillé, préparé, empaillé, monté sous ses yeux, des chiens et des chats que me procurait un des quatre assommeurs-jurés de la police [1], sans compter les poules, les canards et autres volatiles que je faisais acheter au marché. Après quinze jours de leçons expérimentales, j'avais reconnu l'inaptitude de mon élève à manœuvrer le bistouri, la spatule et les pincettes. Il n'avait pas non plus le sentiment des carcasses d'étoupe, qu'il modelait au rebours du bon sens, et toujours trop grandes ou trop petites pour le sujet auquel elles devaient servir. En professeur consciencieux, j'avais cru devoir l'avertir qu'il perdait son temps et ne serait jamais en état d'empailler une huître. Il paraît que mon opinion à cet égard était de tous points conforme à la sienne, car au lieu de se fâcher de mon appréciation, commé il en avait bien le droit, il s'était contenté d'en rire, et nous nous étions quittés bons amis. Le mois suivant

---

1. Pour prévenir la trop grande multiplication de l'espèce canine, dont les représentants, à Cuzco comme à Valparaiso, errent dans la ville par troupes nombreuses, la police, l'édilité ou la voirie, je ne sais trop laquelle, entretient sur pied quatre assommeurs, lesquels, le lundi de chaque semaine, parcourent de bonne heure les rues de la cité. Deux d'entre eux tiennent les deux bouts d'une corde et vont rasant les murailles de chaque côté de la rue. Leurs compagnons les suivent, armés de porras ou gourdins à grosse tête. Tout chien qui traverse la rue en ce moment fatal, est impitoyablement lancé en l'air au moyen de la corde et assommé à l'aide des porras. Entre onze heures et midi, ces victimes, de taille et de pelage variés, sont placées côte à côte sur les dalles du cabildo, où un vérificateur nommé à cet effet vient examiner leurs cadavres, ou plutôt en vérifier le chiffre.

il était parti pour les vallées chaudes, et je n'en
avais plus entendu parler. Si son intelligence et ses
progrès comme disciple m'avaient laissé peu de
souvenirs agréables, en revanche, ses qualités
comme homme, qu'il m'avait été donné d'apprécier,
sa franchise, sa loyauté, je ne sais quoi de tendre et
d'affectueux, caché sous son enveloppe un peu rude,
m'avaient intéressé vivement. Bien des fois, depuis
notre séparation, il m'était arrivé de songer à ce
brave cœur, que je supposais errant de rivage en
rivage; et dans l'impossibilité d'améliorer son sort,
je m'étais plu à lui souhaiter, à l'exemple des Nat-
chez de Chateaubriand, un ciel bleu, un manteau de
castor et l'espérance. On comprend ma satisfaction
en le retrouvant dans une position qui pouvait n'être
pas brillante, mais dont il paraissait satisfait. L'allée que nous suivions aboutissait à une cour d'un
arpent carré, coupée en deux par un ruisseau d'eau
vive. Des graminées de toute espèce y croissaient
librement et formaient un tapis moelleux. Cette
cour, où nous débouchâmes comme sur une pe-
louse, était bornée au nord par une suite de hangars et de granges; au sud, par la cuisine, la
rummerie, la maison de Gaspard, humble cage
treillissée, et les chaumières des péons; à l'est,
par un jardin sans bornes; à l'ouest, par des taillis
sans fin. De grands et beaux arbres arrondissaient
leurs masses sombres à travers tout cela. Par un

effet d'optique singulier, l'Urusayhua, qui fermait l'horizon dans la partie du nord, à un quart de lieue de distance, semblait si rapproché de nous, qu'on eût dit que l'ombre du colosse se projetait sur le domaine. Tandis que je l'examinais en détail, Gaspard aidait le mozito à desseller ma mule. A une exclamation qu'ils poussèrent, je me retournai ; la bête, qu'on venait de débarrasser de sa sangle, avait aux flancs deux plaies sanieuses, produites par mes coups d'éperon, et où les vers pullulaient déjà. A cette vue, je rougis presque de moi-même ; je m'accusai de barbarie, je me donnai des noms odieux, je me traitai avec d'autant moins de ménagement, que Gaspard assurait, d'un air sentencieux, que ces blessures, envenimées par la chaleur et les insectes, entraîneraient la mort de l'animal, et partant, le remboursement de sa valeur au propriétaire. Mon guide, qui voyait les choses d'un autre œil, démentit cette sinistre prophétie. Après avoir lavé à renfort d'eau les plaies de la mule et les avoir débarrassées de leurs hôtes immondes, il y appliqua un emplâtre d'hydrocotile multiflore et de tabac, assujettit le tout au moyen d'une bande, et m'assura qu'avant huit jours il n'y paraîtrait rien. Je lui promis deux piastres de bonne main, s'il réussissait dans sa cure.

Une fois ma mule installée à l'écurie et mon guide établi chez un des péons, Gaspard me con-

duisit, non pas dans sa demeure treillagée, il la
déclarait indigne de moi, mais dans le propre logement de son patron, un señor Brjanda, ex-préfet de
Cotabamba, résidant à Cuzco, rue des Saintes-Pu-
celles d'Andamarca. Ce logement, situé dans le jardin, était si bien caché par un rideau de bananiers,
qu'à moins d'être averti de son existence, on eût pu
passer vingt fois auprès sans le découvrir. Gaspard
l'avait construit-lui-même, me dit-il, et y avait fait
une incroyable dépense de temps et d'imagination.
Aussi, du village de Chaco à la mission de Cocabambilla, — douce récompense de ses labeurs, — n'ap-
pelait-on cette œuvre de ses mains que : *el palacito
de Bellarista*, (le petit palais de Bellevue.) Ce « palais »
se composait d'une seule pièce de dix pieds carrés,
surmontée d'un toit de zinc en poivrière, terminé
par une chicorée. La hauteur totale de l'édifice, y
compris le pompon terminal, pouvait être de quinze
pieds. Ses murailles blanchies au lait de chaux, ver-
nies à la glu de cactus, étaient percées, aux quatre
points cardinaux, de portes-fenêtres peintes en vert
gai. Un terre-plein, entouré d'une balustrade et pa-
lissadé extérieurement de daturas et de jasmins d'Espagne, servait de piédouche au palais joujou, auquel
il ne manquait qu'un globe de verre. Huit barils
verts, cerclés de noir, qui figuraient des vases Mé-
dicis, étaient alignés devant sa façade principale,
tournée à l'ouest, et reconnaissable à deux rosiers

Banksia, qui essayaient de se rejoindre au-dessus
de la porte. Ces barils, d'un galbe très-pur, façonnés
par Gaspard, qui y avait prodigué toutes les finesses
de son talent de tonnelier, renfermaient quelques
fleurs d'Europe, œillets, réséda, coréopsis, pieds-
d'alouette, tout étiolées par l'élévation constante de
la température, qui ne leur accordait ni repos ni
trêve, et les forçait à végéter quand même. Gaspard
les cultivait par amour et par amour-propre : par
amour, en ce que leur vue et leur parfum lui rappelaient le faubourg Saint-Marceau, où ses yeux
s'étaient ouverts à la lumière ; par amour-propre,
en ce que les amateurs du voisinage, le patron Bujanda, ses amis et ses connaissances, considéraient
ces fleurs de l'Europe lointaine avec l'étonnement
admiratif que peuvent nous causer des pandanus
ou des zamias du nouveau monde.

Comme il ne me restait plus rien à voir au dehors,
mon introducteur tourna le bouton de la porte, et
d'une enjambée nous nous trouvâmes au centre du
palais. Il me parut digne d'une.... poupée. Son ameu-
blement se composait d'un divan et de quatre chaises en bois de palissandre violet ou jacaranda, recouvert d'un tissu de crin blanc et bleu. Le plancher
disparaissait sous une natte de Chine, un lustre gros
comme le poing, pendait au plafond, et des rideaux
de gaze blanche et bleue étaient drapés devant les
fenêtres. Pendant que Gaspard me faisait remarquer

ces magnificences, achetées à Cuzco et transportées à l'hacienda à dos de mule, mes regards, attirés par le papier qui couvrait les murailles et qui représentait des sujets de mœurs brésiliennes, ne pouvaient plus s'en détacher. Je venais de reconnaître le crayon souple et facile de Rugendas, ce juif errant de la palette, qui depuis tantôt quinze ans marchait à travers l'Amérique sans jamais s'arrêter. Les scènes que j'avais sous les yeux me rappelaient les beaux dessins de cet artiste, les heures charmantes que nous avions passées ensemble et jusqu'à sa manie tudesque d'acquitter les dettes qu'il contractait par le don de son portrait, fait en quatre coups d'allumette à défaut de crayon Cacheux. Tandis que je songeais à Rugendas et au passé, Gaspard, tout entier au présent, poursuivait sa dissertation mobiliaire ; lorsqu'il l'eut terminée, il me demanda par manière de résumé ce que je pensais de son *palacito*. A tout autre qu'à lui j'eusse répondu que je le trouvais ridicule ; mais, par égard pour nos relations d'autrefois, autant que par respect pour la sainte hospitalité qu'il m'avait donnée, je proclamai l'édifice en question merveilleux au dehors et splendide au dedans. Seulement, pour ne pas passer pour un vil flatteur, j'ajoutai aussitôt, comme correctif à ce double éloge, qu'il manquait au mobilier du palais une table pour écrire et un lit pour dormir.

« C'est vrai, me dit Gaspard, mais le señor Bujanda s'en est passé jusqu'à présent. Quand il vient ici il couche à terre sur un matelas et écrit ses lettres sous le hangar. Vous pourrez faire comme lui. »

Je ne répondis rien au compatriote, mais il dut prendre mon silence pour un acquiescement à sa motion, en vertu de l'adage : « Qui ne dit mot consent. »

En attendant le déjeuner, il me proposa d'aller prendre un bain; sa proposition m'agréait assez pour que je n'élevasse aucune objection. Toutefois, avant de le suivre, je m'enquis prudemment de l'endroit où nous nous baignerions, prêt à refuser s'il s'agissait de la rivière. Mais il me rassura à cet égard en m'apprenant qu'il avait fait construire au milieu d'un terrain en friche, situé à l'ouest de la propriété, une baignoire qu'on pouvait remplir à volonté et qui se vidait d'elle-même par voie d'infiltration. L'eau, exposée au soleil, acquérait en peu d'instants une tiédeur voluptueuse. Je pris mon album pour faire un croquis de cette baignoire exotique, et quand Gaspard eut réuni quelques serviettes, nous nous engageâmes à la suite l'un de l'autre dans un étroit sentier qui serpentait à travers les taillis. Après une demi-heure de marche sous un soleil brûlant, n'ayant encore rien vu qui ressemblât à une baignoire, je commençai à trouver la route un peu longue; je le dis même au compatriote, qui me répondit qu'il avait fait choix à dessein d'un site éloigné, pour qu'au plaisir du bain s'ajoutât celui de la promenade. L'idée, quoique neuve, me parut absurde. Il est vrai que j'étais en nage, que la soif m'aiguillonnait autant que la faim, et qu'en ce moment j'eusse volontiers remplacé le bain au soleil par un déjeuner fait à l'ombre. Cependant je n'osai me plaindre, et nous continuâmes d'avancer. Après une série de minutes que je ne songeai pas à calculer, Gaspard, qui marchait en avant, s'arrêta. Je m'arrêtai aussi.

« Nous sommes arrivés, me dit-il en me montrant au milieu des broussailles une fosse carrée pleine jusqu'aux bords d'une eau jaune et stagnante. Si le contenant et le contenu me répugnèrent tout d'abord, la vue de deux crapauds—et quels crapauds—éleva mon dégoût à la dixième puissance; les deux batraciens, assis sur le train de derrière, c'est-à-dire à la crapaudine, prenaient le frais devant le trou. Gaspard eut beau dépêcher vers les sombres bords ces deux modèles de l'amour conjugal, selon Buffon, et m'assurer, après s'être lavé le visage et les mains que l'eau de la baignoire était presque chaude, l'effet était produit, le coup porté, et mon horreur du bain poussée jusqu'à l'hydrophobie. Le compatriote dut se résoudre à se baigner seul. Quand je vis qu'il se disposait à ôter ses inexpressibles, j'allai par décence cueillir des fleurs aux environs.

Nous prîmes pour rentrer à l'hacienda un chemin

beaucoup plus long que le premier, Gaspard ayant
tenu à me montrer quelques plants de vanille qu'il
essayait d'acclimater dans le pays. Le couvert était
mis sous un hangar. On servit immédiatement. Le
déjeuner se composait de grillades de chèvre, flan-
quées de tomates sauvages; des racines bouillies
tenaient lieu de pain, et le jus de la treille était remplacé par un mélange d'eau de source et de tafia;
la frugalité de cet ordinaire me prouva que le compatriote avait des goûts simples et mangeait seulement pour vivre, au lieu de vivre pour manger. Pendant le repas, je revins sur mon projet de visiter
Cocabambilla et de passer quelques jours près des
moines ou soi-disant tels, avant d'entreprendre l'ascension de l'Urusayhua. Il trouva mon projet absurde, et, pour m'en détourner, il me dit que les
négociants franciscains, tout en m'accueillant avec
la déférence qu'ils devaient à ceux de leurs commet-
tants de Cuzco qui me recommandaient à eux, se
garderaient bien de me laisser visiter leur comptoir
et leurs entrepôts et fourrer le nez dans leurs livres.
En arrivant à la mission, je serais confiné dans une
chambre où on me servirait mes repas; je ne pourrais
communiquer avec personne, et s'il me prenait fantaisie de parcourir les alentours de la mission, des
espions invisibles suivraient partout mes pas. Ce
tableau me parut si sombre, que soupçonnant Gaspard d'en avoir chargé les couleurs, je lui demandai

en riant s'il avait eu maille à partir avec ses voisins;
il me jura qu'il ne les avait jamais vus, mais qu'il
avait entendu parler d'eux de façon à lui ôter toute
envie de faire leur connaissance. Un tel langage
n'était rien moins que rassurant. Je commençai à
réfléchir, et à mesure que je réfléchissais, je sentais
se refroidir de plus en plus mon envie d'aller m'établir chez les moines. L'idée du régime pénitentiaire
auquel ils devaient me soumettre, me révoltait surtout. Manger avec eux des racines crues, boire de
l'eau pure, laisser croître mes ongles et dormir sur
la dure, tout cela ne m'eût semblé qu'un jeu d'enfant, mais être tenu en chartre privée ou , si j'allais
courir les champs, me voir suivi par une autre ombre que la mienne, me paraissait une violation
monstrueuse du droit des gens et un outrage fait à
l'hospitalité sainte. Tout en donnant carrière à mon
indignation, je ne savais trop quelle décision prendre ni à quel parti m'arrêter. Le compatriote vint
à mon aide.

« Expliquons-nous, me dit-il carrément. Quel était
votre but en venant à Santa-Ana? Etait-ce d'avoir
des renseignements sur la mission de Cocabambilla
et le tripotage commercial de ses moines? Je puis
vous en donner de très-exacts sans sortir d'ici.
Était-ce par curiosité de connaître notre vallée? En
ce cas, restez où vous êtes; vous pourrez courir le
jour et la nuit et faire ce que bon vous semblera.

sans que personne y trouve à redire. Quant à votre
envie de monter sur l'Urusayhua, je ne vous cache-
rai pas qu'elle me semble un peu baroque; mais,
après tout, chacun a ses idées, et si vous craignez
de vous ennuyer en faisant ce voyage seul, vous
n'avez qu'un mot à dire, nous le ferons ensemble. »

Dans le ravissement que me causèrent ces paroles, je ne trouvai rien à y répondre; mais le silence a parfois bien de l'éloquence, et le mien, en
ce moment, dut parler d'or, car Gaspard ajouta
vivement, comme si sa modestie se fût effarouchée
de ce débordement muet de ma reconnaissance :
« Cessez, de grâce, ou vous allez me faire rougir! »

Un café du cru, qui nous fut servi par la cuisinière, donna un autre tour à la conversation.
Comme nous étions en train de le déguster, un
jeune métis, chevelu et barbu, sans bas ni souliers,
mais habillé d'une chemise rose, d'un pantalon blanc
et d'une redingote d'alépine noire, que le soleil de
la vallée avait bronzée de chauds reflets, se produisit timidement dans la pénombre du hangar, et vint
nous offrir ses civilités. Gaspard l'appela Hilario
tout court, et me le présenta comme le majordome
de l'hacienda. Le jeune homme revenait de la messe
et en rapportait un grand appétit. En me voyant à
table, il ne sut trop s'il devait y prendre sa place
accoutumée, ce que je compris à son air indécis et
aux regards qu'il promenait autour de lui. Je mis

fin à son incertitude en priant Gaspard, dans notre langue, que ce jeune majordome ne pouvait comprendre, de le faire asseoir et de lui passer le plat aux grillades. A la façon dont il en usa, je le crus à jeun depuis quarante heures. Tout en dévorant, il nous rapporta les derniers cancans du pueblo. Le curé avait apostrophé l'alcade en pleine église, à propos d'un morceau de pain bénit de deux livres pesant, que ce fonctionnaire avait dérobé dans la sacristie. Le muletier *Fulano*[1] était arrivé de Putucusi avec un chargement de salsepareille, et le vieux *Sutano* avait surpris sa femme dans un champ de maïs, en tête-à-tête avec le jeune *Mengano*. En terminant, le majordome apprit à *don Gaspardo (aliud Gaspard)* que doña Berna et doña Pascua viendraient le voir après leur dîner. Je demandai au compatriote qui étaient ces dames. Il me répondit que c'étaient deux dignes personnes, la mère et la fille, qui vivaient à Echarati du produit d'une ferme qu'elles possédaient aux environs. Il ajouta qu'il les avait connues à Bellavista, où, pendant le dernier séjour du señor Bujanda, ces dames, qui étaient de ses amies, venaient le voir et dîner avec lui. Depuis son départ pour Cuzco, qui remontait déjà à six mois, elles avaient continué leurs visites à l'ha-

---

1. *Fulano, Sutano, Mengano,—Un tel*, mais avec indication de proximité et d'éloignement comme dans les pronoms démonstratifs et indéfinis; *celui-ci*, *celui-là*, *cet autre*.

cienda, où le patron leur adressait ses lettres, et n'avaient cessé de lui témoigner, à lui Gaspard, soit par des envois de fruits et de sucreries, enjolivés de faveurs roses et imbibés d'eau de Cologne, selon l'usage du pays, soit par des services réels, l'amitié la plus franche et la plus dévouée. Le compatriote, une fois lancé, me parla de ces dames avec tant d'enthousiasme et vanta si fort leurs qualités de cœur et d'esprit, que j'éprouvai un désir très-vif de voir des personnes aussi parfaites. Craignant qu'elles ne vinssent à l'hacienda pendant mon absence, je remis au lendemain la promenade que je comptais faire après le déjeuner, et après m'être installé sous le hangar, j'attendis leur venue en fumant force cigarettes. Vers trois heures elles arrivèrent. Leur type, du plus loin que je les aperçus, me rappela celui des chacareras ou fermières de l'Entre-Sierra. C'était même port de tête et même tournure; même robe à volants, laissant voir le mollet, même châle ample et bariolé, drapé en manière de peplum, avec un bout rejeté sur l'épaule; seulement, au chapeau tromblon que les cultivatrices portent coquettement sur l'oreille, et dont la nuance amadou s'harmonie si bien avec la couleur de leur teint, ces dames avaient substitué un chapeau de bergère, garni de rubans tricolores. Je fus frappé du *meneho* de la plus jeune, superbe mouvement de hanches qu'elle devait à la nature, et qui,

à chaque pas qu'elle faisait vers nous, lançait de
droite à gauche, *et vice versa*, les falbalas empesés
de sa jupe. Cette démarche avait je ne sais quoi de
fier, de voluptueux et d'irrésistible qui sentait sa
déesse. Après les compliments d'usage, je crus m'a-
percevoir, malgré l'aisance enjouée qu'affectaient
ces dames, que ma présence, à laquelle elles ne
s'étaient pas attendues, les gênait un peu. Elles
avaient apporté à Gaspard quelque pâtisserie locale,
enveloppée dans un papier rose artistement dé-
coupé, qu'elles lui remirent presque en cachette et
sans accompagner leur don des douces paroles qui
sont comme la seconde couche de sucre de ces
sortes de friandises. Néanmoins leur gêne ne dura
pas longtemps; la timidité n'est ni la vertu ni le
défaut du sexe péruvien, il faut le dire à sa louange,
et ces dames finirent par se mettre à l'aise avec
moi. Le majordome Hilario mit sur la table quelques oranges, Gaspard y ajouta une bouteille de
tafia; nous mangeâmes, nous bûmes, et à mesure
que nous buvions, le calorique rayonnant de nos
corps faisait fondre la glace de nos esprits; des
courants magnétiques s'établissaient entre nous;
nos atomes crochus s'appréhendaient l'un l'autre;
bref, une heure ne s'était pas écoulée, que nous
trinquions ensemble comme de vieux amis. Au moment où je commençais à m'apercevoir que doña
Berna était une bonne pâte de mère, et que sa fille

Pascua avait la peau très-blanche, des yeux admi-
rables quoiqu'un peu cernés, et des cheveux su-
perbes, Gaspard, qui nous servait à boire à la ronde,
me demanda sans préambule si je ne jouais d'aucun instrument. Craignant qu'on ne m'accrochât
une guitare aux mains, et j'avoue ici mon antipa-
thie pour cet instrument, je répondis qu'il m'était
arrivé quelquefois de tapoter un piano. Je croyais,
par cette réponse, me mettre à l'abri d'une persé-
cution musicale; mais il en arriva tout autrement.
Au mot de piano, doña Berna battit des mains et
doña Pascua jeta un cri de joie. « Hilario, dit-elle
au majordome, courez chez nous et rapportez-en le
salterio! » Hilario partit à toutes jambes, et revint
un moment après, portant une caisse en bois blanc
de la grandeur d'une malle ordinaire. Il la déposa
sur la table en face de moi; doña Pascua vint soulever le couvercle de cette chose et mit à nu le clavier
d'une épinette, confectionnée par quelque amateur
du pays. Sur l'invitation de la belle fille, je posai
mes mains sur les touches de l'instrument, et je fis
un soubresaut comme une grenouille morte qu'on
galvanise. C'était, quant à la qualité du son, quelque chose de comparable au crin-crin de laiton qui,
dans certains jouets d'enfants, fait sortir d'une gué-
rite et y rentrer à chaque tour de manivelle, un
soldat prussien ou hongrois. En entendant vagir et
piauler cette caisse à chandelles de trois octaves,

Érard et Pleyel fussent tombés en syncope. Un demi-verre d'eau-de-vie que me présenta le compatriote, et que j'avalai en fermant les yeux, me donna un peu de courage. Je pus jouer, sans trop grincer des dents, la valse de *Rosita*, qui à cette époque faisait fureur dans les salons péruviens. La galerie applaudit à tout rompre. C'était la première fois de ma vie que je m'entendais applaudir; je ne sais si ces applaudissements me surexcitèrent, ou si l'eau-de-vie que je venais de boire me porta au cerveau, mais une fois que j'eus commencé, je ne m'arrêtai plus. Je jouai tout ce qui me vint à l'idée; je combinai, j'amalgamai des airs du répertoire italien avec des airs nationaux du Pérou; je fis tant et si bien et cognai si fort l'épinette, que doña Pascua, électrisée, ne put rester plus longtemps en place et pria Gaspard de danser un pas avec elle. Le compatriote déploya son mouchoir; j'attaquai l'air en *ré mineur* de *la Limonade*, et les deux danseurs partirent du pied gauche. Au moment du *jaleo*, que les spectateurs accompagnaient, selon l'usage, de cris, de trépignements et de battements de mains cadencés, doña Pascua, haletante, éperdue, la tête penchée en arrière et frétillant comme une anguille devant son cavalier, ainsi que l'exige cette figure chorégraphique, se sentit gênée par son châle et voulut s'en débarrasser; déjà sa main impatiente avait écarté le tissu et mis à nu de blanches épaules, quand doña Berna s'élança vers elle et rétablit les plis du châle dans leur symétrie primitive. Ce mouvement brusque avait étonné tout le monde. La mère tenta de l'expliquer en alléguant que l'imprudente Pascua était en nage et pouvait prendre froid. Le prétexte était bon en soi; malheureusement il venait trop tard. J'avais eu le temps de voir ce que la mère et la fille avaient intérêt à tenir caché, et ma surprise ou plutôt ma stupéfaction fut telle, que je sautai deux mesures du finale de *la Limonade;* néanmoins, je parvins à recouvrer mon sang-froid, et j'achevai l'air du ballet national à la satisfaction générale. Quand sonna l'*oracion*, ces dames parlèrent de se retirer. Doña Pascua prit le bras du compatriote, et j'offris le mien à doña Berna. Hilario nous suivit, portant le *salterio*, que, dans mon ivresse lyrique, j'avais quelque peu disloqué. A l'entrée du village, nous prîmes congé de la mère et de la fille, qui nous souhaitèrent les plus doux rêves. Seul, le majordome, chargé du transport de la caisse, les accompagna jusqu'à leur domicile.

Je profitai du tête-à-tête avec Gaspard, pour lui demander si la fille de doña Berna était amante, épouse ou veuve. D'abord ma question lui parut incompréhensible, puis, quand je lui eus rappelé l'épisode du châle et révélé ce que j'avais surpris, il la considéra comme une insulte faite à sa voisine et se fàcha tout rouge. Suivant lui, doña Pascua était

un vase d'élection, une rose mystique, digne d'être
encadrée dans une légende ou de figurer dans une
litanie. Un Français de ma trempe, un homme per-
verti par le contact de cent peuples divers, et ne
croyant ni à Dieu ni au diable, pouvait seul chercher
à ternir ce diamant sans tache, à calomnier cette
blanche vertu. Comme le compatriote me disait ces
gentillesses d'un ton assez aigre, je jugeai prudent
de n'y rien répondre. Il eût été peu convenable
qu'après nous être accolés le matin, nous nous prissions aux cheveux le soir; et puis je n'avais aucun
intérêt à ce que, dans cette discussion, mon opinion
prévalût sur la sienne. Que m'importait à moi que
la Pascua eût donné son cœur à quelqu'un! C'était
son droit, elle en usait, et loin de le lui contester,
j'en eusse au besoin proclamé toute l'étendue. Quelle
femme d'ailleurs, jeune, jolie et surtout Péruvienne,
n'eût préféré comme elle le doux culte d'Éros à celui
de Vesta! je trouvais donc très-naturel et très-logi-
que que la belle fille semât de fleurs l'aride chemin
de la vie, et même qu'à l'occasion sa mère lui ar-
rangeât son châle. La seule chose qui me paraissait
singulière, c'est l'ombrageuse susceptibilité du compatriote à l'endroit de doña Pascua. Était-ce son
bien ou le bien d'autrui qu'il défendait en elle? Si
Gaspard avait eu trente ans et un peu d'embonpoint
à défaut d'argent, j'aurais compris sa jalousie; mais
le brave homme touchait, je l'ai dit, à la cinquan-

taine; il était maigre, un peu voûté, et n'avait d'autre fortune que ses appointements de régisseur. Or il était peu présumable que doña Pascua, une fille à tournure d'Imperia, digne d'attirer les regards d'un président de la république ou d'épouser un chacarero, se fût laissé convaincre par d'aussi faibles arguments. Si donc, comme tout me le faisait croire, aucun tendre lien n'existait entre elle et Gaspard, quelle cause assigner aux fureurs du compatriote? à quoi rimait sa jalousie? Était-elle la fumée d'un volcan qui brûlait au dedans de lui; l'indice d'une passion secrète, d'un amour profond et sans bornes, mais aussi sans espoir? Son âge et sa maigreur l'eussent fait supposer. L'histoire d'ailleurs fourmille de pareils exemples; mais alors à qui s'adresser pour avoir le mot de l'énigme que doña Pascua, nouveau sphinx, proposait aux passants, tout en la cachant sous son châle? Jamais charade en action ne m'avait semblé plus difficile à deviner.

Le compatriote, après avoir épanché sa bile, s'était renfermé dans un silence digne : je compris qu'il me boudait et je lui fis quelques avances; il les accueillit froidement, ce que voyant, je me mis à le bouder aussi. Nous rentrâmes à l'hacienda, fredonnant chacun notre chansonnette, et évitant autant que possible de nous regarder. En arrivant, il se dirigea vers le *palacito*, où je le suivis, alluma une bougie et, m'ayant montré un matelas couvert, il me salua par un « bonne nuit, monsieur, » des plus secs, et s'en alla chez lui. Resté seul, j'eus quelque envie de passer en revue les jolis sujets brésiliens qui tapissaient les murs de ma chambre, mais dans la disposition d'esprit où je me trouvais par suite de la bouderie du compatriote, j'aurais pu glisser sur leurs qualités, et m'appesantir au contraire sur leurs défauts, et j'aimai mieux prendre possession de mon matelas, où je m'endormis sur ce vers de Jean La Fontaine :

Deux coqs vivaient en paix, une poule survint....

Le lendemain, en me levant, je pris au hasard le premier sentier qui s'offrit à moi, et je commençai mon exploration du domaine. Il me parut immense, mais peu cultivé. Pour un carré bêché, grand comme la main, je trouvai quatre arpents en friche. Toutefois cet abandon singulier ne m'étonna pas. Je savais qu'il en est de même dans toute la partie orientale du Pérou, où les bras manquent à la terre et où les hacenderos, pour s'en procurer, sont obligés de recourir à toutes sortes de moyens. Parmi ces moyens, le plus usité consiste, de la part du propriétaire, à s'aboucher avec le gouverneur ou le curé d'un village de la Sierra, qui, moyennant une prime dont le chiffre est tenu secret, lui expédie à travers les Andes le nombre d'indigènes dont il a besoin pour façonner ses terres ou faire des récoltes. Les fem-

mes de ces travailleurs partent avec eux. Le salaire
des premiers est de quatre réaux (50 sous) par jour, celui des secondes de deux réaux. Tous sont nourris par
le propriétaire, mais de quelle façon! — Heureusement pour eux, ces indigènes, s'ils ont la faculté de
dilater leur estomac comme le boa, ont aussi le pri-
vilége de le rétrécir comme le chameau, et tel qui
déjeune ou qui dîne, à l'occasion, d'un mouton entier, se contentera pendant des mois d'une ration
quotidienne de douze fèves.

La durée de leur exil dans les vallées chaudes est
toujours de trois mois au moins et de six mois au
plus. Si je dis exil, c'est que ces naturels considèrent
la chose comme telle. Nés au milieu des neiges, accoutumés à un hiver perpétuel, ils redoutent à l'é-
gal d'un fléau, le climat humide et chaud des vallées,
et s'imaginent qu'en traversant les Andes ils mar-
chent à la mort. De là leur tristesse et leurs pleurs
au moment du départ. Leur temps fini, ces travailleurs rentrent dans leurs foyers, mais aussi pauvres
qu'ils en étaient sortis. Cela tient à l'usage où sont
les hacenderos, d'ouvrir boutique et de vendre à 76
ou 80 pour 100 au-dessus du cours, à leurs péons,
des liqueurs fortes, du tabac et de la coca; à leurs
péonnes, les mêmes articles, moins le tabac, plus
les rassades et les bijoux de cuivre, les étoffes de
laine et de coton, dont elles se parent ou s'habillent.
Par suite de cette spéculation, fondée d'un côté sur

l'ivrognerie, de l'autre sur la vanité, et qui rapporte à l'hacendero d'assez beaux bénéfices, ces malheureux, leur temps fini et leur compte réglé, touchent à peine une faible solde. Nombre d'entre eux ne touchent rien. Parmi ceux-ci se placent naturellement ceux qui meurent dans la vallée, et la moyenne en est de trois sur neuf. Mais la mort d'un de ces péons est chose sans importance : on creuse un trou, puis on le comble, et tout est dit.

On imagine facilement l'état de la propriété rurale dans un pays où la culture est soumise à de pareilles éventualités. Souvent, au moment des récoltes, les péons qu'on attendait font défaut ou n'arrivent qu'en nombre insuffisant. Tantôt c'est la fièvre qui les surprend au milieu du travail, qu'elle les force d'interrompre, ou bien encore la petite vérole qui les décime. Le propriétaire en est réduit alors, pour se procurer des péons valides, à payer à son correspondant ecclésiastique ou séculier une nouvelle prime.

Ceux des hacenderos de ces vallées qui sont préfets ou sous-préfets d'une province de la Sierra[1] n'ont pas à redouter de pareils contre-temps. Il leur suffit d'user de leur pouvoir discrétionnaire pour se procurer les bras nécessaires à l'exploitation de leurs fermes ; s'ils allouent à ces travailleurs un sa-

---

1. Sur sept grandes fermes qu'on trouve dans la vallée de Santa-Ana, cinq propriétaires sont dans ce cas.

laire journalier, ou si, les considérant comme tri-
butaires, ils les surmènent et ne les payent pas,
c'est ce que je voudrais dire ici, mais ce que je n'ai
jamais pu savoir, malgré le soin que j'ai eu de m'en
informer.

Je prie le lecteur de passer sans la lire cette digression qui m'est échappée d'un *flux de caquet*,
comme dit Montaigne, et je reprends à travers le
domaine de Bellavista ma promenade un instant
interrompue.

Le sentier que j'avais pris, serpentait au milieu de
terrains incultes, où se montrait de loin en loin,
encadré par de hautes broussailles et des ingas à
longues gousses, un champ de cannes à sucre, de
coca ou de manioc. Cette conquête de l'homme sur
la nature avait je ne sais quoi de chétif, de mesquin,
d'étriqué, à côté de la végétation puissante et indis-
ciplinée qui l'assiégeait de toutes parts et menaçait
de l'étouffer dans ses étreintes. Tout occupé de cette
antithèse, je marchais comme Ésope, un peu devant
moi et sans remarquer que le sentier s'enfonçait de
plus en plus dans des fourrés où il finissait par se
perdre. Quand je m'en aperçus, il n'était plus
temps; j'étais perdu moi-même et hors d'état de reconnaître par où j'étais entré et par où je pourrais
sortir. Longtemps j'errai à tâtons dans ce labyrinthe, puis le terrain s'étant mis à descendre, je suivis sa pente et j'arrivai au bout d'un talus revêtu

d'un fouillis d'arbustes et de plantes grimpantes. La
rivière coulait à cent pas de là. Sans tenir compte
d'une hauteur de vingt pieds environ qui me séparait de sa plage, j'écartai des pieds et des mains le
rideau de feuillages, et, confiant dans mon étoile, je
sautai en bas. La chute fut plus rude que je ne l'aurais cru. Dans le trajet, je fis un accroc à ma veste,
et en touchant le sol je m'écorchai le genou. Mais la
vue du site me consola de ce double échec. A ma
gauche et à ma droite, du sud-ouest au nord-est,
j'avais la rivière, large, verte, profonde, qui passait
avec une rapidité vertigineuse, bordant d'un liséré
d'écume les têtes de deux ou trois gros rochers,
dressés à fleur d'eau. La plage dont je venais de
prendre possession d'une façon si brusque, était en--
combrée de pierres et de sable, et se trouvait au
niveau du lit de la rivière, qui, à la moindre crue,
devait la recouvrir entièrement, Sa voisine, formée
par les assises inférieures de l'Urusayhua, était
coupée à pic et pouvait défier les inondations. La
vieille montagne, que je voyais enfin de près, avait
un aspect formidable. Non-seulement elle dominait
tous les environs, mais elle donnait aux objets voisins des proportions lilliputiennes. Près d'elle les
blocs énormes échoués sur la plage n'étaient plus
que des cailloux ordinaires, et les arbres de cent
pieds de hauteur, semblaient de frêles graminées. Le
soleil, encore peu élevé sur l'horizon, n'éclairait

qu'une moitié du colosse ; l'autre moitié, celle d'en
bas, flottait dans une pénombre bleuâtre, ravivée
par des glacis lilas et argent, d'une suavité incom-
parable. L'absence momentanée d'oiseaux et d'insectes, l'immobilité des feuillages, qu'aucun vent
n'agitait, donnaient au paysage, encore endormi
dans les vapeurs du matin, un caractère de beauté
juvénile, de splendeur voilée et de calme sérénité.

Quand j'eus suffisamment joui des harmonies de
ce site, je songeai à continuer ma promenade. Le
cours de la rivière m'indiquait mon chemin. Comme
elle se dirigeait à l'est, je pris à l'ouest et remontai
la plage. A deux cents pas de l'endroit où je m'étais
arrêté, je découvris, à ma gauche, l'entrée d'un ravin qui coupait le plan du talus. Une végétation
luxuriante, qui l'enveloppait d'ombre et de mystère,
lui prêtait en même temps un faux air de tanière
de bête fauve. J'y pénétrai résolûment. Quand mes
yeux se furent accoutumés par degrés à l'obscurité
verdâtre qui y régnait, je relevai des détails charmants. D'abord un filet d'eau cristalline et glacée,
dont je bus quelques gorgées, puis des roches splen-
didement caparaçonnées de ce velours que le vulgaire flétrit dédaigneusement du nom de *moisissure*.
Dans la glaise du talus, toujours humide, croissaient
des mousses, des capillaires, des hépatiques, des
scolopendres rubanées, d'une grâce exquise et de ce
vert sombre et lustré propre aux végétations que le

soleil n'a jamais effleurées. Ce joli ravin ou ce frais sentier, je ne sais lequel, montait, et en montant s'élargissait de plus en plus, et sa décoration changeait de nature et d'aspect. Les arums, les canacorus, les strélitzias remplaçaient les mousses et les adianthées, les balisiers succédaient aux fougères, et l'étroit conduit d'en bas, finissait par devenir en haut une ravissante clairière, que les belles feuilles des musacées, en s'entre-croisant, recouvraient d'un dôme mobile.

De cette miniature de forêt vierge, j'entrai sans transition dans le *cacahual* de la propriété, plantation magnifique avec ses arbres disposés en quinconce, et ses allées nivelées et sablées comme un jardin anglais. Les cacaoyers, âgés d'une vingtaine d'années, à ce qu'il me sembla, avaient atteint toute leur croissance. Leurs troncs lisses, diaprés de fleurs rougeâtres, offraient en même temps de lourds cocons d'un beau jaune orangé, que l'opposition d'un feuillage sombre faisait paraître d'or. Un habitaco ou planteur des Antilles se fût émerveillé de la bonne tenue de ce cacahual, peigné, lissé, lustré comme la chevelure d'une jolie femme, et, tout en s'extasiant, n'eût pas manqué de supputer à l'avance les produits de sa récolte, qui promettait d'être abondante. J'avoue que cette idée ne me vint pas ; mais j'en eus une autre, sinon aussi utile, du moins plus agréable : c'est que l'endroit, possédant deux choses très-appréciables dans un pays chaud, l'ombre et la fraîcheur, on n'aurait qu'à suspendre un hamac à deux arbres et à se coucher dedans pour faire, de midi à quatre heures, une sieste excellente.

En atteignant la lisière du cacahual, au delà duquel, à droite, à gauche et aussi loin que la vue pouvait s'étendre, se déroulaient de nouvelles plantations et de nouveaux taillis, j'aperçus, derrière une haie de jasmins d'Espagne en pleine floraison, mon boudeur de la veille, le compatriote Gaspard. Il était en train d'arroser de jeunes arbustes, abrités du soleil par un toit de paille, et dont, à cette distance, je ne pouvais reconnaître l'essence. J'allai vers lui. En entendant marcher, il se retourna, me vit et parut assez désagréablement surpris. Néanmoins, quand je l'abordai, il s'enquit de la façon dont j'avais passé la nuit, mais avec une réserve telle et un air si gourmé, que cet accueil, qui continuait son apostrophe et sa bouderie de la veille, me fit perdre patience.

« Gaspard, lui dis-je, je ne sais quelle mouche vous a piqué depuis hier soir ; mais si votre figure doit rester longtemps tournée au nord-ouest, entre froid et pluie, il faut me le dire, mon ami, et j'irai chercher un gîte ailleurs que chez vous.

— Quoi, monsieur, me répliqua-t-il vivement, vous pourriez me faire un pareil affront ?

— Eh ! pourquoi pas ! fis-je avec humeur.

— Parce que je ne l'ai pas mérité, me répondit-il ; si l'un de nous a commis une faute, permettez-moi cette franchise, c'est vous, monsieur. Pourquoi parler de doña Pascua comme vous l'avez fait ? pourquoi traiter comme la dernière des dernières, cette honnête demoiselle que vous n'avez vue qu'un moment ? Attendez au moins pour la juger. Quand vous aurez eu le temps d'apprécier comme moi les vertus et les qualités dont le ciel l'a dotée, non-seulement vous lui rendrez justice, mais vous regretterez amèrement de vous être montré si injuste à son égard. »

Si le compatriote paraissait certain de son fait, de mon côté je croyais être sûr du mien, et comme la discussion, placée entre ces deux certitudes, eût pu se prolonger indéfiniment, je jugeai à propos d'y mettre un terme ; je conclus donc par cet épiphonème :

« Il faut que vous soyez terriblement épris de doña Pascua !

— Je l'aime, en effet, me répondit Gaspard, mais non comme vous l'entendez sans doute ; j'aime doña Pascua comme j'aime sa mère, pour l'amitié qu'elle me témoigne, pour le sourire qu'elle m'adresse, pour les bonnes paroles qu'elle a toujours à me dire ; tenez, monsieur, je ne sais si vous êtes de mon avis, mais je trouve que le seul bonheur en ce monde, c'est d'aimer quelqu'un, et de songer que ce quelqu'un vous aime aussi. »

Je restai pensif. Ainsi, ce sentiment que le compatriote éprouvait pour la Pascua, sentiment dont je m'étais senti disposé à rire, était chez lui non-seulement de la reconnaissance pour une affection vraie ou feinte qu'on lui témoignait, mais l'expression de ce besoin d'amour qui est comme la nature même de certains êtres ; amour qui résiste à toutes les épreuves, survit à toutes les désillusions, traverse, sans s'affaiblir, les glaces de la vieillesse, et ne s'éteint qu'au seuil de l'autre vie. Gaspard avait grandi subitement dans mon esprit. Quoi qu'il en pût coûter à mon amour-propre, je me résolus à revenir sur ce que j'avais dit et à rendre à l'objet de son culte l'auréole dont j'avais tenté de le dépouiller. Détruire une illusion qui l'aidait à vivre, et cela quand je ne lui donnais rien en échange, me semblait à cette heure une cruauté véritable.

« Mon cher Gaspard, lui dis-je en réponse à sa réflexion, je pense comme vous que l'amour est une douce chose ; seulement, il est fâcheux qu'un vil organe ait le pas sur lui, et que l'homme en ce monde ne puisse aimer qu'à la condition de faire au moins un repas par jour. Quant au jugement que j'ai porté sur la fille de doña Berna, ajoutai-je, veuillez le considérer comme non avenu ; le tafia que vous ne m'épargnâtes pas hier, m'avait troublé la vue,

et je crois qu'en regardant doña Pascua, je voyais
double.....

— Ah! fit-il avec un air de jubilation profonde,
vous en convenez donc?

— J'en conviens, dis-je gravement.

— Et moi, monsieur, je vous en remercie, car
vous me faites un bien réel. Maintenant trouvez bon
que nous passions l'éponge sur tout cela, et qu'il
n'en soit plus question entre nous.

— Comme il vous plaira, » dis-je.

La physionomie du compatriote s'éclaircit et
rayonna, comme si le sombre nuage qui la voilait
depuis la veille se fût dissipé sous un souffle inconnu. Pour réparer le temps perdu, il fut d'une
loquacité charmante; après m'avoir montré sa pépinière d'arbustes, des *morus multicaulis*, destinés à
fournir plus tard une pâture aux vers à soie, il
me dit que le gouvernement péruvien, désirant
donner un rapide essor à l'industrie séricole, avait
offert une prime de 500 000 francs au fondateur
d'une magnanerie dans la vallée de Santa-Ana. Le
sieur Bujanda, son patron, alléché par la rondeur
de ce denier, l'avait chargé de cultiver force mûriers, en attendant l'arrivée d'une collection de
bombyx qu'il faisait venir du céleste empire. Un
tel projet souriait d'autant plus au compatriote,
m'avoua-t-il ingénument, que le patron, en cas
de réussite, devait se contenter du montant de la

prime et laisser à son régisseur tout l'honneur de la chose.

Nous revînmes à l'hacienda en causant de ses espérances futures à cet égard. La cuisinière, qui cumulait plusieurs emplois, était occupée, quand nous entrâmes, à laver des chemises. Elle surprit le regard d'effroi que je jetai du côté de son officine, et devinant quelle pensée m'agitait, elle laissa là sa besogne pour mettre le couvert. Un instant après, Gaspard, Hilario et moi, nous étions attablés devant un plat de grillades fumantes au coulis de tomates crues. La tomate crue, il faut bien le dire, et je n'eus que trop le temps d'en juger, était le péché mignon de cette cuisinière. Elle l'eût commis vingt fois dans la même journée si la chose avait été possible, mais nous ne mangions que deux fois par jour. Quand je la connus mieux, j'essayai, de concert avec le compatriote, de la corriger de cette manie. Représentations, prières, menaces, nous mîmes tout en œuvre, mais tout fut inutile. L'habitude du lycopersicum était devenue chez cette malheureuse une seconde nature, elle en usait et en abusait, comme d'autres artistes de sa trempe, de l'ail, du sel ou des épices. Exaspérée par les reproches dont nous l'accablions à l'envi, elle finit par nous déclarer qu'elle aimait mieux mourir que de renoncer à aciduler ses viandes de tomates. Nous prîmes le parti de la laisser tranquille.

La vie que je menai pendant deux grands mois à
l'hacienda de Bellavista fut celle d'un écolier en va-
cances. De là le souvenir puissant et doux que j'en
ai conservé jusqu'à cette heure. De longues courses
entreprises sans but à travers le domaine, d'adora-
bles fleurs cucillies en passant, flairées un moment,
et jetées au coin d'un buisson, des fruits verts man- ·
gés au fond des halliers, des piéges tendus aux *tangaras episcopus*, de grandes cages de roseaux construites pour ceux de .ces volatiles assez niais pour
se laisser prendre, tels étaient mes passe-temps
habituels. Le soir, en me couchant, quand il m'arrivait de m'interroger, comme Titus, sur l'emploi
de ma journée, j'avais bien quelque remords de
cette folle vie, mais le sommeil me prenait si vite,
que le remords n'avait pas le temps de m'aiguillon-
ner. Ce qui m'encourageait un peu dans ces équi-
pées, c'est l'indulgente bonté que chacun me témoignait. Parmi les commensaux de l'hacienda , c'était
à qui me suggérerait l'idée la plus drolatique, et
Dieu sait si je la mettais à profit! Gaspard lui-
même, malgré son âge et la gravité de ses fonctions,
essayait quelquefois de redevenir jeune pour s'as-
socier à mes plaisirs; mais Hilario, le majordome,
les partageait réellement et abandonnait volontiers
la conduite des péons et la direction du travail pour
vagabonder à ma suite. Les beaux oiseaux et les
beaux insectes que nous avons chassés de compa-

gnie ! Souvent il arrivait que Gaspard, en faisant sa ronde, trouvait les péons endormis et les péonnes se reposant à l'ombre; la houe et la bêche, échappées à leurs mains, se reposaient aussi. La colère du régisseur se traduisait alors par les jurons français les plus sonores, et force claques, distribuées sans distinction de sexe. A son retour, Hilario recevait une verte semonce; mais un prétexte ne lui manquait jamais pour colorer sa longue absence : tantôt c'était le cheval ou la mule d'un voisin qui s'était introduit dans le cacahual, et qu'il avait escorté à coups de pierres jusqu'aux limites du domaine, ou des traces de pécaris qu'il avait découvertes dans un carré d'ananas, et suivies pendant plus d'une heure sans pouvoir découvrir la bauge de ces animaux. Que sais-je encore? Le jeune homme donnait à ces histoires une telle couleur locale, et les débitait avec tant d'assurance, que Gaspard en était dupe et finissait toujours par approuver ce qu'avait fait son majordome. La même chose se répétait exactement le lendemain.

Malgré la chevelure prodigieuse de cet Hilario et la direction anomale qu'il imprimait à ses moustaches, j'avais fini par éprouver pour lui un sentiment voisin de l'amitié. Ses étonnements admiratifs et ses instincts musards me plaisaient assez et m'intéressaient comme étude physiologique. Ce que j'aimais surtout en lui, c'est un enthousiasme patrioti-

que que dix ans de courses, de servitude et de misère dans diverses localités du Pérou n'avaient pu
refroidir. Il était né à Occobamba, une vallée située
à cinq lieues de Santa-Ana, dans le sud, et n'en parlait jamais qu'avec des yeux humides. Seulement il
en parlait à tout propos et à propos de tout. Pour
lui, rien n'était beau qu'Occobamba, Occobamba
seule était aimable; les descriptions qu'il en faisait,
avaient l'attrait d'un long poëme. Était-il question
devant lui de danse, de musique, de femmes, de tafia, rien n'était comparable en ce genre à ce qu'offrait Occobamba. Un soir qu'assis sous le hangar, le
compatriote me faisait remarquer la douceur de la
nuit, qu'embellissait encore un clair de lune magni-
que : « Ah! señor don Gaspardo, s'écria le brave
jeune homme avec un soupir de regret, demandez à
monsieur, qui connaît mon pays, si les clairs de
lune d'Occobamba ne sont pas plus beaux que ceux
de Santa-Ana? — C'est vrai, dis-je à Gaspard, qui
me regarda d'un air ébahi, et si nous étions seulement à trois lieues plus au sud, nous pourrions
comparer les deux lunes et juger de la différence. »
La nature de l'homme est essentiellement ingrate ;
pour me récompenser de mon empressement à
confirmer son dire, Hilario me bouda toute la
soirée.

Deux ou trois fois par semaine, doña Berna et sa
fille venaient passer l'après-midi à l'hacienda Ha-

bituellement on pelait quelques oranges, on buvait
quelques verres de tafia et on médisait des voisins.
Parfois, quand ces dames étaient d'humeur joyeuse,
elles envoyaient querir le salterio, et malgré ma
répugnance à jouer de cet instrument, il me fallait,
bon gré mal gré, exécuter un air de danse. Si cet
air était un quadrille, Hilario prenait la main de
doña Berna et faisait vis-à-vis. Depuis ma discussion
avec Gaspard au sujet de doña Pascua, j'évitai soi-
gneusement de lui parler d'elle; mais je ne pouvais
m'empêcher de remarquer que les manières de la
belle fille à l'égard du compatriote prenaient de jour
en jour un caractère plus expansif. Les envois de
fleurs et de sucreries se succédaient aussi à des intervalles plus rapprochés, et je finis par croire que
la mère et la fille passaient la majeure partie de
leur temps à confectionner, enrubaner et parfumer
ces douces choses, qu'une Indienne fort bien stylée
apportait de leur part, quand elles ne pouvaient
venir elles-mêmes.

Je n'avais pas été longtemps à m'apercevoir que ma
présence à l'hacienda leur était importune, mais je ne
devinais pas le motif qui les portait à souhaiter mon
éloignement. Une fois il était arrivé à doña Berna
de me demander de sa plus douce voix comment je
trouvais la vallée de Santa-Ana, et si je comptais y
faire un long séjour; et je lui avais répondu, de ma
voix la plus douce aussi, que je n'en savais rien. Ma

réponse, si gracieusement que je l'eusse faite, avait amené sur les lèvres de la bonne dame un sourire crispé; elle avait échangé un regard avec sa fille, et celle-ci, prise d'une migraine subite, s'était montrée d'humeur fantasque pendant tout le reste de la soirée. A la sollicitude inquiète de Gaspard pour cette indisposition de commande, à ses offres successives d'eau sucrée, d'infusion de coca et de vulnéraire, j'avais jugé qu'il prenait la chose au sérieux. Au reste, son égalité d'humeur, sa quiétude parfaite, et surtout l'amitié qu'il ne cessait de me témoigner, me prouvaient que, non-seulement il ne partageait pas les préventions injustes de ces dames à mon égard, mais même qu'il les ignorait complétement.

Cependant l'époque de la récolte du cacao était venue; les cocons ventrus du théobrome avaient pris une couleur minium des plus foncées, et pour commencer la cueillette on n'attendait plus que l'arrivée de quelques péons que le sieur Bujanda, préfet d'une province de la Sierra, devait envoyer à Bellavista à titre de « renfort. » Ces péons arrivèrent un beau soir avec femmes, enfants, roquets et bagages. Ce fut une fête pour leurs camarades de l'hacienda, qui, non contents de les embrasser tendrement et de les loger sous leur toit, les firent danser toute la nuit au son d'une flûte, et les grisèrent abominablement. Le lendemain de l'arrivée de ces péons, le bruit courut à Bellavista que le sieur Hermenegildo

Bujanda, maître de céans, était à la veille de se marier à Cuzco. D'où venait la nouvelle? qui l'avait apportée, colportée, ébruitée? C'est ce qu'il fut impossible de découvrir. Hilario, qui nous la transmit au moment de déjeuner, l'avait recueillie dans le cacahual, de la bouche d'un certain Juan, lequel, interpellé à ce sujet, déclara la tenir de Pedro, qui, à son tour, l'avait sue par José, ainsi de suite. Autant eût valu chercher une aiguille dans un pailler. Comme, après tout, la nouvelle n'avait rien que d'heureux, Gaspard, en qualité de régisseur fidèle, s'en réjouit par rapport au sieur Bujanda. Dans l'après-midi, doña Berna et sa fille vinrent à l'hacienda. Elles avaient appris l'arrivée des péons, et demandèrent à Gaspard s'ils n'avaient pas apporté quelque lettre pour elles du sieur Bujanda.

« Non, dit Gaspard, pas même une lettre de faire-part; pourtant c'était bien le moins qu'il écrivît à d'anciennes amies comme vous, pour leur annoncer son mariage....

— Son mariage, répéta lentement doña Pascua d'un air singulier; ah ça, de qui parlez-vous donc, *mi Gaspardito?* je ne vous comprends pas.

— C'est bien clair, pourtant; votre ami, le sieur Bujanda, va se marier, si ce n'est déjà fait.

— *Mentira!* cria la belle fille, qui cette fois parut avoir compris; Bujanda ne se marie pas, ce n'est pas vrai, ce n'est même pas possible! c'est quelque méchant bruit qu'on fait courir ici. Qui vous a dit cela ? je veux le savoir!... »

Devant cette impétueuse sortie, à laquelle il était loin de s'attendre, Gaspard était resté aussi penaud qu'un chat coiffé d'une calebasse ; il regardait doña Pascua sans lui répondre ; l'irritation de celle-ci allait croissant.

« Mais parlez donc! fit-elle avec emportement ; je veux savoir qui a tenu ce propos. Si c'est un homme, je lui dirai en face qu'il est un menteur et un lâche ; si c'est une femme, je la déchirerai avec mes ongles et je la foulerai aux pieds ! »

Et joignant le geste à la parole, la belle fille se mit à trépigner avec fureur. Sa mère la prit par la main, lui dit quelques mots en quechua, que je n'entendis pas, et la força de se rasseoir. L'étonnement avait changé Gaspard en statue.

« On a tort de faire courir des bruits pareils! » hasardai-je en manière d'apophthegme.

Doña Pascua me regarda, essaya de répondre, mais ne le put. Une de ces réactions auxquelles les natures nerveuses sont sujettes, s'opérait en elle. Elle jeta un faible cri, se renversa en arrière, et son exaltation fit place à un déluge de larmes qu'elle n'essaya pas de cacher. L'orage se résolvait en pluie.

« C'est une crise nerveuse, dis-je tout bas au compatriote ; n'auriez-vous pas chez vous quelque calmant? de l'éther, de l'eau de fleur d'oranger ? »

Gaspard ne fit qu'un bond jusqu'à sa demeure. Je restai seul avec ces dames.

« *Aï mamachay, mamachay!* (petite mère!) dit la belle fille en appuyant sa tête sur l'épaule de sa mère et en pleurant à sanglots, il m'a trompée!... il ne reviendra plus.... il en épouse une autre! »

Pour que la pauvre fille se lamentât ainsi à haute voix, il fallait qu'elle crût fermement que je ne comprenais pas un mot de l'idiome local dont elle se servait, et dans ce cas l'honneur, la loyauté, me faisaient un devoir de la détromper ou de mettre immédiatement entre nos deux personnes une distance de quelques pas géométriques. Mais la curiosité l'emporta chez moi sur l'honneur, et j'avoue à ma très-grande honte que non-seulement je me tus, mais même que je retins mon souffle et que j'ouvris les deux oreilles.

« Quel *bribon!* fit la mère en se servant de l'idiome employé par sa fille. Aussi, pourquoi l'écoutais-tu? J'avais toujours dans l'idée que le *pillo* te jouerait ce vilain tour; je te l'ai dit même bien des fois! mais tu ne m'as pas écoutée; tu as voulu faire à ta tête; vois où cela t'a menée?

— *Aï mamaysonccollachay!* (chère mère de mon cœur!) balbutia la pauvre fille en redoublant ses pleurs.

— Va, console-toi, *Pascualitachay* (chère petite Pascua), dit la matrone. D'ailleurs tu pleurerais tou-

tes les larmes de ton corps, qu'il n'en serait ni plus
ni moins. Ce qui est fait est fait. Essuie tes yeux,
fillette. Je te tirerai de ce mauvais pas. Mais il faudrait que ce petit étranger s'en allât d'ici. Il est
éveillé comme une *ardillacha* (écureuil). Je crains
qu'il ne finisse par s'apercevoir de quelque chose et
qu'il n'en avertisse l'autre.... Lui parti, nous arran-
gerons ton affaire le mieux du monde.... Le vieux
est bon homme, et.... »

Doña Berna cessa de parler. Gaspard arrivait en
courant. Dans son trouble, il avait mis le coffre à
médicaments sens dessus dessous, sans pouvoir
trouver le calmant nécessaire. A sa place, il apportait de l'alcool camphré, avec lequel il voulut que
doña Pascua se frictionnât le visage et les mains.
A une observation que je lui fis sur la nature de
l'antidote, il me répondit que l'alcool camphré gué-
rissait tous les maux. En effet, soit que ce liquide
fût doué de propriétés nervines, fortifiantes et anti-
spasmodiques, ou que les exhortations de doña Berna
eussent produit sur sa fille un salutaire effet, celle-
ci ne tarda pas à se rasséréner. Pendant qu'elle gri-
gnotait un morceau de sucre imbibé de talia qu'elle
avait demandé et qui acheva de dissiper son malaise,
doña Berna nous dit, en mettant sa voix au diapason
de la confidence, qu'il ne fallait pas nous préoccuper
de l'incident qui venait d'avoir lieu ; que *Pascualita*
était sujette à ces crises nerveuses, durant lesquelles

elle parlait à tort et à travers, sans avoir conscience de ce qu'elle disait. La bonne mère crut devoir ajouter, mais en baissant encore la voix d'un demi-ton, que ces crises avaient pour cause la complexion robuste de son enfant, dont le sang riche et généreux se révoltait contre le célibat auquel elle était momentanément condamnée. « Pauvre *chiquilla!* » fit-elle en soupirant et en souriant à Gaspard, qui ne put s'empêcher de sourire aussi; il n'y a que le sacrement de mariage qui puisse la guérir! »

Pendant le reste de la soirée, le compatriote eut un air rêveur que je ne lui avais jamais vu et que j'attribuai aux révélations délicates que doña Berna avait jugé devoir nous faire. Les regards qu'il jetait à la dérobée sur doña Pascua, je ne sais quoi de tendre et de compatissant dans sa voix, quand il lui adressait la parole, prouvaient que l'intérêt affectueux qu'il lui portait, s'était encore accru par l'assurance qu'on lui avait donnée qu'à sa couronne de vierge la belle fille joignait la palme du martyre. De mon côté, je rêvais aussi et j'observais du coin de l'œil les acteurs en scène, et, tout en rêvant et en observant, je réfléchissais; mais mes réflexions n'avaient rien de commun avec celles de Gaspard. Je réfléchissais au secret dont le hasard m'avait rendu dépositaire et au moyen de conjurer l'orage que j'entrevoyais à l'horizon du régisseur. Pour tout dire aussi, j'avais sur le cœur le sans-façon avec

lequel doña Berna s'était exprimée sur mon compte ;
sa qualification de — petit étranger — m'avait paru
leste, et je me sentais blessé de la comparaison
qu'elle avait faite de ma personne avec un écureuil.
Par charité chrétienne, j'eusse pardonné néanmoins
à la bonne dame ses expressions vulgaires et même
son souhait de me voir à cent lieues de là, mais ses
desseins sur le compatriote et l'avenir qu'elle lui
préparait me gendarmaient contre elle et éloignaient
de mon esprit toute idée de clémence. Restait à avertir Gaspard de ce qui se passait, et à l'engager à se
tenir sur ses gardes ; mais comment prendrait-il la
chose ? Fort mal assurément, si j'en jugeais par la
façon dont il avait accueilli ma remarque physiologique sur doña Pascua. Si, pour un seul mot que
j'avais hasardé, il avait crié à la calomnie et au blasphème et boudé vingt heures, que ferait-il pour
plusieurs phrases que je me voyais forcé d'employer
pour lui expliquer nettement la situation ? Rien
que d'y songer, j'en avais le frisson. Après tout,
comme il n'y avait pas péril en la demeure, que
l'affaire pouvait, sans préjudice grave, être remise à huitaine, je résolus d'attendre encore. Pendant ce délai que je me donnais à moi-même, une
occasion s'offrirait peut-être d'arriver, par quelque
détour, au but que je n'osais trop regarder en face.

La vie douce et calme que nous avions menée jusqu'alors à l'hacienda, recommença sur nouveaux

frais. Ces dames furent quelques jours sans venir. Leur absence, qu'auparavant j'eusse à peine remarquée, me donna beaucoup à penser. Dans l'état des choses, j'y vis comme le temps d'arrêt par lequel les individus de la caste féline préludent à leurs bonds gigantesques; mais, tout en cessant momentanément leurs visites, elles ne discontinuèrent pas leurs envois. Gaspard reçut, comme par le passé, des bouquets symboliques et des friandises enrubannées, qui, cette fois, étaient accompagnés de petits billets que le compatriote lisait en cachette et qu'il déchirait en menus morceaux après les avoir lus. Je ne sais s'il y répondait, mais son mépris naïf à l'endroit de la syntaxe espagnole, me fit toujours pencher pour la négative.

Au milieu des distractions que me causait cette intrigue locale, je n'avais garde d'oublier mon ascension de l'Urusayhua. La vieille montagne toujours en vue aurait d'ailleurs suffi à me la rappeler, si ma mémoire à cet égard avait pu être infidèle; mais il n'en était rien. Des circonstances majeures et indépendantes de ma volonté avaient seules retardé jusqu'à cette heure l'exécution de mon projet. Après la récolte du cacao, était venue la cueillette de la coca, puis la fabrication du vin d'oranges, et Gaspard, ayant à diriger ces divers travaux, n'avait pas eu un moment de loisir. Dès que je le vis à peu près libre de son temps, je lui rappelai la promesse qu'il

m'avait faite de m'accompagner dans mon excursion, promesse qu'il ratifia joyeusement. Pendant le
déjeuner, nous causâmes de ce voyage, ou mieux de
cette promenade, et nous convînmes de l'entreprendre le lendemain. Restait à régler quelques détails
intimes, ce qui fut bientôt fait. Nos bagages devaient
se composer d'un drap de lit, destiné à servir de
tente, dans le cas où nous aurions à passer une nuit
dehors, de couvertures pour nous envelopper et de
bâtons pour assurer nos pas. Quant à nos provisions
de route, une jarre d'eau, quelques ananas, du maïs
grillé et du chocolat nous paraissaient plus que suf-
fisants pour un trajet de quelques heures. Le majordome Hilario, qui nous aida dans nos préparatifs, se faisait une fête d'être de la partie, mais
Gaspard souffla sur sa joie et l'éteignit brusquement,
en lui déclarant qu'il fallait que quelqu'un restât à
l'hacienda, et que le choix de ce — quelqu'un, —
quand le régisseur s'absentait, tombait naturellement sur le majordome. Hilario, vivement affecté
de ce contre-temps, alla épancher sa douleur dans
le sein de doña Berna. En un moment, tout le village
fut instruit de notre projet. Vers le soir, la mère et
la fille accoururent, et j'eus à subir de leur part
force représentations véhémentes. Elles commencèrent par trouver mon projet absurde, et finirent par
reconnaître que si j'étais libre de le mettre à exécution, je n'avais aucun droit d'exposer les jours pré-

cieux de leur ami Gaspard. Les histoires lugubres
ne leur manquèrent pas pour étayer leur dire. Elles
me répétèrent sur la montagne Urusayhua les lieux
communs qu'on m'avait déjà débités, et m'apprirent
en outre certaines particularités que j'ignorais, par
exemple, que la montagne était *donzella*, et appelait
au secours de sa vénérable virginité tous les presti-
ges infernaux et les feux de Bengale de la diablerie.
Ces dames parlèrent sur ce ton pendant une heure,
cherchant à dissuader Gaspard de cette excursion
que doña Berna qualifiait de — *insensatez* — et doña
Pascua de — *empreza temeraria.* — Tiraillé entre
ces deux puissances, comme Polichinelle entre le
diable et le confesseur, le compatriote sortit victorieux de la lutte, ce que je n'aurais jamais osé espérer de lui. Quand ces dames virent que leurs efforts
n'avaient abouti à rien, elles changèrent brusquement de tactique. Doña Pascua, feignant d'essuyer
une larme, promit à Gaspard de dire le rosaire à
son intention, et doña Berna lui jura que jusqu'à
son retour elle ferait allumer chaque soir un grand
feu sur la place du village, afin que, du haut de son
observatoire, leur doux ami pût se convaincre que
des cœurs dévoués songeaient toujours à lui. Non-
seulement il ne fut pas question de moi dans tout
ceci, mais même ces dames, en se retirant, affec-
tèrent de regarder ailleurs quand je les saluai. Je
laissai le compatriote les accompagner seul, pour

que ma présence ne pût gêner les tendres adieux
qu'on pouvait avoir à se faire de part et d'autre. Au
bout d'un quart d'heure, je le vis revenir tout attendri et presque larmoyant. On avait dû recourir aux
moyens extrêmes pour frapper vivement le cœur et
l'esprit du pauvre homme. En me quittant pour rentrer chez lui, il ne put s'empêcher de me dire d'une
voix émue : « Je ne sais comment j'ai eu la force
de résister à leurs prières. » Je ne répondis point ;
mais je commençai à craindre que le compatriote
ne fût devenu tout à fait aveugle, et à penser qu'une
occasion de lui rendre la vue, sur laquelle j'avais
compté, ne se présenterait jamais.

Le lendemain le soleil se leva dans un ciel sans
nuages. Nos préparatifs, commencés depuis la veille,
furent achevés en un clin d'œil. Quatre péons choisis
par Gaspard devaient nous accompagner et porter
nos bagages, auxquels, par précaution, nous ajou-
tâmes quelques pieux et un rouleau de cordes. Il
était sept heures quand nous quittâmes l'hacienda
pour suivre la grande allée du cacahual. Gaspard
marchait en tête, son fusil sur l'épaule ; les péons
venaient à sa suite, et je formais l'arrière-garde avec
Hilario, qui, pour se dédommager de n'être pas du
voyage, avait tenu à faire avec nous un bout de
chemin.

Parvenus à l'extrémité du cacahual, nous prîmes,
pour descendre sur la plage, le sentier ombreux

qu'ailleurs j'ai décrit, et que, dans mon enthousiasme reconnaissant, j'avais surnommé — la gorge
aux cryptogames.—Une fois en bas, nous nous arrêtâmes pour examiner la vieille montagne, majestueu-
sement dressée au bord de la rivière, et reconnaître
l'endroit par lequel nous pourrions tenter notre
ascension. A première vue, ses deux versants semblaient absolument pareils et également inaccessi-
bles; mais, en y regardant avec plus d'attention, on
découvrait que la coupe du versant de droite, à part
quelques molles ondulations à sa base, n'offrait
qu'un plan à peu près vertical, tandis que le versant
de gauche laissait entrevoir parmi ses verdures certaines lignes rougeâtres et flexueuses qui ressemblaient assez aux marches d'un escalier. Telle fut
du moins l'opinion du compatriote à l'égard de la
chose. Quant à moi, je trouvai que ce qu'il appelait
un escalier avait, vu d'en bas, c'est-à-dire dans un
raccourci plafonnant de trois à quatre mille pieds
d'élévation, je ne sais quoi de vague, d'indescrip-
tible et de fort peu rassurant. Néanmoins, comme
après avoir cherché nous ne voyions rien de mieux,
il fut décidé, séance tenante, que nous tenterions
l'escalade de ce côté. Cette décision prise, nous remontâmes la plage jusqu'à ce que nous fussions
arrivés par le travers de la cabane d'un passeur qui
s'élevait sur l'autre rive. Nous hélâmes cet homme,
qui tarda un peu à nous répondre, et finit par mon-

trer sa tête au-dessus des buissons. Quand il sut ce
que nous désirions de lui, il saisit à deux mains une
liane tendue en amarre d'une rive à l'autre, et faisant glisser sur les ondes son bac, simple tronc
d'arbre dépouillé de ses branches, il nous eut bientôt
rejoints. Hilario nous fit ses adieux et reprit tout
pensif le chemin de l'hacienda, pendant que nous
effectuions notre traversée. Parvenus sur l'autre
bord, nous commençâmes à gravir les premières
rampes de la montagne à travers d'épaisses graminées, jaunies par la sécheresse. A mesure que le
soleil montait, la chaleur devenait accablante. L'eau
que nous avions apportée nous fut d'un utile secours.

Vers midi, ayant fait rencontre d'un grand rocher
de grès rouge, îlot de pierre perdu au milieu de cet
océan d'herbes sèches, nous nous assîmes à son
ombre. Pendant cette halte, l'idée me vint de mettre
le feu aux graminées. Nos compagnons, à qui je la
communiquai, cherchèrent un refuge au sommet du
rocher et me laissèrent tranquillement accomplir
mon œuvre. En un clin d'œil, la flamme s'élança,
rapide et sifflante, touchant et consumant aussitôt
que touché, tout ce qu'elle trouvait sur son passage.
Quand elle n'eût plus de chaume à dévorer, elle
s'éteignit. De l'opulente moisson, fertilisée par les
pluies de l'hivernage, mûrie et dorée par le soleil de
la canicule, et où des milliers de sylvains trouvaient

chaque soir bon souper, bon gîte et le *reste*, il ne resta plus qu'une nappe grise et fumante.

Nous ne tardâmes pas à reconnaître, aux dépens de nos jambes, tout ce que les plans inférieurs de l'Urusayhua, si mollement ondulés à distance, avaient d'abrupte et de terrible; pour nous élever de quelques mètres, nous étions obligés de décrire une multitude d'angles, des plus longs et des plus aigus, opération géométrique aussi monotone que fatigante, et qui nous prit toute la journée. A cinq heures, quand nous passâmes de la région des graminées à la zone des forêts, on eût facilement retrouvé nos traces, comme celles du petit Poucet à ses cailloux, aux flots de sueur dont nous avions arrosé le chemin.

Avant d'entrer sous le couvert de ces forêts sombres, mystérieuses, inextricables, nous nous arrêtâmes pour reprendre haleine et essuyer nos fronts ruisselants. A part la rivière, que nous ne pouvions voir, cachée qu'elle était par la base de la montagne, nous embrassions d'un regard tous les environs. Le tableau était à la fois grandiose et charmant. Les maisons d'Echarati ressemblaient à des jouets d'enfants, et l'allée d'agaves qui conduisait à l'hacienda, à des lignes vertes tracées au pinceau. Les bâtiments et les cultures de Bellavista, plus rapprochés, avaient l'aspect d'un damier multicolore où chacun de nous cherchait à reconnaître ce qui l'intéressait le plus :

les péons, la hutte où était restée leur épouse; Gaspard, sa pépinière de mûriers; moi, mon palacito. Quand notre étonnement admiratif se fut un peu calmé, je priai le compatriote de décharger son arme. La détonation, grossie par l'écho, roula comme un tonnerre dans toutes les anfractuosités de la montagne et attira dans la cour de l'hacienda une chose noire, laquelle traînait après elle une chose blanche. Dans la chose noire, nous reconnûmes Hilario. La chose blanche nous parut être une serviette qu'il agitait en notre honneur. Pour lui faire comprendre que nous l'avions aperçu, Gaspard tira un second coup de fusil, puis, ces signaux échangés de part et d'autre, nous entrâmes dans la forêt, où, profitant des dernières clartés du jour, nous dressâmes notre campement. Le drap de lit fut attaché aux arbres, nous allumâmes du feu, et tout en soupant frugalement d'un ananas et de grains de maïs grillés, nous nous entretînmes du chemin que nous avions fait et de celui qui nous restait à faire. Vers huit heures, de longs nuages blancs, sortis de je ne sais où, traversèrent la forêt en rasant le sol, et se dirigèrent au nord-est. La chose en soi n'avait rien d'extraordinaire, mais les Indiens, à qui leurs camarades avaient meublé la tête de contes plus ou moins absurdes, virent dans ces nuages intempestifs le prélude de quelque diablerie et commencèrent à chuchoter entre eux. Heureusement leur fatigue

était grande et le sommeil ne tarda pas à l'emporter
sur leurs terreurs. A leur exemple, nous nous endor-
mîmes aussi, les yeux tournés vers le drap de lit
qui tenait lieu de céleste voûte. Notre engourdissement à tous fut si profond, que nous atteignîmes le
milieu de la nuit sans avoir entendu le tonnerre,
qui annonçait la tempête, et la pluie torrentielle qui
lui succéda. Il ne fallut rien moins pour interrompre
ce sommeil léthargique, que la rupture des cordes
qui retenaient notre tente, laquelle surchargée d'un
volume d'eau qu'elle ne pouvait plus porter, s'affaissa
brusquement en nous inondant des pieds à la tête.
D'abord nous poussâmes d'effroyables cris en sentant que nous nous en allions en dérive, puis, le
premier étonnement calmé et après nous être repê-
chés mutuellement, nous nous adossâmes chacun
contre un arbre, et nous attendîmes en grelottant de
froid, que les ténèbres eussent fait place au jour.

Ce jour tant désiré parut enfin, mais il fut semblable à la nuit. Les grains de pluie se succédaient
à de si courts intervalles, et les arbres, secoués par
un vent furieux, ruisselaient si fort sur nos têtes,
qu'en me rappelant que depuis mon entrée dans la
vallée il n'était pas tombé du ciel une goutte d'eau,
je commençai à craindre que la vieille montagne ne
fût véritablement enchantée et n'eût appelé la tempête à son aide pour repousser nos pas profanes.
Néanmoins mes idées à cet égard ne tardèrent pas

à se modifier en voyant, vers dix heures, la pluie
se ralentir, les nuages se dissiper, et le soleil dorer
enfin la cime des grands arbres. Nous reprîmes
notre marche anguleuse de la veille, nous aidant
cette fois des lianes, des arbustes épars autour de
nous, et cherchant, par tous les moyens, à nous élever de plus en plus vers les régions supérieures.
Cependant la journée s'écoula sans que notre
voyage parût approcher de son terme. L'insuffisance
de nos ressources alimentaires donnait à la chose
un tour infiniment sérieux. Des vivres dont nous
nous étions munis en partant, il ne restait plus
qu'un peu de chocolat et quelques poignées de maïs
grillé, et l'exercice violent auquel nous nous li-
vrions, en ouvrant jusque dans leurs derniers cœ-
cums les cavernes profondes de l'estomac, nous
faisait sentir plus vivement encore le manque d'une
nourriture solide. Gaspard et moi nous en pre-
nions notre parti, mais les Indiens avaient moins de
philosophie. Leur humeur, déjà assombrie par un
voyage qui, pareil à la toile de Pénélope, se poursuivait sans s'achever, tournait au lugubre, à l'idée
qu'ils étaient condamnés à mourir de faim.

Un jour éclatant régnait encore au dehors, que
l'obscurité avait déjà envahi le couvert sous lequel
nous cheminions. Nous campâmes comme la veille.
et si nous soupâmes moins bien que la veille, en revanche, nous dormîmes mieux et plus longtemps.

Aussi le lendemain nous réveillâmes-nous d'humeur assez allègre. Jusqu'à midi, nous continuâmes notre ascension. A cette heure, la soif étant devenue générale, et notre provision d'eau se trouvant épuisée, il fut convenu que Gaspard et moi nous ferions halte pendant que les péons, emportant la cruche avec eux, iraient à la recherche d'eau potable. L'humidité singulière qui régnait dans ces bois, d'invisibles rigoles qui suintaient à travers le détritus du sol, nous faisaient croire que nos gens n'auraient pas à chercher longtemps pour trouver une source. Quand ils furent partis, nous nous assîmes sous les arbres. Gaspard essaya de tromper la longueur du temps en faisant un somme; comme je ne me sentais aucune envie de dormir, je m'amusai à dresser de mémoire une échelle thermique de la flore et de la faune de l'Urusayhua, jusqu'à l'endroit que nous venions d'atteindre.

La base de la montagne était couverte, on le sait, d'épaisses graminées, chloris, poas, ichnanthus, agrostis, etc., que j'avais incendiées sans pitié pour leur élégante sveltesse. Dans ces graminées vivaient en paix une foule de sylvains, depuis le friquet huppé et le verdier à cachet noir jusqu'au tangara *cæruleus*, que l'incendie avait dépossédés de leur domaine. A ces graminées avait succédé une large zone de grands arbres, erythrines, bombax, quercus de plusieurs sortes, pseudo-juglans, ce-

dreles, cerdanas, dans le feuillage desquels j'avais
entrevu en passant des singes gris, des écureuils
noirs et des perruches naines. Ces arbres corpulents
avaient disparu un à un, et avaient été remplacés
plus haut par un fouillis d'arbustes, laurus, myr-
tus, melastoma, habité seulement par deux genres
d'oiseaux, un merle brun à bec et à pattes noirs et
un picucule. L'endroit que nous avions atteint, réu-
nissait à la fois de grands arbres et de petits arbustes; mais le cachet distinctif de sa flore, consistait
dans d'énormes touffes de cyperus aux feuilles bilo-
bées, trilobées, quadrilobées, à l'ombre desquelles,
humbles comme l'hysope au pied du cèdre, croissaient des cryptogames naines du plus charmant
effet. Le sol qui nourrissait ces végétations était
jonché de troncs d'arbres pourris, criblé de trous
profonds, encombré de souches énormes et de longues racines, le tout habilement dissimulé sous un
tapis de mousse si lustrée, si verte, si appétissante,
que, chaque fois qu'il m'était arrivé de trébucher
contre un de ces obstacles et de disparaître jusqu'à
demi-corps dans une crevasse, au lieu de jurer et
de tempêter, comme c'était le cas, je m'étais couché
à plat sur le sol, j'avais rafraîchi mon visage au contact frais et velouté de cette mousse, et des velléités
m'étaient venues de la brouter un peu, comme feu
Nabuchodonosor, de biblique mémoire. Dans cette
dernière région, le seul être vivant que j'eusse

aperçu était un grand papillon noir et gris, frangé de saumon, du genre Morpho et de l'espèce Polyphemus.

Pendant que je m'entretenais ainsi avec mes propres pensées, taillant des cure-dents, écoutant le vent bruire et Gaspard ronfler, les cris des péons retentirent dans la montagne. Je réveillai le compatriote, et le sachant doué, malgré sa faiblesse apparente, de poumons robustes et d'une voix de stentor, je le priai de dialoguer avec nos hommes. A force de crier de part et d'autre, on finit par s'entendre et par se rejoindre. Les péons apportaient une eau froide et exquise dont nous bûmes quelques gorgées, après quoi nous recommençâmes à grimper.

Vers trois heures, les arbustes avaient disparu pour faire place à de simples buissons, le ciel et le soleil brillaient de nouveau sur nos têtes. Nous touchions à cet endroit de l'Urusayhua que maintes fois j'avais examiné d'en bas, et où le minéral apparaissait à nu ; mais ce que d'en bas je n'avais pu voir, et ce qui me paraissait, à cette heure, un obstacle impossible à vaincre, c'est le renflement du sommet de la montagne, lequel, cinquante pieds plus haut, figurait vaguement le chapeau d'un champignon. Ce n'était plus à un mur vertical que nous avions affaire, mais à un mur qui se projetait dans l'espace, et sur lequel une mouche seule eût pu cheminer. Cette découverte nous atterra. Notre vaisseau allait-il sombrer en entrant au port?

En examinant attentivement la pierre, je remarquai quelques entailles frustes qui la rayaient diagonalement. Ces entailles, qui offraient tout juste assez de largeur pour poser le pied, s'interrompaient çà et là; mais à l'aide d'une enjambée on pouvait combler l'intervalle qui les séparait et passer ainsi de l'une à l'autre. Évidemment un pareil sentier — en admettant toutefois que c'en fût un — n'avait été tracé par la nature que pour des condors ou des vigognes, mais comme il coupait à peu près horizontalement et fort à propos la partie inférieure du sommet de l'Urusayhua, on avait l'avantage, en le suivant, de tourner la difficulté qu'on n'avait pu vaincre et de surprendre par derrière la vieille montagne, qu'il était matériellement impossible d'aborder en face. Seulement, comme dans ce trajet d'une trentaine de pas, la pierre était dégarnie de buissons ou de lianes, auxquels on pût se retenir, tout portait à croire que la moindre déviation, le plus léger faux pas seraient immédiatement suivis d'une chute. Or cette chute, dont vous pouviez prévoir la violence en calculant la hauteur de la montagne, la pesanteur d'un corps humain, et multipliant ces deux nombres par le carré de la vitesse, cette chute devait vous déposer dans la vallée juste à l'endroit où les courants de la rivière Huilcamayo filaient dix nœuds à l'heure sur un fond de trois brasses. La chose méritait qu'on y réfléchît.

A cette époque, heureusement ou malheureusement pour moi, je réfléchissais peu. La possibilité d'arriver au sommet de l'Urusayhua par ce chemin scabreux ne m'eut pas plutôt été démontrée, que, sans autre délai entre l'idée et l'exécution que le temps d'ôter ma chaussure et de me munir d'une corde dont je remis un bout à Gaspard, je posai le pied gauche sur la première saillie du rocher, puis le pied droit sur la seconde, et, traînant la corde après moi, je parvins à toucher la troisième saillie. Un espace de dix pieds me séparait déjà de nos compagnons. Pour atteindre l'extrémité de la muraille, il m'en restait à faire trois fois autant. Si à ce moment les curieux d'Echarati avaient braqué sur l'Urusayhua une longue vue, ils auraient pu me voir, suspendu sur l'abîme, auquel je tournais le dos, le nez et les mains collés contre la pierre, dans l'attitude d'un gecko, ce qui n'eût pas laissé que de les étonner un peu. Jusque-là tout avait été pour le mieux ; le soin avec lequel j'évitais de regarder en bas me laissait la présence d'esprit et le sang-froid nécessaires, et dans la crainte de me distraire ou de m'intimider, nos gens étaient muets comme des poissons.

En tâtant du pied pour atteindre la quatrième saillie, la corde que je traînais s'accrocha quelque part. Je tournai la tête pour voir ce qui la retenait, et dans ce mouvement mes regards plongèrent dans le vide. Ce fut comme un éclair. J'entrevis un moutonnement confus de verdures au milieu desquelles le Huilcamayo, pareil à une traînée de vif argent, scintillait au soleil. Je fermai les yeux pour fuir l'horrible vision, mais la vision restait en moi et je continuai de voir. Alors les oreilles me tintèrent, une bouffée de chaleur insupportable monta de mes entrailles à mon cerveau, puis je sentis trembler mes jambes et faiblir mes poignets comme sous les décharges d'une pile électrique ; une force inconnue, supérieure à ma volonté, entr'ouvrait mes paupières et m'obligeait de regarder en bas cette rivière d'argent liquide qui semblait frétiller au soleil. Le vertige, démon des abîmes, m'avait saisi de sa main crochue et m'attirait à lui. A ce moment suprême où des milliers d'atomes rouges tourbillonnaient devant ma vue, où je sentais tout sentiment se disperser en moi, je pus ouvrir la bouche et crier : « Gaspard, à moi!.... »

Le brave homme avait surpris le regard involontaire que j'avais jeté dans le vide et, se doutant de ce qui allait arriver, s'était, imprudemment pour lui, mais très-heureusement pour moi, hasardé à ma suite. Comme mes doigts crispés allaient lâcher prise, sa large main se posa sur ma nuque. « *A pas peur, je suis là !* » me dit-il avec une énergie contenue. Au son de cette voix, ou mieux au contact secourable de ce poignet, je revins à moi et tout tremblant encore je pus regagner l'endroit d'où j'étais parti. En sentant le sol sous mes pieds et me voyant entouré de visages de connaissance, au lieu de me réjouir comme c'était le cas, je m'évanouis le plus stupidement du monde.

Cet épisode, qui avait failli avoir pour moi des suites tragiques, avait un peu refroidi mon ardeur. Au lieu de précéder nos gens, comme je l'avais fait jusqu'alors, je me contentai de les suivre, tout en émettant les avis divers que me suggérait l'aspect des lieux. Dans l'impossibilité de tenter l'escalade de la montagne du côté d'Écharati, nous avions pris à gauche et fait un détour pour savoir à quoi nous en tenir sur la configuration véritable de son sommet. Après dix minutes de marche dans cette direction, nous nous aperçûmes que l'occiput de la géante se rattachait, par ses vertèbres cervicales, à d'autres croupes aussi puissantes qu'elle, mais moins élevées. Cette découverte inattendue nous fit pousser des cris de joie. Nous marchâmes en toute hâte vers ces talus inclinés au nord-ouest, mais en arrivant nous reconnûmes, avec un certain serrement de cœur, que leur élévation au-dessus du sol était d'une quinzaine de pieds, et que la pierre, d'une coupe à peu près verticale, n'offrait ni trous ni crevasses dont on pût s'aider pour monter. Pen-

dant un moment nous restâmes le nez en l'air et la
bouche entr'ouverte, cherchant un moyen de combler cette lacune et ne le trouvant pas. Tout à coup,
Gaspard se frappa le front : « Parfait! » fit-il.
Sans s'expliquer davantage, il prit un péon par sa
veste, le colla brusquement contre le talus, et avant
que l'homme fût revenu de son étonnement, un de
ses camarades était debout sur ses épaules. Je n'attendis pas qu'un troisième individu eût pris la place
qui me revenait de droit : d'un bond de chat je sautai sur l'échine du premier, puis je me suspendis
aux guenilles du second, et du sommet de cette pyramide humaine je parvins, après quelques efforts,
à atteindre le couronnement du talus, où une corde,
lancée par Gaspard, m'avait devancé. Cette corde,
sur laquelle je pesai, servit au compatriote de tire-
veille pour gravir le dos des Indiens et arriver jusqu'à moi. Nos gens et nos paquets furent hissés à
tour de rôle sur la plate-forme. Quand nous fûmes
tous réunis, j'entonnai le cantique de Siméon :
« *Nunc dimittis*, etc., » pendant que Gaspard vidait,
en guise d'eau lustrale, sur la tête de la païenne
Urusayhua, le contenu de notre cruche.

Notre premier soin, après avoir pris possession
des lieux, fut de les examiner en détail. De bananiers aux fruits d'or et de lions sans crinière, nous
n'en vîmes pas l'ombre; mais nous constatâmes que
le sommet de la montagne, d'une superficie d'envi-

ron trois cents mètres carrés, était légèrement renflé vers ses bords, creusé dans son pourtour, et paraissait avoir servi de réservoir aux eaux d'un lac. A quelle époque ce lac s'était-il formé? quelles causes avaient déterminé sa formation? quand et comment avait-il disparu? — C'est ce qu'il aurait été difficile de décider. La seule attestation qu'il eût laissée de son existence passée, était une tourbière formée de branchages et de racines entrelacés, recouverts d'une couche d'humus tapissé de mousse; d'énormes troncs d'arbres, dépouillés de leur écorce et n'ayant conservé que les grosses branches, gisaient çà et là, les uns sur le sol, les autres à demi engloutis dans la tourbière, dont leurs extrémités perçaient la croûte verdoyante. On eût dit des squelettes fossiles de mammouths ou de mastodontes exhumés par un cataclysme; de charmantes plantes croissaient sur ces débris d'une végétation disparue. Cinq d'entre elles étaient en fleurs : deux *ericas* du genre *vaccinium*, l'une d'un jaune orangé, l'autre d'un blanc verdâtre; une andromède rose pâle, une gentiane d'un beau bleu, et un *berberis* pourpre. Cette flore se complétait d'un *actinophyllum*, de *lysipomias*, d'une variété d'*oxalis* et de joncs ténus, rigides et noirâtres.

Autour de ce sommet alpestre, où régnait un silence morne, et d'où la vie animale semblait bannie, apparaissait, aussi loin que le regard pouvait s'é-

tendre, un enchevêtrement confus de montagnes à
croupes rondes, de rivières et de forêts bornées dans
trois aires de vent par les neiges de la chaîne de Vilcanota. Quelques villages avec leurs tours carrées et
leurs clochers pointus, force culture et force chau-
mes, çà et là de rousses fumées lentement poussées
par le vent, et qui indiquaient soit un défrichement,
soit un feu de pâtre ou de charbonnier, se faisaient
remarquer dans cet ensemble. A mesure que le soleil baissait, montagnes et forêts, villages et cultures s'entouraient d'une atmosphère de plus en plus
dense et bleuâtre. Des bandes de nuages flottaient
au-dessus des rivières et s'abattaient sur elles comme
des vols de cygne; les lointains s'estompaient dans
des brumes violettes, et le ton des verdures se re-
froidissait par degrés; la nature, sur laquelle l'ombre et le sommeil étendaient déjà leurs voiles, semblait sourire, et prier et bénir, avant de s'endormir,
comme l'oiseau, la tête sous son aile.

Longtemps nous considérâmes ce vaste horizon
plein d'un charme mélancolique et d'une paix profonde; puis, comme le jour finissait, nous songeâmes à dresser notre campement. Gaspard attacha la
tente aux branches d'un arbre du côté opposé au
vent, disposa ensuite nos couvertures et le billot de
bois flotté destiné à nous servir d'oreiller, pendant
que je faisais du reste de nos vivres six parts égales. Chaque part se composa d'une tranche d'ananas

et de onze grains de maïs grillé. Nous soupâmes
d'une bouchée. Le souper achevé, Gaspard se rappela qu'il avait des devoirs à remplir et fit empiler
des troncs d'arbre au bord de l'esplanade, en regard
du village d'Écharati. Quand la nuit fut tout à fait
venue, on y mit le feu. Un phare éclatant, couronné
d'un dais de rouge fumée, apprit bientôt aux naturels de Santa-Ana que leur montagne Urusayhua,
jusqu'alors inexpugnable, venait d'être conquise. Un
moment après, en regardant au fond de la vallée,
dans la direction du pueblo, nous vîmes poindre et
trembloter, se montrer et disparaître tour à tour,
une étoile au reflet verdâtre. Nous pensâmes que
quelque mauvais plaisant, il s'en trouve partout,
avait aperçu notre phare, et, le prenant pour un signal, y répondait en agitant sa chandelle. Cette
chandelle, nous le sûmes plus tard, était un feu de
vingt fagots, que doña Berna, fidèle à sa promesse,
avait fait allumer chaque soir sur la place du village.

Nous regagnâmes notre tente ouverte à l'air de
trois côtés ; là, quelque envie que j'eusse de con-
templer la beauté de la nuit et la splendeur du ciel,
où le nom de Dieu était écrit en toutes lettres, la
matière vainquit l'esprit, et je ne tardai pas à m'endormir profondément. Au plus fort de mon sommeil, une exclamation de Gaspard me réveilla. Il
faisait grand jour. Ma montre, que je consultai,

marquait deux heures. Je la crus arrêtée et l'appro-
chai de mon oreille; son mouvement me rassura.
Cependant le compatriote était sorti et m'invitait au
nom de notre commune vertu, à venir voir lever
l'aurore. D'abord je l'envoyai au diable, puis, comme
il insistait, je me drapai dans ma couverture et j'allai le rejoindre. Il soufflait une bise aiguë, le tapis
de mousse sur lequel je marchais pieds nus, était
baigné d'une blanche rosée dont la température
devait être de six degrés au-dessous de zéro, si j'en
juge par les picotements douloureux que je ressentis aussitôt dans la partie soumise à son contact;
mais ni la gelée qui me paralysait les pieds, ni l'âpre
bise qui me gerçait les lèvres, n'était de force à
lutter contre l'étonnement admiratif que me causa
le spectacle auquel Gaspard me conviait.

Un jour pur et brillant éclairait déjà le plateau
que nous occupions et le vaste horizon qui nous
environnait. Seule, la vallée de Santa-Ana, étendue
à nos pieds et cachée par d'épais nuages, était encore plongée dans une obscurité profonde. A cette
heure, où notre enthousiasme montait vers Dieu
comme un encens matinal, les habitants d'Echarati,
la tête ceinte du *chulio*, ce bonnet de coton local
importé jadis du pays d'Anahuac par le divin
Mancco, achevaient à peine leur premier somme.
Le soleil, levé comme nous, mais qu'on ne voyait
pas, teignait d'un rose vif les sommets neigeux de la

Cordillère. Cette jolie teinte, en descendant vers les plans inférieurs, passait au ton de chair, puis au lilas pâle, et se perdait enfin dans un gris d'argent glacé de bleu. Rien de plus charmant et de plus doux à l'œil que cette gamme de tons purs, qui, du sud à l'ouest et de l'ouest au nord, embrassait, des confins de Carabaya aux hauteurs de Huanta et d'Ayacucho, cent cinquante lieues d'horizon.

Au-dessous de la Cordillère, les chaînes secondaires se mêlaient et s'entrelaçaient dans une confusion étrange. Éclairées d'un jour uniforme, sans opposition d'ombre et de lumière qui détachât les uns des autres leurs sommets et leurs flancs divers, elles ne présentaient à l'œil qu'une masse homogène et compacte d'une localité rousseâtre. Au nord, la région stérile du *Pajonal*, dont on découvrait comme des taches d'ocre jaune les premières assises; de l'est au sud, la ligne sombre des forêts, formaient un cadre à ce tableau et terminaient la perspective.

Au-dessus de nos têtes, dans l'éther d'un bleu pâle et froid, brillaient des myriades d'étoiles; pas un diamant ne manquait à l'écrin. Vu ainsi à la pure clarté d'une aube tropicale, ce double aspect de la terre et du ciel était magnifique.

Le froid nous ramena sous notre tente, où, enveloppés jusqu'aux yeux dans nos couvertures, nous nous rendormîmes sur nouveaux frais. Quand nous

nous réveillâmes, le paysage était inondé de soleil,
toutes les fraîches nuances du matin avaient disparu
dans l'embrasement général. N'ayant aucun intérêt
majeur qui nous retînt sur l'Urusayhua et sentant
déjà la faim et la soif frapper à notre porte,
nous nous empressâmes de faire nos paquets. Mais
avant de quitter le piédestal sublime d'où nous
avions vu, comme M. de Saussure sur le sommet
des Alpes, — les étoiles en plein midi, — nous vou-
lûmes, pour l'édification des curieux à venir, laisser
en ces lieux une attestation de notre passage. Seulement, ne possédant ni encre ni papier pour écrire
nos noms, ni bouteille où mettre l'écrit, et par con-
tre-coup ni bouchon ni mastic pour luter la bouteille, je ne voyais pas trop ce que nous pourrions
laisser; Gaspard, pour la seconde fois, eut une idée.
Il prit notre tente, devenue inutile, l'attacha par
deux bouts à la fourche d'un arbre, et fit traîner cet
arbre au bord de l'esplanade, où les péons lui creu-
sèrent un trou. Le drap de lit vulgaire devint un
drapeau glorieux. Je laissai ce signe de notre conquête se dérouler au souffle du zéphir, pour aller
cueillir un bouquet des plantes de l'Urusayhua, doux
souvenir que je désirais garder de sa flore.

Nous saluâmes d'un dernier hourrah la vieille
montagne que nous ne devions plus revoir, et ayant
jeté nos paquets en bas de la plate-forme, nous nous
mîmes en devoir d'aller les rejoindre. Gaspard et

les péons s'aidèrent, pour ce faire, d'une corde que
je leur tins, et moi je me laissai tomber tout naturellement. Cinq minutes après, nous roulions comme
des futailles le long des versants de l'Urusayhua.
Partis à dix heures du matin, à six heures du soir
nous frappions à la porte du passeur, lequel nous
déposait en un clin d'œil sur l'autre rive; un quart
d'heure après, nous entrions à Bellavista, rompus,
brisés, affamés et joyeux. Huit heures nous avaient
suffi pour descendre la montagne que nous avions
mis trois jours à gravir; mais nos muscles fémoraux,
chargés d'enrayer sur sa pente, en eurent pour quinze
jours à se remettre.

Doña Berna et sa fille avaient chargé Hilario de
les faire prévenir immédiatement de notre arrivée,
ce que le jeune majordome n'eut garde d'oublier.
Comme nous venions de nous mettre à table, ces
dames accoururent, les bras ouverts et le sourire
aux lèvres, et firent éclater à la vue de Gaspard les
transports les plus vifs. Bien qu'elles m'eussent à
peine adressé la parole, je ne me montrai ni blessé
de cet accueil ni jaloux des marques d'amitié qu'elles prodiguaient au compatriote. Quand, pour fêter
son heureux retour, elles parlèrent d'accompagner
leurs libations de musique et de danse et eurent envoyé chercher le salterio, au lieu de leur fausser
compagnie, comme ma lassitude m'en donnait le
droit, je poussai la magnanimité jusqu'à leur jouer

une *sambacueca*, dont doña Berna chanta les paroles. Hilario, autorisé par son supérieur, que la fatigue avait courbatu, ouvrit le bal avec doña Pascua. Ce fut ensuite le tour de doña Berna, qui, malgré son âge, avait encore les reins souples et l'humeur folâtre, et ne le cédait en rien à sa fille pour les passes et les frétillements du jaleo. Ces danses locales furent entremêlées de quartiers d'oranges et de petits verres de tafia. La soirée se termina par un quadrille à trois, dans l'exécution duquel Hilario sut conquérir tous les suffrages. Entre onze heures et minuit, ces dames retournèrent à Echarati, soutenues par le régisseur et son majordome, car les émotions de la soirée, jointes à la fatigue du plaisir, semblaient avoir brisé leurs forces.

Rien désormais ne me retenait à Bellavista. J'avais vu de la vallée de Santa-Ana tout ce qu'elle a de remarquable, et constaté, en outre, que notre drapeau flottait toujours au sommet de l'Urusayhua, où, chaque matin, à sept heures, quand le soleil le frappait en face, on le découvrait pareil à un atome blanc perdu dans l'espace. Je me décidai donc à faire mes adieux à Gaspard. Ma mule valétudinaire avait repris des forces, et même un peu de graisse, et mon jeune guide, que deux mois d'oisiveté avaient engraissé aussi, assurait qu'elle galoperait sans s'arrêter jusqu'à Cuzco. Un beau matin, j'invitai le mozito à seller la bête et à se préparer lui-même au

départ. Pendant qu'il la harnachait, j'allai rejoindre
Gaspard, qu'un détail de surveillance avait appelé
dans le cacahual. Au moment de le quitter, pour
toujours peut-être, j'éprouvais comme un besoin de
l'entretenir de ses affaires personnelles, qui de jour
en jour me semblaient prendre une plus fâcheuse
tournure. Vingt fois depuis la veille j'avais été sur
le point d'entamer ce chapitre délicat, et autant de
fois l'idée de chagriner l'excellent homme, et aussi
la crainte d'être malmené par lui, m'avaient fermé
la bouche. Cependant l'heure était venue de se décider ; j'allais partir, et, moi parti, l'ennemi restait
maître de la place, et Gaspard était amené à capi-
tuler. Devais-je permettre qu'il en fût ainsi ? n'é-
tait-il pas de mon devoir d'avertir un compatriote,
dont j'étais l'hôte, du péril qui le menaçait, de lui
montrer le piége qu'on tendait à sa bonne foi, la
glu perfide à laquelle on comptait le prendre ? —
En traversant la cour pour me rendre au cacahual,
ma conscience me criait qu'en cette occasion le silence ne serait pas seulement de la lâcheté, mais de
l'ingratitude ; qu'il fallait parler, supplier, et mettre
tout en œuvre pour empêcher qu'un honnête
homme, un Français, avec qui j'avais partagé si
longtemps le pain et le sel, ne fût traîné à la mairie
d'Echarati et traîtreusement égorgé devant l'autel
du Minotaure.

Au moment où j'entrais dans le cacahual, Gas-

pard en sortait. En le voyant, je ne pus me défendre
d'une certaine émotion, et la parole hésita sur mes
lèvres. Nous revînmes, marchant côte à côte, et sans
parler, dans la cour de l'hacienda. Là, je pris le bras
du compatriote, et je le regardai lui-même d'un air
attendri. Comme il me regardait de la même façon,
cela m'enhardit. « Gaspard, lui dis-je, j'ai à vous
parler de vous-même ; on en veut à votre bonheur,
mon ami ; ouvrez l'œil au bossoir, ne vous endormez
pas ; ces deux femmes qui vous flattent, vous cares-
sent et ont l'air de vous adorer....

— Quelles femmes ? fit le compatriote d'un ton si
brusque et si sec à la fois, que je me troublai et
perdis le fil de ma phrase. Gaspard ne me donna pas
le temps de le chercher.

— Monsieur, me dit-il en se dégageant de mon
étreinte et en reculant d'un pas, je ne sais ce que
vous ont fait les personnes que vous appelez — ces
femmes, — mais depuis le jour de votre arrivée jusqu'à l'heure de votre départ, vous n'avez cessé de
chercher à leur nuire dans mon estime. Qui blesse
et maltraite ceux que j'aime, me blesse et me maltraite aussi. A partir d'aujourd'hui, tout est fini entre nous. Adieu, monsieur, et que Dieu vous con-
duise ! »

Là-dessus Gaspard me tourna le dos et rentra
dans son logis, dont il ferma la porte derrière lui.
Resté seul et tout déconcerté, je regardai le ciel, ap-

pui des malheureux, comme pour le prendre à témoin de la droiture de mes intentions et de l'injuste
rigueur du compatriote ; puis, après un soupir de
commisération donné à son aveuglement, j'enfour-
chai ma monture et je m'éloignai au grand trot de
l'hacienda de Bellavista. Après trois jours de marche et trois nuits passées dans les gîtes que le lecteur connaît déjà, j'atteignis Habaspampa, où je
m'arrêtai quelques heures pour laisser reposer ma
mule, que ses anciennes défaillances avaient reprise.
Le cinquième jour de mon départ de Santa-Ana, je
revoyais les tours et les coupoles de la cité chère au
soleil, où mon entrée fut saluée par une pluie battante.

————————

Deux ans environ après les événements qui précèdent, je me promenais dans les rues de Callao,
lesquelles, par parenthèse, sont assez clair-semées,
attendant que le bateau à vapeur qui fait chaque
quinzaine le trajet de Lima à Valparaiso, eût fini de
chauffer sa machine pour me rendre à bord. J'allais
à Islay, un port du Pérou distant de cent quarante-
cinq lieues, où le capitaine du trois-mâts barque
Vicar of Bray, un digne Écossais natif de Glascow,
m'avait invité à déjeuner pour la fin du mois avec
quelques convives d'humeur joyeuse. A la fin de ce
déjeuner, entre la goyave et le Chester, nous devions
convenir de la valeur du pari que cet insulaire et

moi nous avions fait à propos d'une traversée du
Pérou au Para, traversée que chacun de nous entre-
prenait à sa manière et prétendait achever avant
l'autre. Le capitaine longeait le Chili, la Patagonie,
les provinces du sud et la côte du Brésil, jusqu'à
l'embouchure de l'Amazone, terme de ce voyage et
lieu du rendez-vous ; moi je prenais tout simple-
ment à travers terres, et je coupais le continent
américain du sud-ouest au sud-est. Le délai que
nous avions fixé à cette traversée était de trois mois.
Inutile d'ajouter que le dernier arrivé perdait son
pari. J'attendais donc le moment de partir pour
Islay en flânant au soleil et en regardant les boutiques.

Comme je passais devant une de ces *fondas* qui
soutiennent dignement à l'étranger la réputation de
nos gargotes parisiennes, je m'entendis appeler par
mon nom. Je me retournai vivement, et dans un
homme tout de blanc habillé et coiffé de ce toquet
de calicot dont nos Vatels modernes recouvrent volontiers leur chef, je reconnus Gaspard, le régisseur
de l'hacienda de Bellavista. Ma surprise fut telle, que
j'ouvris la bouche et laissai choir le cigare de
Guayaquil que j'étais en train de fumer. « Eh !
quoi, c'est vous, Gaspard ? vous qu'ici je retrouve ?
lui dis-je, en alignant, sans y songer, les douze
syllabes d'un alexandrin.

— Oui, monsieur, c'est moi, prêt à vous s

me répondit-il. Ah! que de choses se sont passées depuis votre séjour à Bellavista et notre fameuse expédition de l'Urusayhua! Mais entrez donc chez moi ; vous serez mieux assis sur mon divan, que debout sur ce pavé qui brûle les pieds. »

En achevant, Gaspard me fit traverser la salle à manger banale de son restaurant, divisée, selon l'usage du pays, en petites cabines séparées entre elles par des rideaux de perse, et m'introduisit dans une pièce qui lui servait d'office, de cave et de chambre à coucher. Par une porte entr'ouverte, le regard plongeait dans la cuisine, où un vieux nègre et un jeune sambo, fantastiquement éclairés par le reflet des fourneaux, agitaient vivement les queues d'une douzaine de casseroles.

« Cher monsieur et compatriote, me dit Gaspard, après que nous fûmes assis et qu'il eut débouché une bouteille de bière, je vous dois des excuses pour la façon brusque et incivile dont j'ai répondu aux bons avis que vous me donniez à Bellavista. Que vous aviez raison quand vous m'engagiez à avoir l'œil au bossoir! »

J'avais si bien oublié les incidents auxquels l'ex-régisseur faisait allusion, que je le priai de me remettre sur la voie, ce qu'il fit en ces termes :

« Vous vous rappelez dóña Berna et sa fille et les amitiés dont elles me comblaient. A les entendre, j'étais le seul être qu'elles aimassent sur terre ; plusieurs fois elles m'avaient proposé de venir vivre avec elles ou de les laisser s'établir près de moi, proposition qui m'avait souri, mais que, par égard pour les convenances, je n'avais pas cru devoir accepter. Eh bien! monsieur, tout cela n'était qu'une comédie que jouaient ces deux femmes. Je pus m'en convaincre, quand après votre départ, doña Berna, m'ayant pris un soir en particulier, me dit sans préambule qu'elle trouvait que je tardais bien à me décider; qu'il fallait songer pourtant à prendre un parti; que mes assiduités près de sa fille et l'amour que j'avais su lui inspirer, n'étaient ignorés de personne; qu'on en jasait dans le village; que la pauvre Pascua était compromise par excès d'affection pour moi, et qu'enfin je devais couper court aux méchants propos qu'on tenait sur son compte, en la conduisant à l'autel. Vous imaginez ma surprise. Elle fut telle, que je regardai doña Berna d'un air hébété sans pouvoir lui répondre. Il me semblait qu'elle m'avait parlé hébreu. Elle dut prendre mon silence pour un acquiescement à ses paroles, car elle s'en retourna satisfaite. Le lendemain il n'était bruit dans le pays que de mon prochain mariage avec la Pascua. Je reçus à cette occasion une lettre anonyme qu'on déposa la nuit devant ma porte, laquelle contenait des détails si précis sur les antécédents de cette jeune fille, en même temps que des allusions si mortifiantes sur mon propre compte,

que je me promis d'examiner les choses de près.
A la première visite que me firent la mère et la
fille, je regardai celle-ci d'une certaine façon, et
je reconnus, comme vous l'aviez reconnu déjà,
qu'il était temps qu'elle songeât à s'établir; non-
seulement l'estime et l'amitié que j'avais pour
ces femmes s'évanouirent à l'instant, mais, à l'idée
du piége où elles avaient compté me prendre, je
sentis la colère me monter à la tête, et peu s'en fallut que je ne les misse à la porte. La peur de faire
une esclandre m'en empêcha. Je dissimulai. La
mère et la fille se retirèrent sans se douter de mon
mépris pour elles. A partir de ce moment, j'inventai
des prétextes pour éviter autant que possible leur
compagnie. Elles n'en furent que plus acharnées
après moi. Sur ces entrefaites, je reçus une lettre du
señor Bujanda, qui m'appelait à Cuzco. Je laissai
la conduite de l'hacienda au majordome, ce petit
Hilario que vous avez connu, et je me rendis aux
ordres du patron. Il me reçut d'un air affable et
souriant. Après quelques questions sur le travail de
l'hacienda et les récoltes de l'année, il me demanda
s'il était vrai, comme on le lui avait écrit, que je
songeasse au mariage. Je lui répondis que rien n'é-
tais plus loin de mon idée; il continua ses questions,
et de paroles en paroles, je finis par lui raconter ce
qui s'était passé à Echarati depuis près de huit mois
qu'il en était absent. Je terminai par la mauvaise

plaisanterie qu'avaient voulu me faire mes voisines.
Au lieu d'en rire comme je l'aurais cru, car, en général, on est porté à rire de ces sortes de choses,
quand elles ne nous concernent pas, il prit un air
sérieux pour me dire que mon histoire ne s'accordait
guère avec ce qu'il avait appris; qu'au lieu d'avoir été
trompé par la Pascua, on prétendait que c'était moi
qui l'avais trompée, et que, s'il en était ainsi, je devais, comme Français et galant homme, réparer mes
torts envers elle en l'épousant. A ces paroles, il
ajouta que, pour subvenir aux premiers frais de mon
établissement et me donner un témoignage particulier de son estime, dans le cas où je me condui-
rais en *caballero*, il avait l'intention de doubler mes
appointements et de m'intéresser pour un dixième
dans la vente des produits de Bellavista. Je répondis
sans ambages au señor Bujanda, que, n'ayant jamais ravi l'honneur à personne, je n'avais aucune
restitution de ce genre à opérer ; que la Pascua, à laquelle il paraissait s'intéresser, était ce que dans
mon faubourg on appelait une « *farceuse*, » et que
j'aimais mieux rester pauvre toute ma vie, que d'accepter les faveurs du patron au prix qu'il y mettait.
Nous nous quittâmes assez mécontents l'un de l'autre. Je revins à Bellavista, où mon premier soin en
arrivant, fut de faire prier doña Berna et sa fille de
ne plus remettre les pieds à l'hacienda. Hilario, que
je chargeai de ce message, m'apprit à son retour

que les deux femmes avaient pâli de rage et juré
par leur sainte patronne que je payerais cher l'affront
que je leur faisais. Ah! monsieur, je ne sais si ces deux
vipères tinrent parole, mais à partir de cette heure,
tout tourna à mal contre moi. Mes chiens de garde
furent empoisonnés. Les péons de l'hacienda dé-
sertèrent au moment de la récolte du manioc, je ne
pus m'en procurer d'autres; les pluies survinrent
et la récolte fut perdue. Le señor Bujanda, mécon-
tent de la perte qu'il avait à subir, me pria de chercher une autre hacienda que la sienne. Avant de
quitter le pays, j'eus le crève-cœur de voir ce petit
Hilario, un drôle que j'aurais dû nourrir avec mes
chiens au lieu de lui faire l'honneur de l'admettre à
ma table, investi de mes fonctions de régisseur
avec des appointements doubles de ceux qui m'é-
taient alloués.....

— Eh! qu'avait-il donc fait pour cela? demandai-je.

— Ce que j'avais refusé de faire, me répondit
Gaspard en haussant les épaules; il avait épousé la
Pascua les yeux fermés. Qu'on dise après cela que
l'honnêteté, en pays étranger, sert à quelque chose!
vous avez en moi l'exemple du contraire. Mon honnêteté m'a fait mettre à la porte comme un intrus.
Heureusement j'avais quelques économies. Dégoûté
pour jamais des femmes du Pérou et de ses vallées
chaudes, je suis venu m'établir à Callao où j'ai fondé

cet établissement. Si Dieu bénit mon entreprise, si je parviens à amasser une petite fortune, je reviendrai en jouir dans notre patrie, cette France adorée, comme dit Béranger.... »

La cloche du pyroscaphe, qui sonnait à toute volée, me força d'interrompre Gaspard. Près de le quitter, je hasardai timidement que nous n'étions plus à Bellavista, mais à Callao; que la bouteille de bière de Strasbourg que le compatriote avait débouchée à mon intention valait cinq francs en ce moment, par suite du manque d'arrivage de navires, et que je le priais de me permettre de lui en rembourser le prix; mais le brave homme ne voulut accepter de moi qu'une poignée de main, que je lui donnai de grand cœur, en y joignant force souhaits de santé, de bonheur et de réussite.

Nous avions mis en mer depuis un quart d'heure, que le compatriote, debout sur la coque d'un canot renversé, continuait de me saluer en agitant son toquet blanc, coiffure que je ne puis voir aujourd'hui, sans me rappeler aussitôt l'excellent Gaspard et notre ascension de l'Urusayhua.

FIN.

TABLE.

FIN DE LA TABLE.

PARIS. — IMPRIMERIE DE CH. LAHURE ET Cie

Rues de Fleurus, 9, et de l'Ouest, 21